Norbert Scholl

Kein Platz für Gott?

Norbert Scholl

Kein Platz für Gott?

Zur Aktualität der Gottesfrage

Paulusverlag Freiburg Schweiz

Bibliografische Information Der Deutschen Bibliothek

Die Deutsche Bibliothek verzeichnet diese Publikation
in der Deutschen Nationalbibliografie;
detaillierte bibliografische Angaben
sind im Internet abrufbar über
<http://dnb.ddb.de>

Umschlaggestaltung: Art & Deco, Zumholz FR
ISBN-13: 978-3-7228-0693-8
ISBN-10: 3-7228-0693-3

Inhalt

Zur Einführung

> „Die Gotteshypothese ist heute wissenschaftlich nicht mehr verfechtbar. Sie hat ihren klärenden Wert verloren und lastet intellektuell und ethisch auf unserem Denken. Sie überzeugt und tröstet nicht mehr; sich von ihr loszusagen vermittelt ein tiefes Gefühl von Erleichterung. [...] Wenn wir erst einmal mit einem Seufzer der Erleichterung ein überaltertes Möbelstück aus unserem Ideenspeicher über Bord geworfen haben, müssen wir etwas Neues an seine Stelle setzen" (Aldous Huxley[1]).

Wir leben in einer materialistischen und politisierten Gesellschaft, der die instrumentelle Vernunft zum Ersatzgott geworden ist. Und der (noch) vorhandene Glaube ist häufig geprägt von einer nach-christentümlichen Kultur, deren formende Kräfte keinen Bezug mehr auf jene christliche Botschaft aufweisen, durch die unsere Vorfahren auf ein bestimmtes Gottesverhältnis verwiesen wurden. Das Gottesbild ist kraftlos und blass geworden. Gott scheint den Bezug zur Wirklichkeit verloren zu haben. Für viele ist er lediglich noch ein Gerücht, von dem man nicht recht weiß, ob vielleicht doch etwas dran ist. Andere glauben bereits genau zu wissen, dass es Gott nicht gibt, nicht geben kann. Sie sagen, Gott ist kein Element unserer erfahrbaren Welt, und außerhalb dieser gibt es nichts. Was es gibt, das ist eben nur die Rede von Gott, und sie ist so verwirrend vielfältig oder manchmal auch so verwirrend einfältig, dass man sich daran nicht halten kann. Und sie zitieren Ludwig Wittgenstein: „Worüber man nicht sprechen kann, darüber muss man schweigen."[2] Wenn aber Gott heute kein Gegenstand des Sprechens, sondern nur noch des Schweigens sein sollte und gleichzeitig alle menschliche Erfahrung durch Sprache vermittelt wird, dann muss Gott ganz zwangsläufig immer mehr aus unserer Wirklichkeit verschwinden. „Die Botschaft wurde zunächst zur Überlieferung, und als solche zum Gegenstand wissenschaftlicher Analyse. Aus Überlieferung wurde dann bloße Tradition, ein Hergebrachtes, das zwar antiquarischer Pflege immer noch gewiss sein kann, aber seine Bedeutung im Fortschritt des Zeitalters doch mehr und mehr einbüßt. Der Gegenstand christlichen Glaubens veränderte sich – zunächst in den Köpfen der Theologen, später auch in denjenigen der Gläubigen – von einem Verhältnis bald ehrfürchtiger, bald furchtsamer Betroffenheit zu einem Verhältnis vernünftiger Erkenntnis und später rationalen Diskurses."[3] Wir haben Gott aus den Augen verloren. Er ist abwesend. Er ist verschwunden, abgetaucht. Er hat seine Schuldigkeit getan. Jetzt ist er gegangen. „An die Stelle der Rede mit Gott trat die Rede von Gott, dann die Rede über Gott, und bald nur noch die Rede von der Rede über Gott – die Rede über Theologie oder Religion."[4]

Aber vielleicht können wir Gott nur deshalb nicht (mehr) wahrnehmen, weil unsere Aufmerksamkeit abgelenkt ist? Vielleicht haben wir uns den Blick auf ihn nur verbaut mit allerlei mehr oder minder wichtigen Nebensächlichkeiten? Vielleicht sind wir kurzsichtig geworden und haben unser Augenmerk zu sehr auf das Vordergründige gerichtet? Vielleicht denken wir zu wenig nach – im Sinne von „dahinter"? Vielleicht haften wir zu stark an überkommenen und unkritisch übernommenen Vorstellungen, die in unsere Welt von heute nicht mehr hineinpassen?

In den folgenden Ausführungen sollen zunächst Gründe für das „Verschwinden" Gottes aufgezeigt werden. Es soll dann aber auch anhand ausgewählter Beispiele der Versuch gemacht werden aufzuzeigen, wie die Frage nach Gott heute neu gestellt werden kann und welche zeitgemäßen Antworten möglich erscheinen. Es sollen Wege gewiesen werden, um Gott, das „absolute Geheimnis" (Karl Rahner), neu zu entdecken. Und es soll exemplarisch dargetan werden, wie heute von Gott glaubwürdig gesprochen und wie dieser Glaube betend vollzogen werden kann.

I. Atheismus

Das Auge sagte eines Tages: „Ich sehe hinter diesen Tälern im blauen Dunst einen Berg. Ist er nicht wunderschön?“ Das Ohr lauschte und sagte nach einer Weile: „Wo ist ein Berg, ich höre keinen?“ Darauf sagte die Hand: „Ich versuche vergeblich, ihn zu begreifen. Ich finde keinen Berg.“ Die Nase sagte: „Ich rieche nichts. Da ist kein Berg.“ Da wandte sich das Auge in eine andere Richtung. Die anderen diskutierten weiter über diese merkwürdige Täuschung und kamen zu dem Schluss: „Mit dem Auge stimmt etwas nicht.“[5]

Merkmale des Atheismus

Unter Atheismus ist „jede Form einer philosophisch stringenten Beschreibbarkeit und Begreifbarkeit der Welt als Inbegriff alles Seienden zu verstehen, die keinen Bezug nimmt auf ein metaphysisch postuliertes, Denkbarkeit und Erfahrbarkeit übersteigendes höchstes Wesen, von dem diese Welt in einer formulierbaren Weise abhängen soll (kosmologischer Atheismus). Alsdann ist Atheismus jede Form des Selbstverständnisses des Menschen als bewussten, denkenden und schöpferischen Wesens ebenso ohne Bezugnahme auf ein transzendentes produktives anderes Sein (existentieller Atheismus).“[6]

Dieser „existentielle Atheismus“ bricht immer wieder auf, wenn gewaltige Naturkatastrophen mit Tausenden von Toten die Menschheit heimsuchen. Zuletzt etwa die Tsunami-Flutwelle im Indischen Ozean, die verheerenden Hurrikane in der Karibik und an der Südostküste der Vereinigten Staaten, das Erdbeben in Pakistan: „Bist du denn nicht allmächtig und allgütig? Hast du nicht selbst deine Schöpfung einst als ‚sehr gut‘ gelobt? Dieses Wort haben dir jedenfalls deine Schriftgelehrten in den Mund gelegt.

Damals, um 500 vor Christus, in Jerusalem, als sie die fünf Bücher Mose zusammenstellten. Aber wieso kann diese Schöpfung so grausam und gleichgültig gegen uns sein? Was soll das Gerede von deiner Liebe zu uns, wenn so viele Menschen in wenigen Augenblicken so grässliche Tode sterben müssen? Ist das gerecht? Ist das gut? Bist du gut und bösartig zugleich? Oder leidest du selbst an deiner Schöpfung? Leidest du mit uns Menschen mit, wie manche Theologen vermuten? Warum hast du die Welt dann so eingerichtet, wie sie ist? Du hattest doch alle Freiheit, sie anders zu machen. Was ist uns geholfen, wenn du mit uns mitleidest? Am Ende müssten wir uns deiner erbarmen – Jammerlappen! Oder bist du noch gar nicht fertig mit deiner Schöpfung, mit diesem riesigen Kosmos? Experimentierst du herum, seit dem Urknall vor 13 Milliarden Jahren? Willst du dich in diesem Kosmos erst noch entfalten? Und sei es auf Kosten unschuldiger Menschen, die unterdessen in den Urgewalten deiner Schöpfung ums Leben kommen?"[7]

Nicht selten wirken die frömmelnden Versuche, eine „theologische" Antwort zu geben, höchst naiv und religiös eher kontraproduktiv.

Da werden unglaubliche Rettungsgeschichten erzählt. Die einen sind darüber fast zu Tränen gerührt, andere schütteln nur mit dem Kopf. So war im Zusammenhang mit der Tsunami-Katastrophe die Rede von einem Pfarrer, der – angeblich aufgrund göttlicher Eingebung – ausgerechnet am zweiten Weihnachtsfeiertag, als die Welle heranrollte, im Überschwemmungsgebiet mit der Gottesdienstgemeinde eine spontane Wallfahrt auf einen Berg machte. Alle blieben vom Tod verschont. Hätten sie in der Kirche Eucharistie gefeiert wie sonst, sie wären allesamt ertrunken. Nach „frommer" Deutung ein Wunder! Eine glänzende Bestätigung für das Wirken des „allmächtigen" Gottes, der „alles so herrlich regieret", der die Menschen „auf Adelers Fittichen sicher geführet", der „alles kann, was er will".[8] Oder doch nicht?

Eine andere Versammlung von Gläubigen im Küstengebiet bekam keine derart gnadenvolle Eingebung geschenkt. Sie wurde von ihrem Pfarrer nach draußen entlassen: „Gehet hin in Frieden!“ Kaum hatten sie den Kirchenraum verlassen, brach die Flutwelle über sie herein. Hätte ihr Pfarrer ein paar Minuten länger gepredigt, wären alle Gottesdienstbesucher geschützt gewesen. Denn die Mauern des Gebäudes hielten als einzige an jenem Ort den Wassermassen stand und ließen keinen Tropfen hereindringen. Hier geschah kein „Wunder“.

Solche angeblich fromme „Theologie“ endet in einer gefährlichen Sackgasse. Sie kann nicht mehr ernst genommen werden. Sie wird unglaubwürdig. Wen wundert es, wer sich angesichts des unermesslichen Leids in der Welt, angesichts von Krankheit und Tod, von Vernichtung und Verderben gegen Gott und seine Herrschaft auflehnt? Zwangsläufig kommen Fragen auf: Wusste die rechte Hand Gottes nicht, was die linke tut? Warum tat er das eine und nicht auch das andere? War das eine göttliche Fügung und das andere göttliches Unvermögen? Verteilt Gott seine Wohltaten oder Strafen nach „Gutsherrenart“? Die einen bewahrt er vor dem Übel, die anderen vernichtet er? Die einen lässt er entkommen, die anderen hält er fest. Die einen rettet er, die anderen schickt er ins Verderben. „Es wird schon irgendeinen Sinn haben. Er ist uns nur verborgen. Gottes Wege sind unerforschlich. Seine Ratschlüsse undurchdringlich.“ So lautet dann häufig die fromme Ausrede. Aber wer ist heute noch dazu bereit, an einen Willkürgott zu glauben? An einen Gott, der die Menschen wie Marionetten auf der Bühne des Welttheaters tanzen lässt?

Die Harmonie des Kosmos ist von schrillen Dissonanzen durchsetzt. Die großartige Weltordnung zeigt nicht selten grausame und abstoßende Züge. Das Leid der Menschen und der Tiere ist zum „Fels des Atheismus“ (Wolfgang Borchert) geworden. Es ist daher nicht verwunderlich, dass in vielen Teilen der Welt der Glaube an Gott – und erst recht an einen persönlichen Gott – im Schwinden begriffen ist. Er verdunstet gleichsam. Man braucht den Gottesglauben gar nicht argumentativ zu bekämpfen, schon gar nicht mit nackter Gewalt, wie das in früheren Zeiten manchmal geschah. (Allerdings meinten auch manche Vertreter des Glaubens an einen persönlichen Gott, diesen mit Gewalt propagieren, verteidigen und die Leugner verfolgen zu müssen.) „Gott" kommt außerhalb der Kirchen und manch wohlfeiler politischer Rede kaum noch vor in dieser Welt. Man hat sich ohne ihn arrangiert. Und man kann gut damit leben. Gott ist zu einer Marginalie geworden Der „Fehl Gottes" (Martin Heidegger) schmerzt nicht.

Für viele gläubige Menschen, die es von Kindheit an gewohnt waren, wie selbstverständlich von Gott zu reden, ist dieses fast lautlose Verschwinden Gottes ein Rätsel und eine Anfechtung zugleich. Sie stellen sich die Frage: Wie konnte das geschehen? Wie lässt sich das erklären?

Es ist noch gar nicht so lange her, da hat sich der Atheismus als ausdrücklich antireligiös präsentiert und das Ziel gehabt, mit der Überwindung der Religion eine neue Stufe in der Entwicklung des menschlichen Geistes herbeizuführen. Atheistische Parolen wurden so formuliert, dass sie den Glauben an Gott als unvernünftig und hinterwälderisch diffamieren. Atheistische Propaganda wurde in der bewussten Absicht betrieben, die Religion aus dem Leben der Menschen und aus der Geschichte überhaupt zu eliminieren – manchmal auch unter Zuhilfenahme politischer Macht und polizeilicher Gewalt.

Doch ist auch – und gerade im Atheismus der Neuzeit – manchmal ein ernsthaftes und durchaus begrüßenswertes Anliegen zu beobachten. Atheismus versteht sich häufig gar nicht mehr als bloßer Non-Theismus oder als Anti-Theismus. Er sieht sich vielmehr positiv als aufgeklärter Humanismus, der die Intention verfolgt, die Frage nach der Freiheit und nach dem Frieden der Menschen ohne den Einsatz irgendwelcher religiöser Ideen oder Heilslehren und darüber hinaus auch noch besser lösen zu können. Der Streit zwischen Theisten und Atheisten ist darum kein Streit um die Existenz tiefsinniger Hinterwelten und Überwelten, sondern ein Streit um die eine Welt des Menschen. Es geht dabei nicht um die bessere Schlüssigkeit des einen oder anderen Systems, sondern um die Frage, welche der beiden Antworten sich an der Hoffnung der Menschen auf Leben, Freiheit, Gerechtigkeit und Frieden besser verifizieren lässt und zur Verwirklichung dieser Sehnsucht das wirksamste Instrument darstellt.

Es gab eine lange Zeit, in der ein Atheismus nahezu undenkbar schien. In der Bibel begegnen uns Texte, die ein beredtes Zeugnis davon ablegen, dass die Menschen durchaus mit Gott haderten, dass sie ihm Vorwürfe machten, ja dass sie ihn verwünschten. Aber das Dasein Gottes zu bestreiten erschien undenkbar. Das allgemein bekannte Beispiel dafür ist das Buch Ijob. Auch im gesamten Mittelalter war es geradezu eine Selbstverständlichkeit, an Gott zu glauben. Erst in der Neuzeit begann sich vor allem der praktische Atheismus mehr und mehr auszubreiten.

Dazu gibt es mehrere Gründe:

- Für den Menschen war bisher die Begegnung mit der Schöpfungswirklichkeit aufgrund ihrer Durchsichtigkeit zum Schöpfer hin eine Quelle religiöser Erfahrung. Der Aufschwung der Naturwissenschaften führte dazu, dass vieles von dem, was man bisher einem „göttlichen“ Wirken zuschrieb, durchaus mit den schlichten Mitteln des Verstandes erklärbar wurde. Die Natur verlor weithin ihren Geheimnischarakter. Damit veränderte sich auch die Möglichkeit der religiösen Erfahrung entscheidend. Die Welt wurde ohne sie verständlich und auch immer mehr beherrschbar. „Gott“ musste sich immer weiter an den Rand zurückziehen. Es machte sich eine Tendenz breit, allein das empirisch Nachweisbare als das im Wissen Feststellbare und im Handeln Verfügbare zu betrachten. Methodisch wurde in Technik und Wissenschaft so vorgegangen, als ob es Gott gar nicht gäbe. Wenn aber der Raum für „Gott“ immer enger und immer schmaler wird, bleibt auch das Fragen nach ihm aus.
- Die Geisteswissenschaften bemühten sich darum, eine Welt- und Geschichtserklärung vorzulegen, die den Gottesgedanken ausschließt und die Hintergründe für das Entstehen der Gottesidee aufzeigt. „Gott“ wurde als Bezeichnung für etwas betrachtet, welches unter das „Unsagbare“ fällt (Ludwig Wittgenstein) oder für dessen Entstehen uns die „seinsgeschichtlichen“ Voraussetzungen fehlen (Martin Heidegger).

– Das aufkommende Industriezeitalter nahm vor allem die arbeitende Bevölkerung derart in Beschlag, dass die Gottesfrage durch den Kampf ums tägliche Überleben völlig in den Hintergrund gedrängt wurde. Ein Industriearbeiter, der zehn oder zwölf Stunden am Tag arbeiten muss, fragt nicht mehr nach Gott. Oder er verzweifelt an einem Gott, der von der Not der Menschen, von ihrer Ausbeutung und Unterdrückung keine Notiz zu nehmen scheint.

Schon vor Jahrzehnten hat ein damals noch junger Theologe, Joseph Ratzinger, der heutige Papst Benedikt XVI., die Ansicht vertreten, dass Atheismus „keineswegs notwendig Leugnung des Absoluten überhaupt (bedeutet), sondern dessen Rückversetzung in die reine Gestaltlosigkeit, d. h., er ist Protest gegen die Gestalt, mit der das Absolute identisch gesetzt wird.“[9] Es ist nämlich durchaus zuzugestehen, dass die Gestaltung des Göttlichen ja in der Tat immer wieder zur Vermenschlichung Gottes und damit zur Verabsolutierung des Menschlichen führt. Man braucht hier nur an den Schlachtruf „Gott will es“ zu denken, mit dem die Kreuzfahrer sengend und mordend ins Heilige Land zogen, oder an die Grausamkeiten moderner „Gotteskrieger“, die mit Tod und Terror den absolutistischen „Gottesstaat“ einführen wollen. Zahlreiche Menschen begründen auch ihre oft recht merkwürdigen oder gar perversen Einstellungen und Meinungen damit, dass sie „Gottes Willen“ erfüllen möchten oder auf „göttliche Eingebung“ handeln. Es gibt leider nicht nur ein „Wesen“, sondern auch ein „Unwesen“ der Religion (Bernhard Welte). Religion muss nicht nur eine Chance für den Menschen darstellen, sie kann auch zur großen Gefährdung für ihn werden. „Jede Vermenschlichung und Verdinglichung des Absoluten (kann) zu den furchtbarsten Konsequenzen führen, indem dann die Gruppe, das System, die Einrichtung sich selbst absolut setzt und alles, was gegen sie steht, als das schlechthin Böse außerhalb jeder Menschlichkeit stellt.“[10]

Joseph Ratzinger sieht das positive Moment jedes Atheismus darin, dass er die Religionen dazu drängt, sich einer

„falschen Vermenschlichung Gottes“ bewusst zu werden. Insofern kann der Atheismus durchaus als eine „große Gegenbewegung der Reinigung“ gesehen werden, „die immer wieder die Überschreitung der Gestalt und letzten Endes die Vergöttlichung Gottes besorgt. Man kann gerade als Christ nicht einfach die positiv gestalteten Religionen der Weltgeschichte als das Gute und die atheistische Geisteslinie als den schlechthinnigen Sündenfall hinstellen, sondern beide Linien, die der Gestaltung und die der Reinigung, ergänzen sich gegenseitig, beide tragen Aufschwung und Fall in sich.“[11] Das sind bemerkens- und bedenkenswerte Überlegungen eines damals noch relativ jungen Theologen. Es wäre zu wünschen, dass sie der heutige Papst in seinem Handeln beherzigt und in die Tat umsetzt.

Auch das Zweite Vatikanische Konzil hat auf diesen wichtigen Aspekt hingewiesen: „Der Atheismus, allseits betrachtet, ist nicht eine ursprüngliche und eigenständig Erscheinung; er entsteht vielmehr aus verschiedenen Ursachen, zu denen auch die kritische Reaktion gegen die Religionen, und zwar in einigen Ländern vor allem gegen die christliche Religion, zählt. Deshalb können an dieser Entstehung des Atheismus die Gläubigen einen erheblichen Anteil haben, insofern man sagen muss, dass sie durch Vernachlässigung der Glaubenserziehung, durch missverständliche Darstellung der Lehre oder auch durch die Mängel ihres religiösen, sittlichen und gesellschaftlichen Lebens das wahre Antlitz Gottes und der Religion eher verhüllen als offenbaren.“[12] Allzu oft wird Gott im wahrsten Sinne des Wortes „zer-redet“. Das, was viele als das „absolute Geheimnis“ (Karl Rahner) bezeichnen, wird regelrecht „zugeschwallt“. Jeder Mensch, der an Gott glaubt, sollte sich angewöhnen, allein schon dieses Wort nur mit der größten Sorgfalt und einer möglichst auch für den Zuhörer erkennbaren Ehrfurcht im Munde zu führen. Die Rede von Gott sollte uns nicht leicht über die Lippen kommen.

Joseph Ratzinger stellt weiterhin fest, dass Atheismus keineswegs mit Irreligiosität gleichbedeutend sei, sondern dass er „eine spezifische Form der Heiligkeitserfahrung, also der religio des Menschen, darstellen kann. Der Mensch vermag zwar die Gestalt Gottes aufzuheben bis zur restlosen Verneinung hin, aber er kann die Wirklichkeit ‚religio', das menschliche Korrelat der Gottesgestalt, niemals vollends aufheben, weder im Leben des einzelnen noch in demjenigen der Gruppe, der Gesellschaft. Man darf sagen: Es gibt Menschen ohne Gott, aber es gibt nicht Menschen ohne irgendeine Form religiösen Verhaltens."[13] Dabei muss diese „religio" keineswegs so aussehen, wie sie sich in den etablierten Religionen darstellt. Sie kann eine „fremde" Gestalt annehmen, deren „religiöser Inhalt" auf den ersten Blick gar nicht erkennbar ist. Es kann sogar sein, dass jene Menschen, die diese Form der „religio" praktizieren, sich strikt und vehement dagegen wehren würden, wenn man ihren Worten und Taten irgendwelche religiösen Motive unterstellen würde.

Ratzinger weist schließlich noch darauf hin, dass „Atheismus immer wieder auch Ausdruck jener Grundmöglichkeit des Menschen ist, die wir Sünde heißen. Es kann Atheismus nicht zuletzt auch deshalb als ein beständiges Phänomen der Geschichte geben, weil die Möglichkeit des Schuldigwerdens und des Versagens alle Zeit zum Menschen gehört."[14]

Inwieweit nun die einzelnen geschichtlichen Erscheinungen des Atheismus Schuld ausdrücken oder „Reinigung" sind, darf nur mit großer Behutsamkeit beurteilt werden. Man wird sich vor einfachem Aburteilen ebenso hüten müssen wie vor allgemeiner Verklärung.

Nicht nur Atheisten, auch Christen, gläubige Christen, haben ein Recht, „reinigende" Fragen an den Gottesglauben und an das Gottesbild zu stellen. „Sie fragen zu Recht, weil sie sich nicht mehr zufrieden geben können mit infantilen Vorstellungen und Tröstungen, die nicht mehr tragen. Sie wollen jenseits des Kinderglaubens zu einem Erwachsenenglauben kommen, wie unvollkommen, stammelnd und ‚falsch' sich auch dessen Begrifflichkeit, Anschaulichkeit und Sinnlichkeit eines Tages erweisen mögen. Ohne das ringende, sich stets korrigierende Spiel der lebendigen Sprache aber stirbt jede Gottesrede, stirbt der Glaube, auch der christliche. Gott lässt sich nicht in ein

Gotteskorsett spannen, auch nicht ins Korsett noch so altehrwürdiger Gottesbilder seiner ‚Gotteskinder'."[15]

„Ober-" und „Tiefenbewusstsein"

Wer die unterschiedlichen Äußerungen der Gottesbestreitung etwas genauer betrachtet, wird feststellen können, dass „Gott" gar nicht so tot ist, wie es zunächst aussieht. Es scheint nämlich so, als ob es sich hier vielleicht nur ein Phänomen in einer bestimmten Oberschicht europäischer Zivilisation handelt. Und es ist zu fragen, ob nicht vielleicht in den „Tiefenschichten" des Menschen die Gottesfrage durchaus virulent ist. Ob nicht auch jene, die mit Gott nichts zu tun haben oder zu tun haben wollen, so etwas wie einen „unbewussten Gott" (Viktor E. Frankl) in sich tragen. Bestimmte Erscheinungen deuten darauf hin: die große Nachfrage nach esoterischen Schriften, die Suche nach Einkehr und Meditation, der starke Zulauf vor allem junger Menschen bei Kirchentagen und religiösen Events (Weltjugendtreffen), das Feiern von Festen nach der Art von Gottesdiensten (Eröffnungsfeiern bei Olympischen Spielen oder bei Fußballweltmeisterschaften). Das mag in vielem ein modischer Trend sein. Aber es könnte auch eine tiefer liegende Ursache haben, die darin zu suchen ist, dass die „unterbesetzten" seelischen Bereiche sich regen, wenn auch vielleicht gleichsam verfremdet und undeutlich. Auch in manchen außereuropäischen Ländern, vor allem Süd- und Mittelamerikas, ist eine intensive, wenn auch etwas amorphe Religiosität zu beobachten, speziell in den Schichten der Armen. „Es sieht so aus, als ob Gott vielleicht im Oberbewusstsein der Gesellschaft sozusagen verschwindet, aber von unten möglicherweise wiederkehrt" (Bernhard Welte[16]).

Nun kann und muss man sich fragen, warum derartige Residuen des Religiösen überleben und immer wieder in profanen Formen in Erscheinung treten. Wäre es denkbar, dass es eine seelische Grundkonstitution gibt, die sich nicht ganz verdrängen lässt und die sich immer wieder meldet, wenn auch in oft unklaren und ungenügenden Formen? Könnte es sein, dass der Mensch tatsächlich „unheilbar religiös" ist (Helmut Thielicke), auch wenn er sich „religiös unmusikalisch" gibt (Jürgen Habermas)? Ist es so völlig auszuschließen, dass eine Differenz besteht zwischen dem religiös bestimmten Tiefenbewusstsein und dem sich atheistisch gebenden Bewusstsein der Oberfläche? Ist es ein „Streben nach der verlorenen Ganzheit" (Franz-Xaver Kaufmann[17]), das den Impuls gibt für manche quasi-religiösen Bewegungen?

Sofern ein Atheist über seinen Atheismus reflektiert, stößt er notwendig auf die Frage, wieso denn die Menschheit immer wieder auf die Idee „Gott" oder auf die Annahme einer göttlichen Wirklichkeit kommt, wenn andererseits diese Wirklichkeit, „Gott" genannt, gar nicht existiert? Es bleibt ihm dann gar keine Wahl, als jene menschlichen Grunderfahrungen zu bedenken, die wir als Kontingenz- oder Grenzerfahrungen bezeichnen: Angst, Leid, Not, Einsamkeit, Verlorensein im Angesicht des Todes, die Frage nach dem Sinn des Lebens und die Hoffnung auf eine bessere Zukunft und das schönere Morgen; aber auch die Stunden des Glücks, der Liebe, der Zufriedenheit, der Geborgenheit, der Treue.

Was „das Gewicht atheistischer Argumente bestimmt, ist einzig und allein die Frage, ob diese Kontingenzerfahrungen des Menschen und alles Transzendenzvermögen, das ihm eigen ist, allein und hinreichend aus der menschlichen Verfasstheit erklärt werden könne oder nicht. In anderer Formulierung: Verlangt das Transzendenzvermögen des Menschen, um überhaupt zu sein, eine dem Menschen zwar immanente, dennoch aber von ihm wesensverschiedene Wirklichkeit, die als Bedingung der Möglichkeit eben jener Erfahrungen Gegenwart sein muss und nicht nur Verheißung oder Wunsch, weil Verheißung und Wunsch selbst eine Bedingung ihrer Möglichkeit brauchen, die qualitativ so ist, dass diese (und damit alles Transzendenzvermögen) nicht vom Menschen hervorgebracht werden kann?"[18]

Derartige Fragen können den Menschen über lange Zeit hinweg völlig gleichgültig lassen, weil sie ihn nicht betreffen. Es kann aber sein, dass sie in einer bestimmten Situation geradezu schlagartig aufbrechen. Dass sie plötzlich aus ihrer scheinbaren Belanglosigkeit heraustreten und ihn im wörtlichen Sinn anzugehen beginnen. Dass sie ein Gewicht und eine innere Spannung erhalten, die alles, was ist, umfasst und übersteigt. „Und so könnte sie wohl auch einen Menschen darauf bringen, dass diese Frage eine Antwort hat und dass es also ein ungeheueres und unvergleichliches Geheimnis gibt, das alles umfasst und alles übersteigt und alles gewährt. Es ist eine Überlegung, die einen Menschen auf den Gedanken bringen kann, dass es Gott gibt.“[19]

Atheismus und Glaube

> „Während einer neunmonatigen Erkrankung – manchmal nahe an der Grenze zum Tod – ist mir Gott egal geworden. Und ich glaube, ich bin Gott auch egal.
> Ich glaube nicht mehr daran, dass der Mensch ein Geschöpf Gottes ist und dass Gott jeden einzelnen Menschen liebt. Die Ereignisse in Auschwitz, die Naturkatastrophen, das Sterben der neugeborenen oder jungen Kinder in Afrika [...] begründen für mich ausreichend, dass Gott zwar die Welt durch einen Urknall erschaffen hat, dann aber alles Weitere der Evolution überließ, es treiben lässt und nicht jeden einzelnen Menschen als sein Geschöpf liebt.
> Ich klage nicht an wie Ijob. Ich glaube nicht mehr an den lieben, ‚menschenfreundlichen‘ Gott. So bin ich nach langem Nachdenken zu dem Ergebnis gekommen, dass Gott mir nichts mehr sagt.“[20]

Dass die Versuchung zum Atheismus viele Gesichter hat und dass sie auch „tiefgläubige“ Menschen nicht verschont, zeigt das Beispiel der französischen Nonne Thérèse von Lisieux (1873–1897), die 1925 von der katholischen Kirche heilig gesprochen wurde. Sie war 1888 (mit

15 Jahren!) in den Karmel von Lisieux eingetreten. 1896 erkrankte sie an Lungentuberkulose. Gleichzeitig setzen qualvolle Glaubenszweifel ein, die sie bis zu ihrem Tod nicht mehr verlassen. Sie wagt nicht, den Namen Gottes auf die Lippen zu nehmen. Immer wieder fragt sie sich: „Gibt es einen Himmel? Gibt es ein Jenseits?“ Solche Fragen wären von der naiven Glaubenssicherheit und massiven Gesetzesfrömmigkeit ihrer Umgebung als Blasphemie gebrandmarkt worden. Selbst ihrer eigenen Schwester Céline vertraut sie sich nicht an aus Furcht, diese müsste dann ihre Zweifel teilen. „Ich hatte damals große innere Prüfungen aller Art, die so weit gingen, dass ich mich manchmal fragte, ob es einen Himmel gebe.“ In ihr brach eine „Lücke“ auf, in der der Atheismus zum „persönlichen Problem“ wurde. So meint sie, dass eine Stimme in ihr sie verhöhnen und ihr zurufen würde: „Du träumst von Licht. [...] Du träumst vom ewigen Besitz des Schöpfers all dieser Wunderwerke, du wähnst eines Tages den Nebeln, die dich umfangen, zu entrinnen. Nur zu, nur zu, freu dich über den Tod, der dir geben wird, nicht was du erhoffst, sondern eine noch tiefere Nacht, die Nacht des Nichts.“ In einem Brief an ihre Oberin schreibt sie: „Das Bild, das ich Ihnen entwerfen wollte von der Finsternis, die meine Seele verdunkelt, ist ebenso unvollkommen wie eine mit dem Modell verglichene Skizze; doch ich will nicht weiter darüber schreiben, ich fürchte sonst zu lästern; ja ich habe Angst, schon zuviel gesagt zu haben. [...] Vielleicht scheine ich Ihnen meine Prüfung zu übertreiben, (aber) es ist kein Schleier mehr für mich, es ist eine bis zum Himmel ragende Mauer, die das Firmament verdeckt.“ Der Hausgeistliche fand ihre Glaubenszweifel höchst bedenklich. Ohne ihre Aufzeichnungen oder die von ihrer Schwester Céline festgehaltenen Gespräche gäbe es kaum Anhaltspunkte für die Schwere der Krise. Bei Thérèse „lastete die Erfahrung der Gottesferne als Tag, als Leben in furchtbarer Ausweglosigkeit, nicht nur als Alpdrücken“.

Besonders bedrückend spürt sie die Zweifel in den Ostertagen 1896: „Ich konnte mir nicht vorstellen, dass es Ungläubige gibt. Ich meinte, sie sprächen gegen ihre bessere Erkenntnis, wenn sie die Existenz des Himmels leugneten. […] In den fröhlichen Tagen der Osterzeit ließ Jesus mich fühlen, dass es tatsächlich Menschen gibt, die den Glauben nicht haben. […] Er ließ zu, dass dichteste Finsternis in meine Seele eindrang und der mir teure Gedanke an den Himmel bloß noch ein Anlass zu Kampf und Qual war. Diese Prüfung sollte nicht nur ein paar Tage, ein paar Wochen dauern, sie sollte erst zu der von Gott bestimmten Stunde erlöschen – und diese Stunde ist noch nicht gekommen. Gern wollte ich ausdrücken, was ich fühle, aber es erscheint mir unmöglich. Man muss durch diesen dunklen Tunnel gewandert sein, um zu wissen, wie finster er ist." Bis zu ihrem Tod im Herbst 1897 wird sie dieses Dunkel auszuhalten haben.[21]

Thérèse, die Heilige, musste einen Weg gehen, der in gleicher Weise vom radikalen Zweifel an Gott und vom verzweifelten Festhalten an ihm gekennzeichnet war. „Wer Gott nicht in sich hat, kann seine Abwesenheit nicht empfinden", glaubt Simone Weil sagen zu dürfen.[22] Immer ist der Glaubende der Versuchung des Atheismus ausgesetzt.

Für jüdische Theologen – und nicht minder auch für christliche – ist „Auschwitz" zu einem Synonym für die Zweifel an der Vorstellung von einem gerechten und allmächtigen Gott geworden. Nach Auschwitz, so Hans Jonas (1903–1993), können wir mit größerer Entschiedenheit als je zuvor behaupten, dass eine allmächtige Gottheit entweder nicht allgütig oder total unverständlich wäre. Wenn Gott verstehbar sein soll, dann muss sein Gutsein vereinbar sein mit der Existenz des Übels, und das ist es nur, wenn er nicht all-mächtig ist.[23] Jonas nimmt nicht seine Zuflucht zu den wohlfeilen, für die Betroffenen wenig tröstlichen und geradezu peinlich wirkenden Redewendungen mancher christlicher Theologen, die meinen, in der tiefsten Ohnmacht Gottes die höchste Macht der Liebe erblicken zu können. Er glaubt, in altjüdischen Überlieferungen der Kabbala[24] eine Antwort finden zu können, genauer: in den Lehren des aus Spanien vertriebenen Juden Isaak Luria (1534–1572). Der erste Teil der Schöpfung sei eine Selbstbeschränkung, ein Rückzug Gottes. Gott zieht sich auf sich selbst zurück („zimzum"), komprimiert einen Teil seiner Wesenheit und gibt so einen mystischen Raum frei, in dem er die Schöpfung vollzieht. Hans Jonas glaubt, Gott – trotz Auschwitz – mit dem Hinweis auf diese Selbstpreisgabe „retten" zu können: Gott, der Ur-Grund des Seins, habe sich im Anfang aus unerklärlichen Gründen dazu entschieden, sich dem Zufall, dem Wagnis und der endlosen Mannigfaltigkeit des Werdens anheimzugeben. Die Frage bleibt: Woher nimmt der Mensch dieses Wissen über Gott, über sein „zimzum"?

Aber auch der Atheist hat es nicht leicht. Er kann sich seines Unglaubens nie ganz sicher sein. Er ist vielmehr – nun in umgekehrter Richtung – der Versuchung zum Glauben ausgesetzt. Verantwortlicher Atheismus ist alles andere als bequem. Denn er weiß nicht, ob er seinen eigenen Einsichten in allen Lebenslagen gewachsen sein wird. Ob ihn nicht doch die „Gottbedürftigkeit" des Menschen in extremen Situationen einholen und zum, vielleicht unausgesprochenen und uneingestandenen Glauben bringen wird. Wie einer unter den unerträglichen Qualen der Folter seine Liebsten verraten kann, ohne dass sie ihm deswegen plötzlich weniger lieb wären, so könnten im Leid manche Überzeugungen oder Einsichten schwinden, ohne dass deren Inhalte selbst weniger überzeugend oder einsichtig werden.

„Der Glaubende wie der Ungläubige haben, jeder auf seine Weise, am Zweifel *und* am Glauben Anteil, wenn sie sich nicht vor sich selbst verbergen und vor der Wahrheit ihres Seins." So sieht es Joseph Ratzinger. Und er fährt fort: „Keiner kann dem Zweifel ganz, keiner kann dem Glauben ganz entrinnen; für den einen wird der Glaube *gegen* den Zweifel, für den anderen *durch* den Zweifel und in der *Form* des Zweifels anwesend. Es ist die Grundgestalt menschlichen Geschicks, nur in dieser unbeendbaren Rivalität von Zweifel und Glaube, von Anfechtung und Gewissheit die Endgültigkeit seines Daseins finden zu dürfen."[25]

II. „Gott“ und die Naturwissenschaften

„Gott“ und der Kosmos

Der gestirnte Himmel über mir

> „Wenn man die Bilder fernster Galaxien sieht, deren Licht Milliarden von Jahre unterwegs war bis zu unseren Riesenteleskopen, oder die Bilder gigantischer, leuchtender kosmischer Nebel, denn rückt auch jene Gottheit, die alles dieses geschaffen haben soll, für uns in unendliche Fernen, wir sollen uns nicht nur kein Bild von ihr machen – wir können es gar nicht.“[26]

Von Immanuel Kant stammt das bekannte Wort: „Zwei Dinge erfüllen das Gemüt mit immer neuer und immer zunehmender Bewunderung und Ehrfurcht, je öfter und anhaltender sich das Nachdenken damit beschäftigt: der gestirnte Himmel über mir und das moralische Gesetz in mir.“[27]

„Der gestirnte Himmel über mir …“. Mit seinen Sinnesorganen erfährt der Mensch seine Umwelt nur in einem sehr begrenzten Ausschnitt. Er ist durch seine Beobachtungen, Messungen und Experimente zunächst einmal auf Vorgänge fixiert, die sich „greifbar“ vor seinen Augen abspielen. Aber er bringt es inzwischen fertig, mit immer komplizierteren Geräten in die Welt „dahinter“ einzudringen, in die „transzendente“ Welt, die jenseits seines durch die Sinnesorgane vorgegebenen Horizontes liegt. Dieser „Überschritt“ ist allerdings nur Fachleuten vorbehalten, die mit den Geräten umgehen können und die die Regeln dieser „transzendenten“ Welt verstehen oder zu deuten wissen. Für „normal Sterbliche“ bleiben Spezielle und Allgemeine Relativitätstheorie und Quantenmechanik unverständliche und unbegreifliche Phänomene. Die Evolution des intuitiven Verständnisses der Wirklichkeit hat offensichtlich nicht Schritt gehalten mit der Entwicklung der

Mikroskope und Teleskope, die den Blick in die Weiten des Kosmos, in die Galaxien und Schwarzen Löcher, die Mikrowelt der Elektronen und Atomkerne, der Protonen und Neutronen erlauben.

Bahnbrechend wirkten hier die Erkenntnisse von Albert Einstein. Nach dem Urteil von Max Planck übertrifft Einsteins Relativitätstheorie „wohl alles, was bisher in der spekulativen Naturforschung, ja in der philosophischen Erkenntnistheorie geleistet wurde".[28] Und Carl Friedrich von Weizsäcker vertritt die Ansicht, dass diese gewaltigen Entdeckungen „entscheidend dazu beigetragen (haben), eine klassische Auffassung der Philosophie umzustürzen, und sie haben unserem Blick auf die Wirklichkeit einen neuen Horizont eröffnet".[29]

Dennoch: „Wir können niemals wissen, was sich am Anfang des Universums abgespielt hat. Unserer Erkenntnismöglichkeit sind Grenzen gesetzt. [...] Der eigentliche Anfang wird für uns immer ein Rätsel sein. Fragen nach dem Davor und dem Draußen sind naturwissenschaftlich sinnlos."[30]

So geraten die gescheitesten Astro-Physiker und Kosmologen, wenn sie nur ehrlich Naturwissenschaftler werden, zu Philosophen. So wartet der Potsdamer Astrophysiker Martin Bojowald mit einer höchst phantastischen Theorie auf. Er meint, dass unser Universum bereits vor dem Urknall existiert habe, und zwar als inverse, als umgekehrte Kopie seiner selbst, sozusagen als „Spiegeluniversum" in einer umgestülpten Zeitdimension, ähnlich etwa einem pulsierenden Weltall, das sich ausdehnt und wieder zusammenzieht. Bojowald sieht im Urknall nur eine Übergangsphase. Was im Einzelnen davor passiert ist, bleibt unklar. Sicher ist für ihn nur, dass der „Big Bang" nicht den Beginn von allem markiert.[31]

Der Züricher Wissenschaftsphilosoph Antoine Suarez gesteht auf einem Symposium ganz offen, dass die heutige Physik über sich selbst hinausweist. Rationales Denken zwinge zu dem Schluss, dass der Urknall eine Ursache haben müsse, die selbst den Bedingungen der Raumzeit nicht unterworfen ist. Die Existenz des Universums sei auf unbeobachtbare Ursachen zurückzuführen. Das bestätigt ihrerseits auch die Quantenphysik. Denn die spontanen Quantensprünge verletzen das in der klassischen Physik gültige Ursache-Wirkungsprinzip. Will heißen: Sie haben keine erkennbaren raumzeitlichen Wirkursachen. Es ist möglich, dass es Wirkursachen gibt, die wir nicht kennen, weil sie in Zuständen außerhalb der Raumzeit liegen.

Damit wird zugleich auf ein „Jenseits“ der Physik vorsichtig hingedeutet, auf jenes nicht zu identifizierende „Von-woher“ des Ganzen als den „Ort im zeitlichen Ablauf, an dem etwas Neues einsetzt – und zwar etwas nicht Unendliches“ (Gerhard Delling[32]).

Der Mensch als Sternenstaub

Einen völlig neuen Horizont bieten die mathematischen Beschreibungen der modernen Astrophysik über die uns umgebende materielle Welt. Wenn man ihre Erkenntnisse mit dem „normalen“ menschlichen Empfinden vergleicht, dann scheint sich hier ein unüberbrückbarer Graben aufzutun. Auf der einen Seite steht die materialistisch orientierte, ganz auf quantitative Analyse und objektive Reproduktion abzielende Naturwissenschaft; auf der anderen Seite stehen Philosophie und Theologie, die auf das Ganze und auf das „Eigentliche“ schauen und sich mit der Frage herumschlagen: Warum ist eigentlich etwas und nicht nichts?

Aber so ganz unüberbrückbar ist der Graben doch nicht. Die Erforschung der physikalischen Zusammenhänge im Rahmen von Naturgesetzen hat auch Auswirkungen auf die philosophische und theologische Deutung der Welt. Darauf hat unlängst der Astrophysiker Harald Lesch hingewiesen.[33] Er erinnert daran, dass die Natur aus Atomen und Molekülen besteht, die sich alle nach den Naturgesetzen richten. Auch der Mensch ist ein Konglomerat aus Atomen und Molekülen. Nun sind die Atome aber nicht nur viel kleiner als der Mensch, sie kennen auch keine Eigenschaften, wie sie das Verhalten des Menschen kennzeichnen. „In der atomaren und molekularen Welt gibt es keine Gefühle, Launen, Ziele, Visionen oder Hoffnungen. Atome kennen weder Sympathie oder Liebe noch Hass oder Lust. Atome verbinden sich nicht miteinander, weil sie sich mögen, sondern weil eine Verbindung einen günstigeren Energiezustand darstellt. Verbindungen von Atomen haben keinen Zweck, sie träumen auch nicht davon, einmal zu größeren Molekülen anzuwachsen. Atome vermehren sich nicht, ethisches Handeln ist dort genau so unbekannt wie Religion oder Philosophie." Atome haben keinerlei Individualität. Sie werden allein regiert von den geltenden Naturgesetzen. Auf der elementaren Ebene verhält sich die Natur völlig unpersönlich. Erstaunlich ist nun, dass sich ab einer gewissen Ordnungsstruktur, nämlich in Lebewesen und hier nochmals in erhöhtem Maße in intelligenten Lebewesen, das alles plötzlich ändert. Die Lebewesen kennen Ziele und stellen Fragen. „Grundlage aber bleiben Abläufe, die selbst völlig selbstlos sind und von den Lebewesen auch nicht kontrolliert oder beherrscht werden können."

Derart verwunderliche Eigentümlichkeiten rufen auch die Philosophen auf den Plan. So hat sich Hans Jonas schon vor Jahren ausdrücklich und intensiv damit beschäftigt. Er verwundert sich über die Subjektivität der Lebewesen, dass sie zwar einerseits im Bereich des Lebens, näherhin an Organismen auftritt und ein unbezweifelbares empirisches Faktum ist, sich andererseits jedoch ausschließlich „der Hervorgang des Reiches der Organismen insgesamt aus bestimmten chemisch-morphologischen Ordnungen der Materie [...] durch die Außeneigenschaften der Materie selbst" erklären lässt.[34] Offenbar, so Jonas, müsse man der Materie mehr „zutrauen", als die Physiker in ihrer Spekulation über die Anfänge und die Entwicklung des Kosmos zu konzedieren bereit sind.[35] Gibt es so etwas wie einen „kosmogonischen Eros" (Ludwig Klages) oder, wie Jonas es nennt, eine „immanente Teleologie" und ein „psychisches Streben" der Natur im Sinne eines „Über-sich-Hinauswollens"?[36] Ist – spätestens ab dem Zeitpunkt des Zusammentretens von Atomen zu organischen Molekülen – in ihnen eine „Tendenz zur Evolution" vorhanden?[37]

In diese Richtung scheint auch Harald Lesch zu denken. Das zeigt sein Hinweis auf einen weiteren, höchst erstaunlichen Aspekt im Hinblick auf die Situation des Menschen im Universum. Nur Wasserstoff und Helium, die beiden ersten Elemente des periodischen Systems, sind während der Frühphasen unseres Kosmos entstanden. „Drei Minuten nach seinem Anfang war das Universum zu kalt geworden für jede weitere Elementsynthese." Das geschieht beim Kollabieren der Sterne in einer gewaltigen Explosion, durch die das mit schweren Elementen angereicherte Material der Sternenhülle hinaus in den Kosmos geschleudert wird. Im Laufe von Jahrmillionen kühlen die heißen Gaswolken ab und werden zu neuen Sternen, die nun bereits schwere Elemente enthalten. So entstehen die Planeten. Fast alle Atome schwerer Elemente, die auf dem Planeten Erde vorhanden sind, stammen aus einer solchen Explosion. „Um es genauer zu sagen: rund 750 000 Jahre, bevor das Sonnensystem entstand, ist mehr als ein Stern mit mehr als zwanzig Sonnenmassen explodiert, der seine Elementfracht in eine Gaswolke hineingepresst hat, in der unsere Sonne und das Sonnensystem entstanden sind. Mit anderen Worten: unsere Atome haben sich schon einmal gesehen. Wir sind im wahrsten Sinne des Wortes Kinder des Kosmos. [...] Astrophysik ist Ahnenforschung auf allerhöchstem Niveau."

Damit aber berührt sie die Philosophie und die Theologie und gibt ihnen aufgrund ihrer naturwissenschaftlichen Forschungen und der damit erzielten Ergebnisse schwer wiegende Fragen auf: „Wie kann man den Beginn des Universums und seine immense schöpferische Kraft verstehen? War alles nur Zufall, oder war es ein schöpferisches Prinzip? Welche Wahrheit wird mit mathematisch formulierten Naturgesetzen eigentlich wirklich beschrieben? Hier Antworten zu finden, ist die Aufgabe einer modernen Naturphilosophie, die sich weder hinter religiösen Dogmen versteckt noch den Naturwissenschaften die Deutung alleine überlässt." Lesch stellt fest: „Die moderne Astrophysik und Kosmologie lehrt uns, recht besehen, eine alte Moral: Alles was ist, ist auf bemerkenswert fein aufeinander abgestimmte Weise miteinander verbunden. Je tiefer und genauer wir ins Universum und damit in die Zeit seit dem Urknall zurückschauen, umso klarer und eindrucksvoller wird unsere kosmische Herkunft. Mit anderen Worten, wenn wir uns fragen, was das Universum mit uns zu tun hat, dann fragt sich das Universum nach sich selbst."

Auch der Philosoph Hans Jonas fragt sich, warum es zu dieser Entwicklung gekommen sei: Hätte der Kosmos nicht, nachdem die Elemente gewonnen waren, stagnieren, das heißt „bei dieser generellsten Dauerordnung und den daraus direkt erwachsenen Formationen des Makrokosmos und der Chemie" stehen bleiben können?[38] Sache der Philosophie als Wissenschaft sei es nun, „sich auf das Ganze zu besinnen, aber die hat, von den exakten Wissenschaften eingeschüchtert und (mit Descartes) ‚Sicherheit' zum Hauptmerkmal des Wissens erhebend, diesem noblen, aber inexakten Beruf entsagt und sich in ihrer Hälfte des Ganzen spezialwissenschaftlich verschanzt". Und Jonas betont, dass der Versuch einer solchen Gesamtsicht nicht deswegen sinnlos sei, weil man zu keinen beweisbaren Ergebnissen komme: „Auf Numero Sicher kann man da freilich nicht gehen. Aber dass die dort begegnenden ‚letzten Fragen', die auf keine *beweisbare* Antwort hoffen können, deshalb sinnlos seien (wie man wohl hört), ist nicht ernst zu nehmen; hinter jedem Denken lauern sie, und noch der erklärte Agnostiker beantwortet sie mit seiner darin versteckten Metaphysik."[39]

Bleiben also die „Spezialwissenschaftler" gleichsam auf halbem Weg stehen, weil sie sich nur mit einem Teil und nicht mit dem Ganzen zufrieden geben? Achten sie vor lauter Detailversessenheit gar nicht auf den Zusammenhang, in den das Einzelne eingebettet ist? Merken sie nicht, dass hinter ihrem per definitionem begrenzten Horizont sich noch ein anderes, „weites Feld" auftut? Oder anders gefragt: Darf ein „Spezialwissenschaftler" beanspruchen, einzig und allein mit seinen Methoden hinreichend „alles" erklären zu können? Ist er nicht geradezu um der Ehrlichkeit seines Forschens und um der Weitsichtigkeit seines Denkens willen gehalten zu akzeptieren, dass andere, nicht mit den Mitteln der Empirie arbeitende Wissenschaftler „hinter" seinem Spezialgebiet noch ein ganz anderes, durch die Methoden der exakten Naturwissenschaften nicht mehr zu ergründendes „Etwas“ erkennen und es zu erforschen suchen? Müsste er sogar darauf hinweisen, dass sein eigenes Erkennen und das der Naturwissenschaften überhaupt nur „Stückwerke“ sind, Teile eines viel größeren Ganzen, das mit Mikroskopen und Teleskopen nicht zu erreichen ist?

Nicht wenige der ganz großen und bedeutenden Naturwissenschaftler haben genau das getan.

Erkenntnistheoretische Relevanz

In den 20er und 30er Jahren des 20. Jahrhunderts spielte im Hinblick auf erkenntnistheoretische Fragestellungen der „Logische Empirismus“ bzw. der „Logische Positivismus“ des so genannten „Wiener Kreises“ eine entscheidende Rolle.[40] Eines seiner einflussreichsten Mitglieder, Otto Neurath, machte den Aufbau einer rein empirisch begründeten „Einheitswissenschaft“ zum erklärten Ziel: „Es gibt nur Erfahrungserkenntnis, die auf dem unmittelbar Gegebenen beruht.“[41] Damit war eine Grenze für die Inhalte „legitimer“ Wissenschaften gezogen. Theologie gehörte in keinem Fall dazu. Obwohl die Position später relativiert wurde, wirkt der Einfluss dieser ausschließlich empirischen und damit grundsätzlich antimetaphysischen Ausrichtung des „Positivismus“ bis heute in der Einstellung vieler Physiker nach.

Auf der anderen Seite verleitete die Relativitätstheorie verschiedentlich auch zu einem übereilten Brückenschlag zwischen Theologie und Physik, wenngleich Albert Einstein auf die Nachfrage des Erzbischofs von Canterbury erklärt hatte, dass seine Theorie eine rein wissenschaftliche Angelegenheit sei und nichts mit Religion zu tun habe. Doch es gab Theologen, die die Relativitätstheorie dazu missbrauchten, um das ewige Leben zu „beweisen“: Solange wir auf ein dreidimensionales Verstehen beschränkt seien, sei unser Leben vergänglich. Sobald wir es aber mit der Relativitätstheorie „in vier Dimensionen wahrnehmen, ist es ein ewiges Leben“.[42]

In diese Richtung verrennen sich in neuerer Zeit allerdings auch einige Physiker. Sie kommen aus den Reihen jener, die sich nicht damit zufrieden geben wollen, Naturvorgänge nur zu beschreiben und sie in ein stimmiges mathematisches Modell einzuordnen. Sie möchten (grundsätzlich sicher durchaus richtig und verständlich) für die vielen einzelnen Phänomene eine Theorie entwickeln, die prinzipiell alles erklärt, eine „Theory of Everything“, eine „Weltformel“. Sie möchten auf Fragen antworten, die weit über unseren direkten Erfahrungshorizont hinausgehen.

So überraschte im Jahr 1994 der Astrophysiker Frank J. Tipler die Öffentlichkeit mit einem Buch über „Die Physik der Unsterblichkeit“[43]. Die Zeit sei gekommen, so Tipler, die Theologie in der Physik aufgehen und den Himmel ebenso wirklich werden zu lassen wie ein Elektron (19). Er postuliert, nun schon etwas vorsichtiger, „dass ein gänzlicher, umfassender Tod nicht unausweichlich ist“, denn „Physiker wissen: Es ist wahrscheinlicher, dass ein schönes Postulat wahr ist, als dass ein hässliches Postulat wahr ist“ (35 f.). Tipler entwickelt dementsprechend eine „Theorie der Auferstehung“ und eine „Omegapunkt-Theorie“, wobei der Omegapunkt „im wesentlichen dem Gott von Tillich und Pannenberg“ entsprechen soll (37). Den Begriff „Omegapunkt“ wählt Tipler zwar „zu Ehren Teilhards“ (153), aber dieser Begriff sei „Teilhards einziger wissenschaftlicher Beitrag zu diesem Buch“ (147). Und da „der Himmel, das Fegefeuer und möglicherweise die Hölle in der Zukunft tatsächlich existieren werden, kann man eine skizzenhafte Raumzeit-Karte dieser Reiche anfertigen. Ein Exemplar finden Sie in Kapitel X“ (41). Tipler behauptet, seine Zukunftsschilderungen seien die „direkten Ableitungen aus den Gesetzen der Physik“ (Vorwort). Und darum ist er sich seiner Sache sicher: „Die unerbittliche Logik meines Spezialgebietes in der Physik hat mich zu diesen Schlussfolgerungen gezwungen“ (13) – „Hier stehe ich, ein Physiker, und kann nicht anders“ (16).

Tipler durfte seinen „blühenden Unsinn“ und seine „wirren Spekulationen“ (Andreas Benk) sogar im illustren Kreis in der päpstlichen Sommerresidenz äußern, und sein dortiger Beitrag wurde – mit einer vorangestellten „Message of His Holiness Pope John Paul II.“ – vom „Vatican Observatory“ in einem Sammelband veröffentlicht.[44] Und der durchaus renommierte evangelische Theologe Wolfhart Pannenberg fühlte sich (weil er in Tiplers Buch einmal namentlich erwähnt wird?) gemüßigt, auf dem Klappentext des Buches festzustellen, hier rekonstruiere ein Physiker „mit physikalischen Argumenten fundamentale Glaubenssätze der Religionen“ und nähere sich „der christlichen Zukunftshoffnung“.

Sofern sie sich überhaupt zu religiösen Fragen äußern, urteilen die weitaus meisten modernen Physiker sehr viel zurückhaltender. Was Edgar Lüscher seinem Werk über die moderne Physik voranstellt, ist durchaus konsensfähig: „Sämtliche Aussagen des Physikers beziehen sich auf den physikalischen Raum. In diesem können Fragen nach Wechselwirkungen, die außerhalb der physikalischen Messmöglichkeiten liegen, nicht sinnvoll beantwortet werden.“ Keine Rede ist davon, dass derartige Fragen „sinnlos“ seien – aber die Physik ist der falsche Adressat zu ihrer Beantwortung. „Insbesondere ist das Problem der Existenz eines Gottes keine physikalische Fragestellung“, fährt Lüscher fort, „vielleicht gibt es Größen, Wechselwirkungen, Ereignisse, die dem Naturwissenschaftler prinzipiell unzugänglich sind, von denen jedoch der Dichter, der Musiker, der bildende Künstler, der religiöse Mensch etwas ahnt und dieses in seinen Werken auszudrücken vermag; ein Etwas, das nie Gegenstand des physikalischen Raumes sein kann. Darüber eine physikalische Aussage zu formulieren, wäre eine Vermessenheit.“[45]

Bleibt also überhaupt kein Platz für ein religiöses Verständnis von Transzendenz in der modernen Physik? Ist es so, wie Hans Blumenberg meint, dass der spätmittelalterliche „Gott“, der je nach Belieben Gutes und Böses „schickt“ und der „die Züge der absoluten Souveränität und der herrscherlichen Willkür auf äußerste herausgetrieben“[46] hat, durch die moderne Naturwissenschaft verjagt wurde, weil dieses Gottesbild moralisch unerträglich wurde und die Menschheit sich geradezu zur Selbsthilfe gezwungen sah, indem sie nach Erklärungen für die angeblich von Gott bestimmten Naturvorgänge suchte? Ist nicht mehr Gott Mittelpunkt der Welt, sondern hat sich der Mensch durch sich selbst aktiv-geistig an dessen Stelle gesetzt?[47]

Keineswegs. Es gibt durchaus Stimmen von renommierten Physikern, die sich etwas vorsichtiger und darum glaubwürdiger zu dieser Frage äußern. Schon 1937 hatte Max Planck in seinem berühmt gewordenen Vortrag über „Religion und Naturwissenschaft"[48] angemerkt, die heutige Quantenphysik lege nahe, dass sich sowohl die Theologen als auch die naturwissenschaftlichen Empiriker getäuscht haben: Die Theologen, sofern sie Gott für eine objektivierbare geistige Realität hielten, die man sozusagen auf den philosophischen und theologischen Seziertisch legen und wie andere Objekte menschlichen Interesses untersuchen könne; die modernen Empiriker, sofern sie in ihrem ebenso naiven Wissenschaftsglauben behaupten konnten, dass nur das wirklich existiere, was man im Experiment messen und mathematisch beschreiben könne.[49] „Eine konsistente Erklärung der Quantenphänomene [komme nämlich] zu der überraschenden Schlussfolgerung, dass es eine objektivierbare Welt, also eine gegenständliche Realität, wie wir sie bei unserer objektiven Betrachtung als selbstverständlich voraussetzen, gar nicht ‚wirklich' gibt, sondern dass diese nur eine Konstruktion unseres Denkens ist, eine zweckmäßige Ansicht der Wirklichkeit, die uns hilft, die Tatsachen unserer unmittelbaren äußeren Erfahrung grob zu ordnen. Die Auflösung der dinglichen Wirklichkeit offenbarte, dass eine Trennung von Akteur und Zuschauer, von subjektiver und objektiver Wahrnehmung nicht mehr streng möglich ist."[50]

Planck kommt dann auf Werner Heisenberg zu sprechen, der deutlich gemacht habe, dass man einen Sachverhalt durchaus völlig klar verstanden haben und gleichzeitig doch wissen könne, dass man von ihm nur in Bildern und Gleichnissen reden kann. Und Planck fährt fort: „Die Sprachlosigkeit religiöser Erfahrung greift in gewisser Weise mit der Quantenphysik auch auf die äußere Erfahrung über. Die Quantenphysik machte wieder deutlich, dass unsere wissenschaftliche Erfahrung, unser Wissen über die Welt nicht der ‚eigentlichen' oder letzten Wirklichkeit, was immer man sich darunter vorstellen will, entspricht. ‚Das wahre Wesen der Dinge bleibt verschlossen', sagte schon John Locke. Durch unsere Sinneswerkzeuge und unsere Denkstrukturen prägen wir der Wirklichkeit ein Raster auf, das sie in ihren Ausdrucksformen beschrankt und in ihrer Qualität verändert."[51]

Von 1920 bis zu seinem Tode 1947 war Max Planck Mitglied im Ältestenrat der evangelischen Kirchengemeinde in Berlin-Grunewald. 1947 kursierte das Gerücht, er sei zum Katholizismus übergetreten. Das veranlasste manche seiner Freunde und Bekannten, bei ihm nachzufragen. Eine der Antworten lautet: „In Beantwortung Ihres Schreibens vom 10. 6. 47 kann ich Ihnen mitteilen, dass ich selbst von jeher tief religiös veranlagt bin, dass ich aber nicht an einen persönlichen Gott, geschweige denn an einen christlichen Gott glaube."[52]

Dennoch ist Max Planck zeit seines Lebens ein Mensch gewesen, dessen tiefe Religiosität stimuliert und geprägt war von den Vorgängen in der Natur, deren Prinzipien er als Physiker erforschte und zu erklären versuchte. In einer Ansprache am 29. 6. 1922 sagt er:

> „Die gegenwärtige Physik, soweit sie theoretisch durchgebildet ist, wird vollständig beherrscht von einem System von raumzeitlichen Differentialgleichungen, welche besagen, dass ein jeder Vorgang in der Natur vollständig bestimmt ist durch die Vorgänge in seiner unmittelbaren zeitlichen und räumlichen Nachbarschaft. Dieses ganze reiche System von Differentialgleichungen, die im einzelnen recht verschieden sind, da sie sich auf mechanische, elektrische, magnetische, thermische Vorgänge beziehen, ist aber vollständig enthalten in einem einzigen Satze, dem Prinzip der kleinsten Wirkung, welches kurz gefasst besagt, dass unter gewissen als möglich gedachten Vorgängen stets gerade derjenige in Wirklichkeit stattfindet, welcher mit dem Mindestaufwand von Aktion oder Wirkungsgröße verbunden ist." Die Folgerung, die er daraus zieht, überschreitet nun aber die

Grenzen naturwissenschaftlicher Erkenntnis: „Man sieht, es bedarf nur eines kleinen Gedankenschritts, um in der Bevorzugung der kleinsten Wirkungsgröße das Walten der göttlichen Vernunft [...] zu erkennen."[53]

Mit dieser Grenzüberschreitung befindet sich Planck allerdings in guter Gesellschaft: „Es ist gewiss nicht verwunderlich, dass die Entdeckung dieses Gesetzes, des so genannten Prinzips der kleinsten Wirkung, nach welchem später auch das elementare Wirkungsquantum seinen Namen bekommen hat, seinen Urheber Leibniz, ebenso wie bald Maupertuis, in helle Begeisterung versetzt hat, da diese Forscher darin das greifbare Zeichen für das Walten einer höheren, die Natur allmächtig beherrschenden Vernunft gefunden zu haben glaubten."[54]

Ähnliche, aber etwas vorsichtiger formulierte und weniger präzise Gedankengänge finden sich bei dem schon erwähnten Zeitgenossen Plancks, bei Werner Heisenberg. In einem Bericht über ein Gespräch mit seinen Freund Wolfgang Pauli schreibt er:

„Als wir eine Weile am Ende der Mole gestanden hatten, fragte Wolfgang mich ziemlich unvermittelt: ‚Glaubst Du eigentlich an einen persönlichen Gott? Ich weiß natürlich, dass es schwer ist, einer solchen Frage einen klaren Sinn zu geben, aber die Richtung der Frage ist doch wohl erkennbar.' ‚Darf ich die Frage anders formulieren?' erwiderte ich. ‚Dann würde sie lauten: Kannst du oder kann man der zentralen Ordnung der Dinge oder des Geschehens, an der ja nicht zu zweifeln ist, so unmittelbar gegenübertreten, mit ihr so unmittelbar in Verbindung treten, wie dies bei der Seele eines anderen Menschen möglich ist? Ich verwende hier ausdrücklich das so schwer deutbare Wort Seele, um nicht missverstanden zu werden. Wenn du so fragst, würde ich mit Ja antworten [...].' ‚Du meinst also, dass dir die zentrale Ordnung mit der gleichen Intensität gegenwärtig sein kann wie die Seele eines anderen Menschen?' ‚Vielleicht.' ‚Warum hast du hier das Wort Seele gebraucht und nicht einfach von einem anderen Menschen gesprochen?' ‚Weil das Wort Seele eben hier die zentrale Ordnung, die Mitte bezeichnet bei einem Wesen, das in seinen Erscheinungsformen sehr mannigfaltig und unüberschaubar sein mag'."[55]

Heisenbergs Frau Elisabeth schreibt in ihren Erinnerungen, dass ihr Mann einmal „mit lächelnder Gewissheit" gesagt habe: „Ich habe das Glück gehabt, dem lieben Gott bei seiner Arbeit über die Schulter schauen zu dürfen!"[56]

Als dritter Physiker, der sich dieser anderen Dimension bewusst war und sich nicht scheute, darauf hinzuweisen, soll noch Albert Einstein erwähnt werden. Ähnlich wie Planck und Heisenberg nimmt auch Einstein voll Staunen und Verwunderung die großartige Ordnung der Natur wahr. Er erfährt die Harmonie des Seienden und fühlt sich darin aufgehoben: „Der Anblick des Meeres ist unbeschreiblich großartig, besonders wenn Sonne darauf fällt. Man ist wie aufgelöst in die Natur. Man fühlt die Belanglosigkeit des Einzelgeschöpfes noch mehr als sonst und ist froh dabei."[57] Religiosität, so meint er, sei die stärkste Triebfeder wissenschaftlicher Forschung: „Welch ein tiefer Glaube an die Vernunft des Weltenbaues und welche Sehnsucht nach dem Begreifen wenn auch nur eines geringen Abglanzes der in dieser Welt geoffenbarten Vernunft musste in Kepler und Newton lebendig sein, dass sie den Mechanismus der Himmelsmechanik in der einsamen Arbeit vieler Jahre entwirren konnte. [...] Nur wer sein Leben ähnlichen Zielen hingegeben hat, besitzt eine lebendige Vorstellung davon, was diese Menschen beseelt und ihnen Kraft gegeben hat, trotz unzähliger Misserfolge dem Ziel treu zu bleiben. Es ist die kosmische Religiosität, die solche Kräfte spendet. Ein Zeitgenosse hat nicht mit Unrecht gesagt, dass die ernsthaften Forscher in unserer im allgemeinen materialistisch eingestellten Zeit die einzigen tief religiösen Menschen seien."[58]

Einstein beschreibt sein Verständnis von Religiosität so: „Das Erlebnis des Geheimnisvollen, wenn auch mit

Furcht gemischt, hat auch die Religion gezeigt. Das Wissen um die Existenz des für uns Undurchdringlichen, der Manifestationen tiefster Vernunft und leuchtender Schönheit, die unserer Vernunft nur in ihren primitiven Formen zugänglich sind, dies Wissen und Fühlen macht wahre Religiosität aus; in diesem Sinn und nur in diesem Sinn gehöre ich zu den tief religiösen Menschen.“[59] Auf die Frage des New Yorker Rabbiners H. S. Goldstein, ob er an Gott glaube, antwortet er: „Ich glaube an Spinozas Gott, der sich in der gesetzlichen Harmonie des Seienden offenbart, nicht an einen Gott, der sich mit dem Schicksal und den Handlungen der Menschen abgibt.“[60]

Einstein bleibt zeit seines Lebens ein religiöser Mensch, wobei er sich freilich ausdrücklich zu einer nicht-biblischen, a-personalen, kosmischen Religiosität bekennt, „die keine Dogmen und keinen Gott kennt, der nach dem Bild des Menschen gedacht wäre […] Andererseits aber behaupte ich, dass die kosmische Religiosität die stärkste und edelste Triebfeder wissenschaftlicher Forschung ist.“[61] Einem seiner Schüler, Walter Thirring, bekennt er: „Jene mit tiefem Gefühl verbundene Überzeugung von einer überlegenen Vernunft, die sich in der erfahrbaren Welt offenbart, bildet meinen Gottesbegriff.“[62]

Die drei hier exemplarisch genannten Physiker wollen mit ihren Aussagen nicht irgendeinen „Gottesbeweis“ liefern. Sie haben auch ihre Zweifel an einem „persönlichen“ Gott, wie ihn die christliche Tradition vorstellt. Bei ihren Forschungen ist ihnen aber die wunderbare Gesamtordnung der erfahrbaren und messbaren Welt bewusst geworden und hat sie etwas ahnen lassen von einer geheimnisvollen (göttlichen) Ordnungskraft, die sich hinter allem verbirgt. Sie sprechen von einem Überwältigtsein durch das, was sie erforscht und erfahren haben. Aber sie sagen nicht, sie seien (einem persönlichen) Gott begegnet. Ihre Äußerungen, das muss freilich festgehalten werden, besitzen den Charakter einer persönlichen Überzeugung.

Das Interesse an einem Dialog zwischen Theologie und Physik ist in den vergangenen Jahrzehnten gewachsen. Es gibt eine Reihe philosophisch und theologisch relevanter Fragen, die im Zusammenhang mit den Erkenntnissen der modernen Physik diskutiert werden müssen. Wenn es zutrifft, dass heute, nicht zuletzt als Folge der geistigen Krise der Religionen und der Krise eines allzu fortschrittsgläubigen Konzepts der modernen Wissenschaftsidee, die Sinnfrage wieder ins Zentrum rückt, dann sind Naturwissenschaft und Theologie dringend aufeinander angewiesen.

Die (Natur-)Wissenschaftler sollten sich aber nicht dazu hinreißen lassen, die Grenzen ihres Fachgebietes zu überschreiten und sich auf ein Feld zu begeben, das sich empirisch-exakter Nachprüfung und experimenteller Forschung entzieht. Sie müssen deutlich zu erkennen geben, was naturwissenschaftlich fundierte Erkenntnis ist und wo ihre eigene, subjektive Spekulation beginnt. Wenn ein Stephen W. Hawking behauptet, es ließe sich seitens der Physik eine Antwort finden auf die Frage, „warum es uns und das Universum gibt", und wenn er in dieser Antwort den „endgültigen Triumph der menschlichen Vernunft – denn dann würden wir Gottes Plan kennen"[63] zu sehen glaubt, dann hat er damit nicht nur seine Kompetenz als Physiker überschritten, sondern letztlich auch der Glaubwürdigkeit und Korrektheit naturwissenschaftlichen Denkens einen schlechten Dienst erwiesen.

So schreibt der Brasilianer José Lutzenberger, der 1988 den Alternativen Nobelpreis für seinen Einsatz zur Rettung der Tropenwälder erhielt: „Wenn man mich fragt: ‚Was ist der Sinn des Lebens?' und ich rein vernunftmäßig, naturwissenschaftlich, nach einer Erklärung suche, dann weiß ich zunächst keine befriedigende Antwort. Ich muss ja dann der Sache auf den Grund gehen, muss mir die gesamte kosmische und biologische Entwicklung vorstellen, vom Urknall – falls es den überhaupt gegeben hat, es ist ja zunächst nur Spekulation – und davor, falls es ein Davor gegeben hat, bis zum Leben auf unserem Planeten, bis zu unserem Leben heute, die Milliarden Jahre davor und die Milliarden Jahre danach.

Wenn wieder Milliarden von Jahren vergangen sind, vom Leben auf unserem Planeten keine Spuren mehr vorhanden sind, weil die Sonne in ihrer letzten Entwicklungsphase, wenn sie zum roten Riesen wird, bevor sie zu einem weißen Zwerg zusammenschrumpft, in ihrer Ausdehnung bis fast hin zur Bahn des Mars die Erde schluckt, diese sich in der glühenden Gaswolke auflöst, was hat dann die ganze organische Entwicklung mit ihren Millionen von Arten und Billionen von Individuen für einen Sinn gehabt? Ist aber eine solche Frage überhaupt sinnvoll? Hat es Sinn, auf dieser Ebene nach Sinn zu fragen?"[64]

Große Vorsicht ist ebenso auch für die Theologie geboten. Sie ist dringend zu warnen „vor einer schnellen Vereinnahmung physikalischer Erkenntnisse (oder gar aktueller physikalischer Spekulationen). Insbesondere sollte sich die Theologie hüten, immer gerade aus dem, was die Naturwissenschaft (noch) nicht hinreichend erklären kann, eine Art Gottesbeweis oder auch nur Gotteshinweis konstruieren zu wollen."[65] Leider gibt es noch immer Theologen oder schlicht religiöse Menschen, die meinen, Gott hätte so zu sein, wie sie sich ihn vorstellen. Ein wichtiges Kriterium für die Glaubwürdigkeit und Wahrhaftigkeit jeder Theologie muss es sein, dass sie bereit ist, die Transzendenz des Transzendenten (= Gottes) auch wirklich anzuerkennen. Dass sie eingesteht, den absolut Unbegreiflichen nicht begreifen oder in die Hand bekommen zu können. Dass sie zugibt, auf die Gottesfrage keine einfache Antwort geben zu können, sondern sie als eine, trotz aller Offenbarung letztlich offene Frage zu betrachten. Wer zu wissen glaubt, wer oder was Gott eigentlich ist, der ist letztlich gar nicht wahrhaft gläubig, der glaubt nur an sein eigenes Gottesbild. Transzendenz hat stets den Charakter des ganz und gar Jenseitigen, auf das hin ich mich zwar – als Physiker oder als Theologe, als Naturwissenschaftler oder als Philosoph – „ausstrecke" und dem ich mit meinem Denken und Grübeln nachjage, das ich aber nie in (Be-)Griff bekomme. „Die rationale oder die ethische oder die religiöse Weltformel, auf die sich alle einigen und die das Ganze tragen könnte, gibt es nicht. Jedenfalls ist sie gegenwärtig nicht erkennbar."[66] Das Bewusstsein der Transzendenz wird sich durchhalten, wenn auch das Gottesbild sich vielleicht in einer Weise wandelt, die wir uns heute noch nicht vorstellen können.

Friedrich Cramer, der emeritierte Direktor des Max-Planck-Instituts für experimentelle Medizin in Göttingen, vertrat in einem Beitrag zum Dialog zwischen Naturwissenschaft und Theologie die Ansicht, dass die „positivistische Position“ der Naturwissenschaft vorbei sei, denn sie könne niemals die Sinnfrage stellen. Wohl aber dürfe und solle sie „bis an die Grenze vorstoßen, wo die Sinnfrage in Erscheinung tritt“. Diese Grenze wird am deutlichsten dort, wo die Wissenschaft durch ihre eigenen Ergebnisse gezwungen wird, selbst über ihre als gültig anerkannten, aber nicht im strengen Sinn bewiesenen und beweisbaren Grundlagen nachzudenken.

Cramer nennt dafür vier Aspekte:

> „Erstens: Der Zweite Hauptsatz, der Thermodynamik, der den Zeitpfeil begründet und die Energie- und Informationsflüsse auch und gerade des Lebendigen regelt, ist letzten Endes physikalisch ungeklärt. Und man kann eine Erklärung von Seiten der Physik auch gar nicht erwarten, Physik ist ja gerade darauf gegründet, das die Zeit reversibel ist, wie ich oben ausgeführt habe; sie müsste sich ihre eigene Grundlage entziehen.
> Zweitens: Es gibt keine grundsätzliche physikalische Erklärung der Selbstorganisation, die ja im Bereich des Lebendigen das wohl augenfälligste Phänomen ist. Offenbar hängt das mit unserer Auffassung von Materie zusammen, das Materiekonzept der Physik ist zu einfach.
> Drittens: Durch die Chaostheorie und einige andere neue Entwicklungen zeigt sich, das einige Grundkonzepte der Physik einer Revision bedürfen: Eine ungestörte, reibungsfreie Bewegung gibt es in der Realität nicht. Wesentliche Strukturen sind nicht nach der euklidischen, sondern nach der fraktalen Geometrie organisiert. Der Massenpunkt ist für viele Mikrostrukturen, insbesondere biologische, eine unerlaubte Vereinfachung.
> Viertens: Physik befasst sich ausschließlich mit dem Gesetzmäßigen, dem Allgemeinen. Zwar steht am Anfang der physikalischen Kosmologie die Singularität des Urknalls, die ein Ursprungsmythos ist von der

gleichen Qualität wie alle anderen Schöpfungsmythen, vom Urknall an geht es aber gesetzmäßig weiter."[67]

Es kann nicht mehr darum gehen, wer sich in einem nutzlosen Konkurrenzkampf zwischen Glauben und Naturwissenschaft am unabsehbaren Ende als der Stärkere erweist. Ebenso wenig taugt ein friedlich-schiedliches Nebeneinander, das in vermeintlicher Toleranz jedem seinen eigenen Spielplatz überlässt. Wahrheit ist unteilbar. Es gibt zwar verschiedene Wege, um dem Geheimnis der Welt und des menschlichen Daseins auf die Spur zu kommen. Aber das Ziel ist dasselbe, nämlich zu einem Verstehen des Ganzen zu kommen. Und dahin sind beide, Naturwissenschaft und Theologie, noch unterwegs.

„Ich bin überzeugt, dass sich eine nicht positivistisch überhöhte Evolutionsvorstellung einerseits und der richtig verstandene biblische Schöpfungshymnus andererseits nicht widersprechen. Wer nicht an göttliche Mächte glauben will, den werde ich nicht überzeugen können. Aber umgekehrt möchte ich den unendlichen Reichtum, den die religiöse Weltsicht mir eröffnet, nicht aussperren. Überall spüre ich in der mich umgebenden Natur Gottes unendliche Schöpferkraft, die auch in der biologischen Evolution so viel Wunderbares geschaffen hat und weiter schafft, die mir erlaubt, daran teilzuhaben, mich mitzufreuen, jenseits meines Horizonts nicht ein schwarzes Loch, sondern einen leuchtenden Himmel zu sehen. Für mich bleibt, unberührt von der Evolutionstheorie, die ich für eine der großartigsten Einsichten der Wissenschaft halte, das gültig, was Paul Claudel einmal gesagt hat: ‚Gott – Ursprung, in dem alles beginnt; Ziel, in das alles mündet; Gegenwart, die alles trägt'."[68]

„Gott“ und die Evolution

„Wenn wir die Ergebnisse der modernen Wissenschaft ernst nehmen, fällt es schwer zu glauben, dass Gott allmächtig und allwissend ist im Sinne der scholastischen Philosophen. Die Wissenschaft erzählt uns von einem Gott, der sehr anders sein muss als der Gott, den mittelalterliche Philosophen und Theologen sahen. Könnte Gott zum Beispiel nach einer Milliarde Jahre eines fünfzehn Milliarden Jahre alten Universums vorhergesagt haben, dass menschliches Leben entstehen würde? Gehen wir davon aus, dass Gott im Besitz der ‚Universaltheorie‘ wäre, alle Gesetze der Physik, alle Elementarkräfte kennen würde. Selbst dann: Könnte Gott mit Sicherheit wissen, dass der Mensch entstehen würde?
Wenn wir wirklich die wissenschaftliche Sichtweise akzeptieren, dass es neben den deterministischen Vorgängen auch Zufallsprozesse gibt, denen das Universum ungeheure Gelegenheiten bietet, dann sieht es so aus, als könnte selbst Gott das Endergebnis nicht mit Sicherheit kennen. Gott kann nicht wissen, was nicht gewusst werden kann.
Dies ist keine Einschränkung Gottes. Ganz im Gegenteil. Es offenbart uns einen Gott, der ein Universum erschaffen hat, dem eine gewisse Dynamik innewohnt und das somit am Schöpfungsakt Gottes teilnimmt. Sofern sie die Ergebnisse der modernen Wissenschaft respektieren, müssen Gläubige Abstand von der Vorstellung eines diktatorischen Gottes nehmen, eines Newtonschen Gottes, der das Universum als Uhrwerk erschaffen hat, das regelmäßig weitertickt. [...]
Theologen haben den Begriff von Gottes fortwährender Schöpfung geprägt. Ich glaube, es wäre eine sehr bereichernde Erfahrung für Theologen und Gläubige, die moderne Wissenschaft unter diesem Begriff der fortwährenden Schöpfung näher zu erkunden. Gott arbeitet mit dem Universum.“[69]

Die Anfänge

Die seit der Entdeckung der Rotverschiebung des Lichtes festgestellte Expansion des Kosmos legte den Gedanken nahe, dass der Anfang dieser Bewegung in einem relativ kleinen Raum durch eine Art von übergewaltiger „Explosion“ begonnen habe. Ein „Urknall“ (englisch: big bang) in einem Raumvolumen (nahe) Null wird heute von den meisten Wissenschaftlern als Anfang des Kosmos (vor 10–15 Milliarden Jahren) angenommen. Man kann ihn sich vorstellen als einen „Anfangszustand von chaotischem, ungeordnetem Charakter. [...] Die heutige Kosmologie steht daher vor einem Rätsel, wie aus diesem Zustand der Unordnung eines allumfassenden Systems sich ein Zustand höherer Ordnung gebildet haben kann, der eine ausgesprochene Struktur aufweist, nämlich die Zusammenballung von Materie und Energie zu Galaxien.“[70]

Gleichzeitig mit der Entstehung des Sonnensystems bildeten sich aus den chemischen Elementen zunächst einfache, dann immer kompliziertere Verbindungen *(chemische Evolution)*. Dies geschah im interstellaren Raum, wo passende Atome oder Ionen zufällig zueinander fanden. Spektrale Untersuchungen haben bisher zum Nachweis von mehr als 50 verschiedenen Molekülen im kosmischen Staub geführt – bestehend aus Kohlenstoff und anderen leichten Elementen. Die chemische Evolution fand aber insbesondere auch auf den Planeten wegen der reichen Auswahl und ausreichenden Dichte der chemischen Elemente bei nicht zu hohen Temperaturen statt. Doch keine von diesen Entstehungen stellt eine notwendige Folge aus den vorgegebenen Bedingungen dar, keine verdankt ihr Zustandekommen einem hochgradigen Wahrscheinlichkeitsverhältnis.

Es ist auffällig, welche Rolle der „Zufall“ in der gesamten Evolution spielt. Konrad Lorenz bezeichnete daher Zufall und Selektion als die „beiden Konstrukteure“ der Evolution. Der Zufall ist zu einer der großen Erklärungskategorien der Naturwissenschaft geworden. „Zufall“ wird verstanden als das „Zusammentreffen vieler voneinander unabhängiger Ereignisketten, die zur Bildung jener organischen Substanzen führte, ohne die das Leben vermutlich nicht entstanden wäre. [...] Zufälle sind Ereignisse ohne Zielursache, ohne Teleologie."[71] Der Biologe Colin S. Pittendrigh hat dafür den Begriff „Teleonomie" geprägt. Im Ergebnis sind „teleonome" und „teleologe" Prozesse nicht zu unterscheiden. Dennoch sind sie grundverschieden. „Teleolog" bedeutet nicht nur ziel*gerichtet*, sondern zusätzlich ziel*intendiert*, auf ein in der Zukunft liegendes und im Moment nur vorgestelltes Endziel ausgerichtet. „Teleonom" bedeutet hingegen programmgesteuerte Zweckmäßigkeit als Ergebnis eines evolutiven Prozesses und nicht nachweislich als Werk eines planenden Wesens.

Allerdings lässt diese Unterscheidung, die ohnehin nicht von allen Evolutions-Biologen streng durchgehalten wird, einige Fragen offen. Setzt man nämlich voraus, dass der Mensch ein Wesen ist, das sich Zwecke setzen, die geeigneten Mittel auswählen und den ganzen Zusammenhang aufgrund umfassender Normen vernünftig zu rechtfertigen imstande ist, dann fragt man sich, wie ein solches Wesen in einem kontinuierlichen Prozess aus der Evolution hervorgegangen sein sollte, wenn die untermenschliche Natur keine Spur von Finalität zeigt. „Setzt man nämlich dieses voraus, so geht man von einem analogielosen Sprung bei der Entstehung des Menschen aus. Freiheit ist danach aus dem Nichts entstanden. Eine solche Schlussfolgerung ist außerordentlich kontraintuitiv, abgesehen davon, dass sie die Erfahrung gegen sich hat. Versuche mit Schimpansen, die die Taubstummensprache erlernt haben, haben eindeutig ergeben, dass diese Tiere Interessen artikulieren können und dass sie über ein sehr reichhaltiges Innenleben verfügen, das ihnen erlaubt, alles Begegnende im Licht von Zwecken zu sehen. Wie verhält es sich weiter mit Tieren, die zufällig nicht imstande sind, die Taubstummensprache zu lernen? Sind wir sicher, dass sie nicht über eine Innenperspektive verfügen, dass sie keine spontanen Akte setzen können, die auf ein Ziel ausgerichtet sind, dass sie nicht wissen, wie es ist, eine Fledermaus, ein Regenwurm oder ein Sperling zu sein?"[72]

Die Richtung der Evolution wird durch eine wachsende Zahl von Interaktionen und Vernetzungen bestimmt. Es herrscht offenbar ein eigenartiges „Streben“ danach, das Chaos zu überwinden und Ordnung zu schaffen und aus zunächst kleinen Elementarteilchen über viele Entwicklungsstufen hinweg immer komplexere Strukturen und Muster zu bilden. Nach Meinung der amerikanischen Physikerin und Biologin Evelyn Fox Keller zeigt die biologische Entwicklung eine merkwürdige „Fähigkeit, Kurs zu halten trotz der Myriaden von Wechselfällen, die einen sich entwickelnden Organismus unvermeidlich heimsuchen“.[73] Auch verlaufen bei einem zufälligen Zusammentreffen verschiedener Wirkursachen die daraus möglicherweise resultierenden chemischen, physikalischen oder biologischen Prozesse ihrerseits nicht „zufällig“, sondern durchaus gesetzmäßig ab – nämlich unumkehrbar.

Im Großen und Ganzen verstehen die Wissenschaftler heute die Mechanismen des Evolutionsgeschehens. Noch immer gibt aber die Frage nach der Entstehung des Lebens Rätsel auf: Wie vollzog sich der Übergang von der anorganischen zur organischen Materie? Manche Wissenschaftler meinen sogar, das Leben sei vielleicht ursprünglich gar nicht auf der Erde entstanden, sondern in vollkommen funktionsfähiger Form aus dunklen galaktischen Wolken durch einen Meteoriteneinschlag auf die Erde gelangt.

Nach dieser „Schwelle“, die vor etwa vier Milliarden Jahren anzusetzen ist, besteht über den weiteren Verlauf der biologischen Evolution im Grundsätzlichen wieder Konsens. Die vielfältigen Lebensformen auf der Erde haben sich allesamt aus einem gemeinsamen Uranfang entwickelt und sind darum in unterschiedlicher Weise miteinander verwandt. Kaum eine andere Theorie hat sich so nachhaltig auf unser Selbstverständnis ausgewirkt wie die Evolutionstheorie.

In jüngster Zeit werden seitens einer neuen Generation vor allem nordamerikanischer Evolutionskritiker lautstark Zweifel geäußert, ob für die Fülle zweckmäßiger Bildungen in der organismischen Höherentwicklung die schöpferische Kraft der natürlichen Selektion genüge. Wo so viel

„Design“ vorhanden ist, so ihre These, muss auch ein entsprechender „Designer“ angenommen werden – gleichgültig, wie eine derartige planende Intelligenz gedacht werden kann. Und darüber hinaus sei die Evolutionstheorie gar nicht bewiesen. Das kann man allerdings – im philosophischen Sinne – von keiner naturwissenschaftlichen Theorie sagen. Auch Einsteins Relativitätstheorie ist in diesem Sinne nicht „bewiesen“. Naturwissenschaftliche Theorien stellen nur die in sich und zu allen bisherigen Beobachtungen widerspruchsfreie Kurzfassung aller Beobachtungen dar, die solange gelten, bis der entsprechende Teilaspekt durch eine andere Theorie besser erklärt werden kann. Einzelheiten der Evolution, und nur diese, sind unter allen, die etwas von der Sache verstehen, heute umstritten. So hat die Neue Frankfurter Evolutionstheorie einen völlig anderen Grundansatz als die Darwinsche, baut aber trotzdem auf Darwin auf.

Angesichts dieser Auseinandersetzungen sah sich der Internationale Botanische Kongress in Wien, zu dem im Jahre 2005 über 5000 Wissenschaftler aus der ganzen Welt, darunter auch gläubige Christen, zusammengekommen waren, veranlasst, eine eigene Resolution zur Klarstellung zu verabschieden. In der auf Englisch verfassten Erklärung heißt es: „Wir […] bekräftigen die Bedeutung der Evolution als übergreifendes Konzept zum Verstehen aller Aspekte der Biologie, einschließlich der natürlichen Selektion, […] der Mutation […] und anderer gut untersuchter Phänomene. Wir betonen die Evolution als zentrale wissenschaftliche Erklärung für die Vielfalt (Diversität) des Lebens auf der Erde.“ Die evolutiven Phänomene seien inzwischen durch viele wissenschaftliche Studien sehr gut untersucht und belegt. Die Evolutionstheorie biete einen guten Schlüssel, um den Ursprung, die Gestalt, die geographische Verbreitung und die Mannigfaltigkeit unterschiedlicher Organismen-Gruppen zu verstehen. Sie sei die Grundlage, „um in einem weiten Spektrum von Disziplinen – dar unter Medizin, Zellbiologie, Virologie, Genetik, Systematische Biologie, Vergleichende Physiologie und Verhaltensforschung sowie Ökologie – Hypothesen zu testen und technische Innovationen hervorzubringen“.

In der „Intelligent Design"-Bewegung, die versucht, den Gang des Lebens durch ständiges zielgerichtetes Eingreifen eines Schöpfers gemäß einem intelligenten Plan zu erklären, sehen die Biologen keinen wissenschaftlichen Weg. Das Konzept des „Intelligent Design" gründe vielmehr häufig auf „Missachtung gut begründeter wissenschaftlicher Information".[74]

Auch die katholische Kirche stemmt sich nicht mehr dagegen. Allerdings ist die Bedeutung und Gewichtung der verschiedenen Evolutionsmechanismen noch immer strittig. Auch die Evolution selbst ist keineswegs abgeschlossen. „Die Schöpfung ist nicht ein Akt, sondern ein Prozess" (Theodosius Dobzhansky). Ständig werden weitere Belege für die Tatsache der Evolution gesammelt, überprüft und Detailfragen genauer erklärt.

In seinem Werk über „Die Entstehung der Arten" vertritt Charles Darwin die Abstammung der heutigen Lebewesen von früheren und begründet das mit der Theorie der natürlichen Auslese (= Selektion). Er stützt sich dabei auf folgende Beobachtungen:

Alle Lebewesen erzeugen mehr Nachkommen, als zur Erhaltung der Art nötig wären. Trotzdem bleiben die Populationen abgesehen von saisonalen Schwankungen in ihrer Größe stabil. Der jeweilige Lebensraum der Arten weist beschränkte Ressourcen auf. Die Individuen einer Art gleichen einander nicht vollkommen, sondern zeigen eine bestimmte Variationsbreite. Aus diesen Erkenntnissen zog Darwin folgende Schlüsse:

- Die Überproduktion von Nachkommen führt unter den Individuen der Population zu einem Kampf ums Dasein (struggle for life).
- Im natürlichen Wettbewerb um Nahrung, Lebensraum und Geschlechtspartner überleben nur diejenigen, die am besten an die bestehenden Umweltbedingungen angepasst sind (survival of the fittest).
- Die natürliche Auslese oder Selektion führt über viele Generationen hinweg zur Veränderung der Arten (natural selection).

Die treibenden Kräfte für die Evolution sind die erblichen Variationen der Individuen und die natürliche Selektion, die unter den vielen Varianten jene bevorzugt ausliest, die eine bessere Anpassung zeigen und damit größere Überlebenschancen besitzen. „Evolution ist eine Serie erfolgreicher Fehler. Sie beruht auf natürlicher Selektion, auf erblichen Unterschieden und auf der Fähigkeit zur Reproduktion. Sie braucht Variation und kann nur mit dem arbeiten, was zufällige Mutationen ihr anbieten." So bemerkt etwas sarkastisch der britische Genetiker Steve Jones.[75]

Kritik erntete Darwin vor allem aus den Reihen christlicher Wissenschaftler und Theologen, die weiterhin an einem unsachgemäßen Verständnis der biblischen Schöpfungstexte und an der daraus abgeleiteten kirchlichen Schöpfungslehre (Erschaffung der Welt in sechs Tagen) festhielten. Doch seine Theorie setzte sich durch. Denn sie erklärte überzeugend die Tatsache der Evolution. Sie zeigte zudem die Regeln auf, nach denen Evolution abläuft

Diese merkwürdigen „Regeln" haben vor allem den genialen Theologen und Naturwissenschaftler Pierre Teilhard de Chardin (1881–1955) fasziniert. Er versuchte, dieses eigenartige „Streben nach Ordnung" theologisch zu deuten. Für ihn wohnt den Dingen ein merkwürdiger „Drang" nach Einigung, nach Einssein inne – ein Drang freilich, der es nicht eilig hat. Die Evolution zeigt unendlich viel „Geduld", die Entwicklung des Chaos zum Kosmos verläuft in unvorstellbar großen Zeiträumen. Aber je weiter sie fortschreitet, desto deutlicher wird im ungeordneten Sein der Drang nach Einheit erkennbar. Innerhalb der geschaffenen Dinge ist der Mensch, das am weitesten fortgeschrittene Produkt der Evolution, stärker davon geprägt als die Pflanze, die Pflanze aber wiederum mehr als der Stein. Auf den ersten Blick erscheint es geradezu paradox: Je komplexer, je vielfältiger das Sein eines Seienden sich darstellt, desto mehr ist es geeint. Das Zerfallen der „Einheit", die ein Stein darstellt, ist keine so große Katastrophe wie das Zerfallen der Einheit „Mensch". Höchste Einheit zeichnet sich aus durch höchste Vielfalt. Das am höchsten entwickelte Sein ist zugleich das komplexeste und das geeinteste Sein.

Diese grundlegende Einheit allen Seins bei gleichzeitig größter Komplexität wurde gerade in jüngster Zeit ausgezeichnet bestätigt. Viele Zeitgenossen Darwins akzeptierten zwar seine Lehre über die Ähnlichkeit von Mensch und Schimpanse, von Pferd und Esel, Maus und Ratte. Sie entsprach ja auch weitgehend dem Augenschein. Aber noch viele Jahrzehnte lang bestanden grundsätzliche Zweifel an der strukturellen Einheit *aller* Lebewesen. Denn Körperbau und Lebensweise von Säugetieren und Insekten oder Würmern waren so grundverschieden, dass es schon eines scharfen Blickes bedurfte, um deren organische Einheit zu behaupten. Erst Anfang des 20. Jahrhunderts erkannte man, dass alles Leben identische biochemische Grundlagen besitzt. So wurde festgestellt, dass das höchst komplexe Molekül Adenosintriphosphat (ATP) der chemische Energieträger aller Lebewesen ist und also bereits von den ersten Vorfahren vor Milliarden Jahren in irgendeiner Weise entwickelt worden sein muss.

Noch überraschender waren die Entdeckungen in der zweiten Hälfte des 20. Jahrhunderts. Jetzt erkannten Forscher, dass das fundamentale Prinzip der Informationsübertragung aller Organismen in Nukleinsäuren (DNA und RNA) kodiert ist, und zwar in einem Alphabet, das selbst für die exotischsten Lebewesen in den Tiefen der Ozeane, in der Savannen Afrikas oder in den Eisregionen an den Polen fast gleich ist. Auch der Mechanismus des Ablesens und Kopierens dieser in den Genen enthaltenen Information ist universell. Es ist schon höchst erstaunlich, „dass die gleiche genetische Regulationssprache auch von evolutionär unsagbar weit entfernten Organismen gesprochen wird. Die Taufliege Drosophila wird seit hundert Jahren systematisch untersucht und lieferte mit ihren zahlreichen, durch Strahlung herstellbaren Mutationen der Augenfarbe, der Flügelgestalt, der Fühlerform und zahlreicher anderer gut sichtbarer Merkmale die Grundlage der modernen Genetik [...] Es gehört zu den unerwarteten Paradoxien, dass der so grundverschiedene Entwicklungsprozess von Insekten von den weithin gleichen, zumindest artverwandten Steuermolekülen und Steuersignalwegen geregelt wird wie bei Säugetieren."[76]

Der Mensch

Die biologische Menschwerdung hat sich in vielen „Stufen" vollzogen. Fossile Funde und biologische Gegebenheiten belegen die natürliche Entstehungsweise der menschlichen Gattung und Art. Sie lassen keinen Zweifel, dass der Mensch ein „Gewordener" ist. Die ältesten Fossilien, die sich klar der Menschenlinie zuordnen lassen, weisen ein Alter von fünf bis sechs Millionen Jahren auf. Sie zeigen mehrere wichtige Gegebenheiten:

- Ähnlichkeit mit den Menschenaffen,
- wesentlichen Veränderungen im Körperbau, insbesondere die aufrechte Haltung und die Fortbewegung auf zwei Beinen, sowie
- Herkunft aus Afrika. Außerhalb Afrikas wurden bisher keine direkten Vorstadien der Entwicklung zum Menschen gefunden, wohl aber zahlreiche weiter entfernte Verwandte unter den Primaten.

Die Evolution des Menschen erfolgte unter dem Zwang der Anpassung an sich ändernde Umweltbedingungen und unter dem dramatischen Einfluss globaler geologischer und klimatischer Katastrophen. Der Mensch ist ganz in die Geschichte der Entwicklung des Lebens eingebunden.

Doch, so meinen zumindest zahlreiche Wissenschaftler, es scheint in der Evolution so etwas wie eine „planvolle Freiheit" zu geben. Was aus der einen Perspektive wie Zufall aussieht, kann sich aus einer anderen durchaus als ein zielgerichteter „Drang" der Natur darstellen. Astrophysiker sprechen von einer „Feinabstimmung" der fundamentalen Naturkonstanten im frühen Universum. Wären diese auch nur geringfügig anders gewesen, hätte sich kein Leben und erst recht kein menschliches Leben entwickeln können. Die Wahrscheinlichkeit des Zusammenkommens dieser, die Menschwerdung ermöglichenden Faktoren wird mit 10^{-80} angegeben. Manche Physiker sprechen hier von einem „evolutionären Pfeil" (F. Adams) oder gar von einem „anthropischen" (griech.: auf den Menschen bezogen) Prinzip.[77] Vor allem amerikanische und britische Wissenschaftler haben eine Reihe von eigenartigen „Zufälligkeiten" entdeckt, bei denen die rätselhafte Zahl 10^{40} im physikalischen Aufbau der Welt als Vorbedingung für die Existenz jeder Lebensform eine Rolle spielt: „Wenn wir ins Universum hinausblicken und erkennen, wieviel Zufälle zu unserem Wohle zusammengearbeitet haben, dann scheint es fast, als habe das Universum in gewissem Sinn gewusst, dass wir kommen" (F. Dyson[78]).

Einige gehen noch weiter und vertreten die Ansicht, dass die Naturgesetze sich so, wie sie sind, entwickelt haben einzig und allein zu dem Zweck, dass menschliches Leben auf der Erde entstehen konnte. Der Mensch sei von Anfang an das Ziel aller kosmischen und terrestrischen Evolution gewesen. Manches bei dieser Hypothese geht freilich über den Rahmen einer vagen, wenn auch interessanten Spekulation nicht hinaus. Die Gefahr einer anthropozentrischen Denkweise und einer letztlich teleologischen Deutung der Evolution liegt nahe. Noch problematischer erscheint die Annahme, in der erstaunlichen „Feinabstimmung" der Naturkonstanten oder in einem wie immer genau lautenden „anthropischen Prinzip" einen „Gott" am Werke zu sehen, der im Grunde nur als Variable für das jeweils noch nicht Erkannte eingesetzt wird. Auch der Paläobiologe Simon Conway Morris, der sich als „bekennender Darwinist" bezeichnet, vertritt die Ansicht, dass man von einem gewissen „Programm" in der Evolution ausgehen müsse, ohne das eine große Reihe Evolutionsphänomenen nur schwer erklärbar sei.[79]

Einig sind sich die weitaus meisten Naturwissenschaftler wohl in dem, was Ervin Laszlo, Mitglied des Club of Rome und Wissenschaftlicher Berater des Generaldirektors der UNESCO, schreibt: „Diese Welt ist nicht der Tummelplatz verschiedener unabhängiger Dinge und Ereignisse, von Zuschauern, die von außen einem unpersönlichen Schauspiel zusehen. Sie ist vielmehr eine ganzheitliche Welt der Information und Teilhabe. Jedes Teilchen, jedes Atom ist durchdrungen von der Ganzheit des Universums. [...] Das Leben ist ein enges Netz von Beziehungen, das sich nach seinen eigenen Gesetzen entwickelt und dabei seine unzähligen verschiedenartigen Elemente miteinander agieren lässt und sie verbindet. Die Biosphäre wird aus dem Schoß des Universums geboren, und Verstand und Bewusstsein wiederum werden aus dem Schoß der Biosphäre geboren. Nichts ist unabhängig von etwas anderem. Unser Körper ist Teil der Biosphäre, und er schwingt im Gleichklang mit dem Netz des Lebens auf diesem Planeten."[80]

Ursprung der Menschheit

Der Ursprung der Menschheit liegt wegen der lückenhaften Fossilfunde noch immer im Dunkeln. Sicher spiegeln die bisherigen Fundorte nicht das tatsächliche Verbreitungsgebiet der frühen Menschheit wider. Doch aus den Funddaten darf mit ziemlicher Sicherheit geschlossen werden, dass die Evolution der Hominiden in Afrika begann.

Im Hinblick auf die weitere Entwicklung des Homo sapiens werden heute vor allem zwei Hypothesen diskutiert.

- Das *multiregionale Modell.* Danach habe sich der heutige Mensch in verschiedenen Erdteilen aus regionalen Gruppen des Homo erectus entwickelt. Die erstaunlich weit gestreute geographische Verbreitung des Menschen entstand, als sich der homo erectus vor ein bis zwei Millionen Jahren aus Afrika über die anderen Kontinente ausbreitete. Die charakteristischen Unterscheidungsmerkmale der heutigen großen Menschengruppen (Asiaten, Europäer, Schwarzafrikaner) hätten sich in einem langen Zeitraum erst dort herausgebildet, wo diese Gruppen jetzt leben. Die genetische Ähnlichkeit aller heutigen Menschen versucht man dadurch zu erklären, dass während der gesamten Zeitspanne ein intensiver Genfluss zwischen benachbarten Populationen stattfand, der dafür gesorgt hat, dass der Homo sich zu einer einzigen Art herausgebildet hat.

– *„Arche-Noah-“ bzw. „Out-of-Africa-Modell“*. Diese Hypothese vertritt den ausschließlich afrikanischen Ursprung des modernen Menschen. Dabei geht man davon aus, dass sich nur eine einzige Population des homo erectus vor 150’000 bis 200’000 Jahren in Afrika zum Homo sapiens entwickelte. Diese habe sich dann von Afrika aus über die gesamte Welt ausgebreitet. Nach diesem Modell würden alle heutigen Menschen von einer möglicherweise sehr kleinen Homo-sapiens-Gründerpopulation abstammen, sie hätten eine viel längere gemeinsame Entwicklung durchlaufen, als dies nach dem multiregionalen Modell der Fall ist.

Molekulargenetische Untersuchungen unterstützen das Modell des afrikanischen Ursprungs. So ergeben DNA-Analysen von Menschen aus verschiedenen Erdteilen nur sehr geringe Variationen. Das dürfte als Hinweis zu verstehen sein auf einen relativ kleinen Kreis gemeinsamer Vorfahren und auf ein geringes Alter der eigenständigen Entwicklung.

Die Evolution des Lebens, auch des menschlichen Lebens, stand unter dem Gesetz des „survival of the fittest“.[81] Überlebensfähig war nur, wer sich so gut auf die sein Leben gefährdenden oder fördernden Umstände eingestellt hatte, dass er der lebensbedrohenden Gefahr auszuweichen oder sie zu bestehen vermochte und dass er das Lebensförderliche aufsuchen und ausnutzen konnte. Das seiner Umwelt am besten angepasste und in ihr am ehesten überlebensfähige Lebewesen war aber dann bedroht, wenn sich die Umwelt, an die es sich optimal angepasst hatte, zu verändern begann. Das konnte so rasch geschehen, dass eine hoch spezialisierte Spezies nicht schnell genug zu reagieren vermochte und damit zum Aussterben verurteilt war.

Evolutionsbiologen vertreten heute die Ansicht, dass der Mensch seine Entstehung mittelbar einer gigantischen Katastrophe zu verdanken hat. Wahrscheinlich führte der Einschlag eines Asteroiden von zehn Kilometer Durchmesser vor 65 Millionen Jahren zum größten bekannten Massensterben auf unserem Planeten. Das Geschoss aus dem Weltraum bohrte sich tief in die Erdkruste ein, löste Erdbeben, Vulkanausbrüche und Flutwellen aus und ließ eine Art nuklearen Winter anbrechen, in dem nahezu alle Pflanzen verdorrten. Damals verschwanden nicht nur die Dinosaurier, nachdem sie rund 140 Millionen Jahre die Erde beherrscht hatten. Mit ihnen gingen auch, so schätzt man, 60 bis 80 Prozent aller Arten zu Grunde.

Vermutlich war der nicht auf einen bestimmten Lebensraum fixierte und spezialisierte (Ur-) „Mensch" umweltunabhängiger als andere inzwischen ausgestorbene Artgenossen. Dennoch stand (und steht) auch er unter dem Selektionsdruck, sich anpassen zu müssen, um überleben zu können. Doch im Unterschied zu anderen Lebewesen passte er sich der Umwelt nicht dadurch an, dass sich seine Erbinformationen und damit seine körperliche Beschaffenheit änderten, sondern er benutzte Gegenstände aus seiner Umwelt und verfertigte sie zu Werkzeugen, um damit seine mangelhafte Spezialisierung auszugleichen. So paradox es klingen mag: Gerade die Tatsache, dass der Mensch ein „Mängelwesen" (Arnold Gehlen) ist, bewahrte ihn vor dem Aussterben. Die fehlenden Krallen oder die im Vergleich zu Raubtiergebissen unterentwickelten Zähne ersetzte er durch Steinwerkzeuge zum Schneiden, Schaben und Schlagen oder durch hölzerne, bald schon im Feuer gehärtete Speere und knöcherne Stachel. Für das fehlende Haarkleid hängte er sich die Felle erbeuteter oder gefundener Tiere um. Offenbar lernte es der „Mensch", Werkzeuge immer differenzierter zu fertigen und überlegt einzusetzen. Diese Sammler, Jäger oder Wildbeuter-Menschen waren also genötigt, sich wie andere Lebewesen den (wechselnden) Erfordernissen der Umwelt anzupassen; sie taten das aber mit anderen Mitteln: Sie halfen sich mit eigens dafür hergestellten Werkzeugen. Ihr Wissen und ihre Fertigkeit wurden von ihren Kindern übernommen und nachgeahmt. Carsten Bresch sieht im Nachahmungstrieb eine wesentliche Voraussetzung der Menschwerdung. Durch Nachahmung entsteht Lebenserfahrung, Übertragung von Tradition von einer Generation zur anderen.[82]

Diese Situation änderte sich grundlegend erst vor etwa 10'000 Jahren. In einem sich über Jahrtausende hinziehenden Prozess, für den sich erste Ansätze auch wieder über Tausende von Jahren zurückverfolgen lassen, wurde der Mensch sesshaft. Er begann, Ackerbau und Tierhaltung zu entwickeln. Das Neuartige an dieser Einstellung zur Welt bestand darin, dass der Mensch nun nicht länger versuchte, sich der Umwelt anzupassen, sondern dass er zunehmend dazu überging, in umgekehrter Weise die Umwelt sich anzupassen. Im Laufe der Jahrtausende begann er, über das bloße Beobachten und Reagieren hinaus selbst zu experimentieren. Er versuchte, die beobachteten Prozesse und Zustände selber herbeizuführen oder herzustellen und die Ergebnisse seines Forschens und Experimentierens anderen mitzuteilen. Schrift und Wissenschaft begannen sich zu entwickeln.

Tier und Mensch

Was ist das entscheidend andere des Menschseins im Unterschied zum Tiersein? Ein Blick auf die Menschheitsgeschichte und die neueren Ergebnisse der Verhaltensforschung zeigt, dass es gar nicht so einfach ist, ein trennscharfes Kriterium zwischen Tier und Mensch zu finden.

Meist werden folgende Kriterien genannt:

- *Werkzeuggebrauch*. Doch inzwischen haben Experimente mit Affen ergeben, dass sie längere Kausalitätsketten überblicken können und geschickt Hilfsmittel benutzen, um ans Ziel zu gelangen. Bei Darwinfinken konnte beobachtet werden, dass sie künstlich ihren Schnabel mit einem gefundenen bzw. gesuchten Hölzchen verlängern, um an die Nahrung heranzukommen.
- *Werkzeugherstellung*. Auch Anfänge einer Werkzeugherstellung konnten bei Schimpansen festgestellt werden: Sie spitzten Zweige zu, um mit ihrer Hilfe Termiten zur Nahrung aus ihrem Bau herauszuholen.
- *Sprache*. Eine sehr differenzierte Informationsweitergabe kennen die Bienen. Versuche, in Kommunikation mit Schimpansen zu treten, haben ergeben, dass sie in der Lage sind, etwa 150 bis 200 „Wörter“ zu behalten

und sie sinngemäß und richtig zu „beantworten“. Sie verstehen den Konditionalsatz: „Wenn du die Banane auf den Teller legst, dann kriegst du eine Tafel Schokolade.“ Aus ihren Reaktionen ist ersichtlich, dass sie auch in der Lage sind, Abstraktionen zu verstehen wie: „Dieses ist ein Symbol für …“ Was ihnen freilich (noch?) fehlt, ist die wirkliche Sprache, die Lautbildung, die der Mensch durch eine Veränderung des Kehlkopfes erreichen konnte.

- *Bewusstsein.* Tiere besitzen durchaus ein Bewusstsein („Ich“ weiß), wenn auch kein reflexes Selbstbewusstsein („Ich“ weiß, dass ich weiß).
- *Ichbewusstsein.* Auch hier haben Versuche mit Affen ergeben, dass sie in der Lage sind, sich in einem Spiegel nach längerem Hinsehen wiederzuerkennen. Es ist also zumindest ein optisches Ichbewusstsein anzunehmen.
- *Geist und/oder Instinkt.* Hier ist wohl das deutlichste Unterscheidungsmerkmal zu sehen. Doch ist auch hier Vorsicht geboten. Denn was ist eigentlich „Geist“? Und besitzt der Mensch keine Instinkte? Hat ein Affe nicht mehr „Geist“ als ein Spulwurm? Und ist nicht auch unter Menschen die „Geisthaftigkeit“ keineswegs einheitlich und gleichmäßig ausgeprägt?
- *Religiöse Aspekte.* In jüngster Zeit werden vor allem (anfängliche) religiöse Aspekte als Kriterien herangezogen. So verraten bestimmte Bestattungsriten (etwa beim Neandertaler, 70’000–80’000 v. Chr.), dass offenbar ein Transzendenzbewusstsein (oder vielleicht genauer: der Glaube an ein nach-todliches Weiterleben) zwar bei Menschen, nicht aber bei Tieren feststellbar ist: Der Tote wird nach der aufgehenden Sonne ausgerichtet, Bärenschädel und Nahrungsbeigaben werden um den Toten herum gelegt, Steinabgrenzungen markieren das Grab, selbst Blumen werden aufs Grab gelegt.

In der neueren Paläoanthropologie scheint sich mehr und mehr ein Konsens herauszubilden, dass das Phänomen „Religion“ als ein entscheidender, wenn nicht als *der* entscheidende Faktor der Unterscheidung zwischen Tier und Mensch zu gelten hat, ja dass Religiosität wahrscheinlich sogar evolutionär herleitbar ist. Freilich werden die Begriffe „Religion" oder „Religiosität" nur dann ins Spiel gebracht, wenn ein Befund Merkmale aufzuweisen hat, die über eine bloß funktionale Deutung der Funde hinausweisen. Die Begriffe sind zwar ziemlich unscharf, sie dürften aber angesichts ihrer Erklärungskraft für bestimmte Befunde kaum von der Hand zu weisen sein. So meint der Biologe und Theologe Ulrich Lüke: „Der Mensch ist von da an Mensch, wo zum Ichbewusstsein (Selbstbezug) eine Art Transzendenzbewusstsein (z. B. in der Konkretion eines Gottes- oder Götterbezugs oder in dessen Leugnung) hinzutritt. Dieses auch naturwissenschaftlich wahrnehmbare Transzendenzbewusstsein ist höchstwahrscheinlich weit älter als die Artefakte, die paläontologisch von ihm Zeugnis geben."[83] Ähnlich sieht es auch der Biologe Alister Hardy: „Was auch immer Psychologen über die Ursachen der Religion sagen mögen, sie ist, ob primitiv oder hoch entwickelt, genauso ein Teil der menschlichen Natur wie die Sexualität, aber einer, den wir bis jetzt noch weit weniger begreifen."[84] Selbst wenn man diese Ansicht teilt, weil ja (angeblich) das Gegenüber, „Gott", gar nicht existiere, sondern es sich hier lediglich um eine Einbildung des Menschen handele, so bleibt doch das Vorhandensein dieser sehr verbreitet anzutreffenden „Fiktion" selbst schon merkwürdig genug.

Es bleibt die Frage, warum Menschen überhaupt so etwas wie „Religion" entwickelt haben. „Taugte" sie zu irgendetwas? Verbesserte sie die Lebens und Überlebenschancen beim Kampf ums Dasein? Bot sie gar einen „Selektionsvorteil"? Gibt es vielleicht so etwas wie ein religiöses Gen?

Es ist schon merkwürdig, dass offenbar nicht allein der Zwang zum Überleben in einer lebensfeindlichen Welt und die Notwendigkeit, mangels dazu geeigneter Spezialisierung sich Hilfsmittel herzustellen, zum Aufstieg des Homo erectus zum Homo sapiens (sapiens) geführt haben, sondern darüber hinaus auch ganz entscheidend die Freude am scheinbar unnützen Nachdenken über das fragliche Dasein und die zweckfreie Lust an künstlerischer Betätigung, wie sie sich in den Höhlenmalereien oder in

Schnitzwerken urzeitlicher Menschen darstellt. Zu dieser spielerischen, denkerischen Neugier gehörte erstaunlich früh schon das Interesse am Jenseits, am Unbekannten über Raum und Zeit hinaus, am Göttlichen.

Eine biologisch durchaus bedenkenswerte These dürfte die Annahme sein, „dass es in der menschlichen Individualentwicklung besondere prägungsähnliche sensible Phasen (gibt), deren eine der Fixierung einer irgendwie gearteten, allgemeinen und unspezifischen Religiosität dient. Solche sensiblen Phasen sind für die menschliche Individualentwicklung vielfach nachgewiesen“.[85] Ähnlich sieht es wohl auch der Soziobiologe E. O. Wilson: „Die Prädisposition zu religiösem Glauben ist die komplexeste und mächtigste Kraft des menschlichen Geistes und aller Wahrscheinlichkeit nach ein unauslöschlicher Bestandteil der menschlichen Natur.“[86] Eben darum glaubt er auch nicht, dass Wissenschaft und Aufklärung die Religion verdrängen könnten, sondern stellt fest: „Es ist eher so, dass die Erkenntnis begeistert in den Dienst der Religion gestellt wird.“[87]

Vor allem sind es die frühen Grabanlagen und Kultstätten, die zu diesen, auf den ersten Blick reichlich kühn anmutenden Behauptung Anlass geben.

Bestattungsriten

Vor rund 600’000 Jahren, als die Epoche der vier Eiszeiten begann, hatte der Mensch rechtzeitig gelernt, das Feuer zu gebrauchen. Er musste dazu den komplizierten Vorgang der künstlichen Anwendung des Feuers erfassen, um daraus Nutzen zu ziehen. Nur dem Menschen, der nicht fest gebunden ist an Triebe und Instinkte, gelang es, sich für einen solchen Gedanken frei zu machen. Nur der Mensch, der allein über freie Urteilsbildung verfügte und der von der jeweiligen materiellen Lage losgelöst handelte, konnte die gewaltige gedankliche Kluft von dem Wunsch nach Wärme und künstlichem Licht bis zum Feuerreiben, Feuergewinnen und Feueranwenden überbrücken.

Mit der Kultur des Feueranwendens dürfte ein Urgefühl um magische Zusammenhänge und um das Ausgeliefertsein an geheimnisvolle Mächte aufgekommen sein, was als „Religion“ bezeichnet werden könnte. Der Mensch musste versuchen, auch diese außerhalb seiner Zugriffsmöglichkeiten und -fähigkeiten liegenden Kräfte in den „Griff“ zu bekommen. „Als eine Eigenschaft, die allgemein als Charakteristikum des Religiösen gilt, wird das Übernatürliche angesehen. Darunter versteht man alles, was unser Verständnis übersteigt. Das Übernatürliche ist die Welt des Mysteriösen, des Unerkennbaren, des Unverständlichen. Demnach wäre die Religion eine Art Spekulation über alles, was die Wissenschaft oder das klare Denken nicht erfassen kann“ (Emile Durkheim[88]).

Die Menschen der Frühzeit glaubten wohl, dass ihre Toten zu diesen Mächten in Beziehung treten müssten, dass sie ihnen aber ziemlich schutzlos ausgeliefert sein könnten. Warum sollte man sonst vor 70’000 Jahren den Verstorbenen eine so gut abgesicherte, so unzerstörbare und ewige Gruft bereitet haben, wenn man nicht fest davon überzeugt gewesen wäre, dass es nach dem Tode ein Weiterleben gibt? Wäre in dieser Form der Bestattung nur eine Praxis der Entsorgung im Wohnbereich zu sehen, wie es eine rein funktionalistische Deutung der Bestattungen tut, dann müsste man sich fragen, warum die Toten nicht, was einfacher wäre, in etwas weiterer Entfernung frei abgelegt und so der natürlichen Verwesung überlassen wurden, warum sie durch das Begräbnis vor Tierfraß geschützt und warum die Begräbnisstätten offenbar mit rituellen Elementen ausgestaltet waren.

Die Überzeugung des Menschen von einem Dasein nach dem Tode spricht aus den Steinen, die aufgestellt wurden, um den Toten gegen den Druck der Erde zu schützen. Man gab den Toten Feuersteingeräte und Nahrungsmittel mit ins Jenseits. Der Neandertaler bestreute seine Toten mit Ocker. Die rote Farbe sollte ihnen Atem, Wärme und Leben sichern. Denn rot ist das Blut, und rot ist der Feuerball der Sonne, wenn sie am Horizont auf- und untergeht. Gespaltene und verkohlte Tierknochen über den Gräbern wurden als Reste eines Totenmahls gedeutet.[89]

Der Zoologe Bernhard Rensch stellt im Blick auf diese Bestattungsriten fest: „Daraus können wir schließen, dass bereits auf dieser kulturellen Entwicklungsstufe vor mehr als 150'000 Jahren Vorstellungen von einem Weiterleben nach dem Tode in irgendeiner Form gebildet waren."[90] Diesem Urteil schließt sich auch der Religionshistoriker Julien Ries an: „Die Bestattungsriten des älteren und jüngeren Paläolithikums haben ihren Sinn. Es ist unbestreitbar und gleichzeitig bedeutsam, dass sie sich während einer Zeitspanne von 80'000 Jahren in Europa, Asien und Afrika ausbreiten und immer wieder auftreten. Es kann sich nicht um einen Zufall handeln. Die Riten, Handlungen und die Vorsorge der Lebenden beim Begräbnis ihrer Toten sind sicher ein Zeichen des Respekts und der Zuneigung. Sie zeigen aber auch den Glauben an ein Weiterleben: Die Beigaben von Nahrungsmitteln, Schmuckstücken und Gegenständen, die Muschelschalen in den Augenhöhlen deuten auf die Vorstellung einer postmortalen Kontinuität der Aktivitäten des Verstorbenen. Mit seinen Bestattungsriten zeigt der Homo sapiens von Neandertal und der Homo sapiens sapiens aus dem Jung-Paläolithikum, dass er ein Homo religiosus ist, der sich mit dem Leben nach dem Tode befasst."[91]

Es dürfte nachdenklich stimmen, dass es zumindest eine Art von Religion schon beim Neandertaler geben hat. Möglicherweise hat sie ihren Ursprung in der Erfahrung des Todes. Wohin ist das Leben gegangen, das mit dem letzten Atemzug verschwindet? Noch in der Bibel heißt es, dass aller Atem, auch der des Tieres, von Gott „zurückgeholt wird" (Ijob 34,14). Wohin? Demnach stand am Anfang der Menschheit, soweit wir das rekonstruieren können, der Tod des Menschen nicht als Ende des Lebens, sondern als Frage, wohin es gegangen ist, welches Dasein es jetzt führt, ob der Lebende mit dem Toten in Kommunikation treten kann. Selbst im säkularisierten Europa ist die Frage nicht verstummt nach dem, was im Tode geschieht. Ist der Tod das Ende? Oder ist er ein „Weggehen" des Lebens? Aber wohin „geht" er?

Religion als Selektionsvorteil?

Der Theologe O. Jakobi stellt die forsche Behauptung auf: „Die Beobachtung, dass Religion evolutionär so erfolgreich ist – man findet sie in allen bekannten menschlichen Kulturen –, sollte ein Gottesbeweis sein.“[92] Damit schießt er sicher über das Ziel hinaus – abgesehen davon, dass sich Gott sowieso nicht beweisen lässt.

Dennoch scheint „Religion“ eine wichtige Rolle innerhalb der evolutionären Entwicklung zu spielen: „Die höchsten Formen der Religionsausübung verleihen, betrachtet man sie näher, einen biologischen Vorteil.“[93] So sieht es der Soziobiologe E. O. Wilson. Religion ist „nichts anderes als“ eine von den Genen gesteuerte Anpassungsstrategie des Gehirns zum Zweck der Optimierung der „fittesten“ Gene der Art. Religion ist demnach ein Produkt der biologischen Evolution, das in frühen Zeiten der Kulturgeschichte einen hilfreichen Beitrag zur Bewältigung des Daseins geliefert haben mag, insbesondere dadurch, dass die Religion das (moralische) Verhalten prägte und sie so der Gemeinschaft diente. „Religion“ bietet offenbar beim Kampf ums Überleben einen Selektionsvorteil.

Weitere Details sprechen für diese Vermutung:

- Von den Zehn Geboten sind jene sechs, die sich nicht direkt auf Gott beziehen, soziobiologisch vorteilhaft (Achte die Eltern, morde nicht, nimm dem anderen nicht seine Frau[en] weg und respektiere sein Eigentum, stehle und lüge nicht!).[94]
- Im Sozialleben gibt es einen starken Trend zur Konformierung, Anderssein führt zur Ausgrenzung.
- Riten und Kulte (gleiche Kleidung, gleiches Benehmen, gleiche Grußform) können zur Solidarisierung und damit zur Erhöhung der „Schlagkraft“ einer Gruppe führen.
- Kulthandlungen fördern den Zusammenhalt von Gruppen, fördern auch Aggression gegenüber Gruppen-Fremden.

Gewisse Ansätze oder Vorstufen eines religiösen Verhaltens lassen sich auch bei höher entwickelten Säugetieren beobachten:

- Die „Totemisierung“ gewisser Gegenstände, die bei Menschenaffen, Wölfen und Hunden beobachtet wird.[95]
- Der „Regentanz“ von Schimpansenmännern.[96]
- Vermutlich ist auch die Meidung oder Achtung bestimmter Marken (Gegenstände oder Orte) vieler Säugetiere etwas mit Aberglauben Verwandtes.
- So etwas wie Trauer um Tote scheint es auch bei Tieren (zum Beispiel Elefanten) zu geben. Bis heute ist aber noch kein Verhalten bei Tieren entdeckt worden, das sich als Vorstufe eines Totenkultes deuten lässt.

Auch der amerikanische Biologe und Religionsforscher David Sloan Wilson unterstützt diese These. Der Gedanke an Gott habe sich zum „survival of the fittest“ als besonders ähnlich nützlich erwiesen wie der Zusammenschluss einzelliger Lebewesen zu einem organisierten Organismus von Vielzellern. Kooperative Individuen hätten bessere Überlebens- und Fortpflanzungschancen, weil sie auf diese Weise das Überleben der Gruppe sichern – und damit auch ihr eigenes. Man spricht hier von „group selection“. Keine einzelne Zelle kann „egoistisch“ aus dem Zellverband ausscheren, ohne das Ganze – und damit sich selbst – zu zerstören. Für den harmonischen Überbau im Kollektiv Mensch sorge die Religion. Wilson sieht Religion als „ein symbolisches System, mit dem eine Gemeinschaft effizient organisiert werden kann. […] Religion ist ein Produkt kultureller Evolution. Diese These haben wir an einer zufälligen Auswahl von 35 verschiedenen Glaubenssystemen überprüft – und weitgehend bestätigt gefunden.“[97] Unsere Zellen, so Wilson, „haben einen symbiotischen Ursprung, sie entstanden als eine Gemeinschaft von Bakterien, die später zu Mitochondrien und Chloroplasten und anderen Zellorganellen wurden. […] Die Chromosomen sind eine Form sozialer Kontrolle. Hätten wir die Gene in der Zelle als unabhängige Teilchen, könnten sie sich beliebig vermehren, es gäbe keine

Sicherung gegen betrügende Gene, die sich an den gemeinsamen Ressourcen der Zelle bereichern. Da sie aber in den Chromosomen verbunden sind, replizieren sie als Gemeinschaftseinheit, und keines kann betrügen. Selbst die Entstehung des Lebens muss man als das Ergebnis einer Gemeinschaft kooperierender molekularer Reaktionen betrachten. Also, alles von der Entstehung des Lebens bis zu Insektenstaaten folgt der Theorie der Evolution von kooperativen Einheiten."

Wenn man Wilsons Thesen zu Ende denkt, müsste sich der evolutive „Erfolg" von Religion eigentlich statistisch messen lassen. Tatsächlich finden sich in populärpsychologischen Zeitschriften immer wieder (bevorzugt amerikanische) Studien, die davon zu berichten wissen, dass Christen im Durchschnitt gesünder leben. Sie sollen sogar auch ihre Kinder besser erziehen. Sie haben besseren, lustvolleren, weil zufriedeneren Sex. Und da sie die eheliche Treue höher achten als die übrige Bevölkerung, ließen sie sich auch weniger scheiden. Das wiederum fördert die Geborgenheit der Kinder, verringert deren Neurotisierung und kommt somit letztendlich der gesamten Gesellschaft zugute. Darüber hinaus üben Gläubige angeblich mehr Nächstenliebe. In Notsituationen sind sie eher bereit zum Verzicht, zum Opfer, zu großzügiger Spende – motiviert durch die Hoffnung auf Belohnung im Jenseits. Kann das alles aber wirklich als „Beleg" für die Richtigkeit der Thesen Wilsons herangezogen werden?

Wilson macht darauf aufmerksam, dass es auch scheinbare Ausnahmen von seiner Regel gibt. „Religiöse Glaubensvorstellungen beinhalten zwar die direkte Motivation, anderen zu helfen, gehen aber auch weit darüber hinaus." Manche Religionsstifter wenden sich von der Welt ab, verneinen gar das soziale Leben in Gemeinschaften und predigen die Erfüllung in jenseitigen oder überweltlichen Zuständen. Wilson argumentiert freilich, dass auch solche scheinbar nichtutilitaristischen Glaubensformen als „adaptive Einheiten" funktionieren und die Mitglieder religiöser Gruppen dazu bringen, einander zu helfen. Selbst Asketen und Einsiedler haben in diesem Sinne eine eminent Kultur stiftende, manchmal sogar politische Bedeutung.

Wenn wirklich, wie Wilson meint, das Gemeinwohl der erste und entscheidende „Zweck" von Religion ist, wenn Religion für den Überlebenskampf derart erfolgreich und bedeutsam sein soll, dann stellt sich die Frage, warum manche Religionssysteme ausgestorben sind, während die Völker als Träger dieser Systeme weiterlebten. Es erscheint auch merkwürdig, dass es religiöse Bekehrungen oder Übertritte von dem einen ins andere Religionssystem gibt, wenn es doch angeblich soziobiologisch völlig ausreicht, irgendeinem x-beliebigen evolutiv günstigen Religionssystem anzugehören, das alle harmonisch zusammenbringt. Und weiter: Warum stellen sich Menschen bewusst – nicht selten unter Lebensgefahr – gegen die religiöse Lehre oder Praxis der Gemeinschaft, in der sie aufgewachsen und eingebettet sind, nur weil sie eine andere religiöse Lehre oder Praxis als plausibler und wahrer empfinden? Warum hat sich das religiöse Bewusstsein wie alle andere Evolution mühsam im Laufe von zig Jahrtausenden entwickelt, um dann in unseren Breiten innerhalb von nicht einmal zwei Jahrhunderten seit der Epoche der Aufklärung zu kollabieren, also in einer evolutionsbiologisch unerklärlich kurzen Zeit? Wenn Glauben ein evolutiver Vorteil ist, warum wird dann die Religion von Menschen heute abgelegt? Möglicherweise versuchen Evolutionsbiologen das damit zu erklären, dass sich der Gottesgedanke inzwischen eben vielerorts überlebt habe, dass er überflüssig geworden sei – wie andere Relikte der Evolution.

Wenn Wilson behauptet, dass sich Religion insgesamt nur auf soziale Gegebenheiten und Überlebensvorteile zurückführen lasse, dann schießt er über das Ziel ernst zu nehmender Wissenschaftlichkeit hinaus. Denn er verwechselt die Intention von Religion („Antwort auf die ungelösten Rätsel menschlichen Daseins"[98]) mit ihren verschiedenen sozialen und individuellen Effekten und Funktionen. Wilsons Hypothesen betreffen Teilaspekte des komplexen Phänomens Religion und sind in dieser Eingrenzung durchaus interessant und diskutabel. Sie lassen sich aber nicht als einzig mögliche „Erklärung" für das Aufkommen von Religion hochrechnen und generalisieren. Wenn Religion nur um des „evolutiven Nutzens" willen entstanden sein soll, dann ist auch zu fragen nach dem „evolutiven Nutzen“ von Musik, Dichtkunst und Malerei, von Philosophie und Geisteswissenschaft. Der Philosoph Otfried Höffe überschrieb unlängst seinen Artikel in einer angesehen Zeitung: „Vom Nutzen des Nutzlosen“.[99] Am Ende erwähnt Hoffe einen Aspekt, der des wert wäre, auch in der evolutions-soziobiologischen Diskussion über Religion bedacht zu werden: „Bei Aristoteles heißt ‚eleutheros‘ (frei), wer sein Leben nicht auf den Tausch funktionaler Beziehungen verkürzen lässt, es vielmehr um seiner selbst willen führt.“ Das gilt auch für das freie, zweifelnde und glaubende Fragen nach Gott, weil die Gottesfrage in sich selbst spannend, interessant und ergreifend ist – unabhängig von ihrem ethischen, moralischen oder gar evolutiven Nutzen.

Dass es angeborene Anlagen und typische Verhaltensweisen des Menschen gibt, die religiöses Verhalten – ähnlich wie moralisches Verhalten – als nützliches Sozialverhalten begünstigen, ist nicht bestreitbar. Und ebenso wenig, dass solche religiösen Verhaltensnormen durch Tradierung weitergegeben werden. Bei den Menschen ist die Tradierung erheblich erleichtert durch die Sprache und, auf einer höheren Entwicklungsstufe, auch durch die Schrift. Und weil die dem Menschen genetisch sehr ähnlichen, aber sprach- und schriftlosen Schimpansen keine Religion besitzen, lässt sich vermuten, dass Religion ganz eng mit Sprache verbunden ist, ja dass es Religion vielleicht überhaupt erst gibt, seit Menschen zu sprechen gelernt haben.

Götter als „Personen“

Wie aber kam es dazu, dass Menschen sich dieses numinose „Etwas“ als quasi-menschliche „Person“ bzw. „Personen“ vorstellten? Der Philosoph und Psychologe Erich Fromm hat dazu interessante Gedanken vorgelegt, in denen er eine Art „soziologische Entwicklungsgeschichte des Gottesbegriffs“ skizziert.

- Danach hängt die Höherentwicklung der Menschheit von der fortschreitenden „Loslösung des Menschen von der Natur, von der Mutter, von den Bindungen an Blut und Boden“ ab. Am Anfang der Menschheitsgeschichte „sieht sich der Mensch zwar aus der ursprünglichen Einheit mit der Natur ausgestoßen, doch hält er noch weiter an den ursprünglichen Bindungen fest. [...] Noch immer identifiziert er sich mit der Welt der Tiere und Bäume, und er versucht, dadurch zur Einheit zu gelangen, dass er eins bleibt mit der Welt der Natur. [...] Da wird ein Tier zu einem Totem, man trägt bei besonders feierlichen religiösen Handlungen oder auch im Krieg Tiermasken, [...] man verehrt ein Tier als Gott.“[100]
- Auf einer späteren Entwicklungsstufe löst sich der Mensch stärker von der Natur. Er sammelt Früchte, jagt Tiere und betätigt sich handwerklich-künstlerisch. „Er verwandelt das Erzeugnis seiner eigenen Hände in einen Gott. Es ist dies das Stadium der Verehrung von Götzen aus Lehm, Silber oder Gold. Der Mensch projiziert dabei seine eigenen Kräfte und Fertigkeiten in die Dinge, die er macht, und betet so auf entfremdete Weise sein eigenes Können, seinen eigenen Besitz an.“[101].
- Die dritte Entwicklungsphase der Götterbildung nennt Fromm die „anthropomorphe“. Er sieht sie darin gekennzeichnet, dass in ihr der Mensch „sich seiner selbst stärker bewusst geworden ist und den Menschen als das höchste und ehrwürdigste ‚Ding‘ auf der Welt entdeckt hat“.[102] Entsprechend gibt er jetzt seinen Göttern die Gestalt weiblicher oder männlicher Wesen.

Aus diesem Grund glaubten die Menschen wohl auch, dass sie mit den Göttern ähnliche Umgangsformen praktizieren und ähnliche Spielregeln beachten müssten, wie das im menschlichen Zusammenleben geschieht. Dass die Götter sich durch Bitten und Zureden, durch Geschenke und gelegentlich auch durch Bestechung zu bestimmten Handlungen bewegen lassen. Und sie könnten sich durch Dankesgaben – etwa für unverhofftes Jagdglück – auch in

Zukunft „hilfswillig" stimmen lassen. Im Gefolge solcher Überlegungen, Hoffnungen und Befürchtungen mögen die ersten Kultstätten entstanden sein.

Als bisher älteste bekannte Kultstätte in der Menschheitsgeschichte – aus der Zeit der Neandertaler – gilt die in über 2500 m Höhe gelegene Drachenlochhöhle im Schweizer Kanton St. Gallen. Hier wurde ein „Knochenaltar" entdeckt, auf dem ein Höhlenbärenschädel mit dem durch seine Jochbogenöffnung gezogenen Oberschenkelknochen lag. Emil Bächler, der Erforscher der Höhle, vermutet, dass auf ihm Dankopfer dargebracht wurden, offenbar für die Jagdbeute.

Eine der aufregendsten und wichtigsten Entdeckungen ist vielleicht die der Höhle von Lascaux in Südwestfrankreich. Da verfolgt im Herbst 1940 eine Schar Jungen einen Fuchs. Und sie gelangt plötzlich in eine unterirdische Höhle von 30 Meter Länge und 10 Meter Breite. Im Schein der schwachen Laternen erkennen sie an den Wänden Tiergestalten: Stiere, Kühe, Steinböcke, Hirsche, Pferde. Ganz im Hintergrund die schematische Zeichnung eines toten Mannes, der noch sein Jagdgerät bei sich hat und der von einem wütenden Büffel, dessen Eingeweide aus einer schrecklichen Wunde heraushängen, angegriffen worden ist.

Vor zehn-, zwanzig-, oder dreißigtausend Jahren versammelten sich hier Menschen, um für ihre Jagd Erfolg und Schutz zu erflehen von einer Macht, der sie offenbar mehr Kraft und mehr Vermögen zutrauten. Ihrer Gunst wollten sie sich versichern. Aus Angst und Furcht mag der Wunsch nach Überlegenheit, nach mehr Mächtigkeit erwachsen sein. Wer selbst voller Angst ist, möchte anderen Angst einjagen und so Macht über sie gewinnen. Solches Verlangen führt schnell zu Zauberei, Magie, Beschwörung. Ob die Tiere vielleicht deswegen an die Wände gemalt wurden, um sie zu bannen, zu entmachten? Ob der tote Führer deswegen an der Wand „festgehalten" wurde, damit sein Geist auf die Überlebenden keinen Einfluss mehr ausüben, damit er den neuen Führer nicht stören kann? Das Gefühl menschlicher Ohnmacht und Abhängigkeit, auf paradoxe Weise verbunden mit dem von magischer Kraft und Stärke, ist nahe verwandt mit dem religiösen Gefühl von Furcht und Liebe, von Ohnmacht und Selbstbewusstsein.

Aber was veranlasste die Menschen damals dazu, auf hohe Berge zu steigen und dort ihre Kultstätten zu errichten? Glaubten sie, damit den überirdischen Mächten und Gewalten näher zu sein, ihnen gleichsam entgegenzukommen – im wörtlichen wie im übertragenen Sinn?

Und was bewog sie, in oft nur schwer zugängliche Höhlen zu klettern und auf langen feuchten und glitschigen Wegen bei spärlicher Beleuchtung ins Innere der Erde zu kriechen? Flüchteten sie sich in den Mutterschoß der Erde, in den Urgrund allen Lebens, um aus ihm wieder wie neugeboren und mit neuen Lebenskräften gestärkt hervortreten zu können? Suchten sie die unheimliche Geborgenheit des Dunkels, um so dem Geheimnis ihres Lebens näher zu kommen? Glaubten sie, hier im Schweigen der Tiefe das Unaussprechliche ansprechen oder vielleicht sogar seinen Anruf vernehmen zu dürfen?

Angesichts der täglich leidvoll erlebten, aber unumgehbaren Ausgesetztheit und des Überfordertseins ahnt der Mensch, dass es Mächte gibt, die stärker sind als er, denen er sich oft hilflos ausgeliefert fühlt. Er spürt, dass er auf mehr und auf anderes als nur auf sich selbst verwiesen ist. Der Biologe Alister Hardy vertritt die Ansicht: „Was wir das Göttliche oder in personifizierter Form Gott nennen, gehört – wie ich glaube – seit je als integrierender Teil zum System des Lebens, und zwar als ein Teil, der in Beziehung steht zu dem, was für uns ebenfalls noch ein Geheimnis ist: dem Bewusstsein.“[103] Der Titel seines Buches, in dem er diese Ansichten äußert, sagt noch prägnanter, in welcher Richtung zu suchen und zu forschen wäre: „Der Mensch – das betende Tier“.

„Gott“ und das menschliche Gehirn

Die Kenntnisse über die neurophysiologische Basis unseres Fühlens, Denkens und Handelns berühren auch die Frage nach Gott. Man kann, so behaupten einige der modernen Hirnforscher, alles geistige Geschehen als ein Produkt physiologischer Vorgänge erklären. „Gott“ ist nichts anderes als eine Ausgeburt dieser Hirnfunktionen, ein „Hirn-Gespinst“. Religiösen Vorstellungen entspricht kein Sein außerhalb des Gehirns. Der Glaube an „Gott“ ist neuronal festgelegt. Wenn ein Mensch sagt, er glaube an Gott, dann glaubt er nur das, was in seinem Gehirn längst festgelegt ist – durch die Gene und die neurobiologischen und physiko-chemischen Vorgänge im Gehirn. Er glaubt nur zu glauben, dass *er* glaubt, in Wirklichkeit glaubt *„es“* in ihm. Er *glaubt* nicht, sondern er *wird* ge glaubt.

Das Gehirn besteht aus etwa achtzig Milliarden Nervenzellen, von denen jede einzelne Zelle mit zigtausenden anderen verbunden ist. Über das Funktionieren der Billiarden von Vernetzungen, die hier möglich sind, wissen wir so gut wie nichts. Gewiss ist es eine legitime Hypothese, Hirnleistungen als Basis dessen anzusehen, was wir als „geistiges Geschehen“ oder als „Leben der Seele“ bezeichnen. Ausgangspunkt ist die Tatsache, dass alle seelisch-geistigen Vorgänge auf neurophysiologischen Prozessen im Gehirn basieren. Mit den entsprechenden Apparaten lässt sich feststellen, in welchen Regionen des Gehirns sich religiöse Erlebnisse vornehmlich abspielen. Aber die Behauptung, wir könnten darüber hinaus mehr als einige ziemlich unscharfe Vermutungen anstellen, erscheint reichlich übertrieben.

Die Untersuchungen werden mit unterschiedlichen Intentionen durchgeführt und entsprechend von den Forschern selbst und anderen Personen recht verschieden gedeutet. Es mutet oft schon sehr verwegen an, mit welcher philosophischen und theologischen Unbekümmertheit manche Neurowissenschaftler hier zu Werke gehen. Sie berufen sich hierbei auf neuere bildgebende Verfahren (Positronen-Emissions-Tomografie [PET] und funktionelle Magnet-Resonanz-Tomografie [MRT]), die es ermöglichen, neurophysiologische Prozesse so abzubilden, dass man beobachten kann, welche Regionen des Gehirns bei bestimmten seelischen und geistigen Prozessen wie stark aktiv bzw. nicht aktiv sind.

Religiöse Erlebnisse als „Hirnprodukte"

Vor allem amerikanische Neurowissenschaftler haben Untersuchungen darüber durchgeführt, wo und wie sich religiöse Erlebnisse im Gehirn darstellen. Manche von ihnen werden daher gelegentlich etwas spöttisch als „Neuro-Theologen" apostrophiert. So konnte der kanadische Neurobiologe Michael A. Persinger[104] durch Stimulationen des Schläfenlappens intensive religiöse Erlebnisse erzeugen. Er deutete dies als Beweis dafür, dass alle Inhalte religiöser Erlebnisse nur „Hirnprodukte" und Illusionen seien. Allerdings geht Persinger von der „Projektionstheorie" der psychologischen Religionskritik aus, wonach Menschen nur deshalb an einen allwissenden und allmächtigen Gott glaubten, weil sie als Säuglinge und Kleinkinder ihre Mütter als allwissend und allmächtig erlebt hätten. Wenn die „Existenz" Gottes von vornherein geleugnet wird, ist es nur allzu verständlich, dass man die Ergebnisse so deuten muss, wie Persinger es tut. Hinzu kommt: Die Probanden erlebten bei gleicher Stimulation ganz Unterschiedliches. So hatten die einen „Gotteserscheinungen", andere die Erscheinung von „Außerirdischen" durch „Ufos". Die Erlebnisse wurden offenbar mit Inhalten gefüllt, die bereits im Gehirn gespeichert waren und die kulturell bedingt sind. Würde man solche Stimulationen an Gehirnen vornehmen, die „leer" sind, in denen also noch keine kulturell vermittelten Gedächtnisinhalte vorhanden sind, könnten die Erlebnisse nicht „gefüllt" und gedeutet werden.

Gehirn zur Wahrnehmung transempirischer Wirklichkeiten fähig?

Andere Neurophysiologen mit anderem weltanschaulichen Hintergrund deuten ihre Experimente gänzlich anders und vertreten die Meinung, dass das Gehirn zur Wahrnehmung transempirischer Wirklichkeiten fähig ist. So sind der Neuroradiologe und Religionswissenschaftler Andrew Newberg und der Psychiater Eugene D'Aquili[105] bei ihren Forschungen zur neurobiologischen Basis religiösen Erlebens zunächst von der naturalistisch-reduktionistischen Theorie ausgegangen. Im Fortgang ihrer Experimente gelangten sie aber zu der Ansicht, dass religiöses Erleben nicht nur auf der Ebene der sprachlichen Mitteilung, sondern auch auf der neurophysiologischen Ebene von psychopathologischem Erleben (Halluzinationen, Wahnvorstellungen usw.) klar abgrenzbar ist. Es sei sogar sehr wahrscheinlich, dass im Gehirn eine „transzendente Wirklichkeit" wahrgenommen werde. Die Autoren sehen sich in ihrer Deutung vor allem in östlichen Religionen (Buddhismus, Hinduismus u. a.) und in den dort hauptsächlich durch Meditation erworbenen Transzendenzerfahrungen bestätigt, in denen die Differenz zwischen Subjekt (Ich, Bewusstsein) und Objekt (Körper, Welt), Geist und Gehirn (Materie), „Innen" und „Außen" in eine „höhere Einheit" (Nirwana u. a.) aufgehoben werde. Dass und inwieweit diese Prämisse die Darstellung und Deutung der neurobiologischen Erkenntnisse beeinflusst, wird allerdings nicht explizit offen gelegt.

Die Autoren betonen, dass im Gehirn „Anlagen" entwickelt seien, um transzendente Wirklichkeiten wahrzunehmen, dass die Religion mithin eine neurophysiologische „Basis" habe, die sicherstelle, dass es mystisch-religiöse Erfahrungen gibt, solange es Lebewesen mit derartigen Hirnstrukturen gibt. Die „Gehirnmaschinerie" sei zugleich eine „Transzendenzmaschinerie", die ein „Fenster" zur transzendenten Wirklichkeit, ja zum „Göttlichen" eröffne. Die Evolution habe diese Fähigkeit des Gehirns nicht nur deswegen herausgebildet, weil sie einen Nutzen zum Überleben bringe und weil damit die metaphysischen Probleme, welche die Erfahrung von Krankheit, Leid und Tod aufwerfen, rein subjektiv bearbeitet werden können, sondern weil es diese transzendente Wirklichkeit des „Göttlichen" tatsächlich gibt. Dieses „geistige Sein" stelle eine eigenständige Wirklichkeit dar, die sich nicht auf Materielles reduzieren lässt und die sogar das materielle Sein beeinflussen kann. Der Geist entstehe zwar aufgrund von Wahrnehmungsprozessen des Gehirns und er kann ohne das Gehirn nicht sein. Aber er sei weder mit dem Gehirn einfach identisch noch werde er von ihm hervorgebracht.

Der Neurologe Vilaynur Ramachandran[106] will sogar ein eigenes „Gottesmodul" im Gehirn entdeckt haben. Er „begründete" diese kühne These mit der Beobachtung, dass Menschen mit epileptischen Anfällen, die im Bereich des Schläfenlappens lokalisiert werden können, besonders häufig „spirituelle Visionen" haben.

Als Fazit bleibt die Tatsache, dass sich zwar „neuronale Korrelationen" zu bestimmten Vorstellungen und Vorgängen im Gehirn finden lassen, dass damit aber (zumindest bis jetzt) noch keine Erklärung für deren grundsätzliches Zustandekommen geliefert wird. Nach wie vor bleibt rätselhaft, wie ein messbarer materieller Vorgang in den Gehirnregionen (Schaltungen, Vernetzungen, funktionelle Verknüpfungen) in einer ganz anderen Dimension als (Transzendenz-)Bewusstsein erlebt werden kann. Wir erleben ja keine neuronalen Prozesse, sondern Bewusstsein. Wir erleben keine Schaltungen, sondern religiöse Gedanken oder spirituelle Erfahrungen. Zweifellos hat jeder geistige Vorgang seine materielle Entsprechung, es geschieht immer irgendetwas Physiologisches im Gehirn, während wir denken. Aber das Denken und Empfinden ist als Erlebtes etwas anderes als das, was sich in neurophysiologischer Perspektive zeigt. Man kann auch nicht behaupten, dass die neurophysiologischen Prozesse die Ursache des Denkens und Empfindens sind. Das hieße einen falschen Gebrauch vom Prinzip der Kausalität machen. Die beiden Prozesse, Bewusstsein und Physiologie, verhalten sich eher wie Vorder- und Rückseite derselben Medaille. Dasselbe gibt es einmal auf der „Vorderseite“ als Bewusstsein und auf der „Rückseite“ als physiologischen Prozess, der dann wiederum auf der „Vorderseite“, also durch Bewusstsein, erfasst werden kann. Die Physiologie, die das Geheimnis des Bewusstseins zu entschlüsseln beansprucht, ist selbst nur ein Konzept des Bewusstseins. Vorder- und Rückseite sind nicht kausal aufeinander bezogen. Selbstverständlich ist nicht alles, was physiologisch im Gehirn geschieht, auch schon im Bewusstsein repräsentiert. Aber das ist nicht das Problem. Ungeklärt ist das Rätselhafte des Dimensionswechsels, bei dem ein physiologisches Geschehen als Bewusstsein erlebt wird.

Glauben als konstitutives Element der Wissenschaft

Jede Theorie über das Zusammenwirken von Gehirn und Geist steht vor einem Problem, das der Berliner Philosoph Peter Bieri formuliert hat und das seither häufig als das „Bieri-Trilemma“ bezeichnet worden ist:

1. Mentale Phänomene sind nichtphysikalische Phänomene.
2. Mentale Phänomene sind im Bereich physikalischer Phänomene kausal wirksam.
3. Der Bereich physikalischer Phänomene ist kausal geschlossen.

Hier können immer nur zwei der drei Sätze wahr sein: Wenn nichtphysikalische, also mentale Phänomene es vermögen, in die physikalische Welt „hineinzuregieren“, kann diese nicht kausal geschlossen sein – wenn also Satz 1 und Satz 2 richtig sind, muss Satz 3 falsch sein. Wenn aber Satz 1 und Satz 3 richtig sind, kann es keine Wirkung mentaler Phänomene auf die physikalische Welt geben, also muss Satz 2 falsch sein. Und wenn Satz 2 und Satz 3 richtig sind, muss Satz 1 falsch sein.[107]

Es gibt bis heute kein wissenschaftliches Konzept, das dieses „Trilemma“ aus der Welt schaffen könnte. Die unterschiedlichen und sich geradezu widersprechenden Deutungen lassen erkennen, welche entscheidende Rolle bei aller scheinbaren wissenschaftlichen Objektivität die subjektive Einstellung und die weltanschauliche Wertung spielen. Das Gegebene, die Realität selbst, kann nicht direkt erkannt werden, vor allem im subatomaren Bereich. Der Wissenschaftler erfasst diese Wirklichkeit zunächst in der Weise mathematischer Formeln und abstrakter Theorien. Immer aber greift er auch auf veranschaulichende Modelle zurück, wenn auch ungern, da er das Missverständnis vermeiden will, das Bild sei ein Abbild der Wirklichkeit. Man denke etwa an die unterschiedlichen Atommodelle, die nicht die Realität „Atom“ sichtbar machen können und wollen, sondern nur der Veranschaulichung dienen. Derartige Modelle sind nicht gänzlich nichts sagend. Aber sie sind niemals das Eigentliche, das Angezielte. Sie stehen für etwas, das sie selbst nicht sind. Doch dass hinter den symbolischen Begriffen und Denkmodellen ein sicheres „Etwas“ steckt, ist im strengen Sinn nicht Erkenntniswissen, sondern eher ein „Glaube“ daran, dass es diese sich dem direkten Zugriff und der unmittelbaren Anschaulichkeit entziehende Realität gibt. „Ohne Glauben als konstitutives Element gäbe es keine Wissenschaft“, so der Physiker Friedrich Dessauer. „Ohne Interesse keine Erkenntnis“, so Jürgen Habermas.

Die von Newberg und D'Aquili beobachteten neurophysiologischen Auswirkungen besonderer religiöser Übungen zeigen keine eindeutigen Unterschiede zu den Hirnaktivierungen bei anderen Zuständen der bloßen Ruhe und Entspannung. Darüber hinaus lassen sich religiös-ekstatische Erlebnisse des Grenzenlosen und des Aufgehens in eine höhere „göttliche“ Einheit auf ganz verschiedene Weise erzeugen – durch intensiven rituellen Tanz ebenso wie durch langsame gleichmäßige Bewegungen, durch beruhigend und eintönig wirkenden Gesang ebenso wie durch hektisch und unaufhörlich wiederholte, rhythmisch scharf akzentuierte Musik, durch bestimmte Drogen wie durch krankhafte Zustände des Körpers. Entsprechend unterschiedlich und jeweils auf andere Weise und gegebenenfalls auch an anderen Regionen spiegeln sie sich im Gehirn wider. Die beobachtbaren hirnphysiologischen Vorgänge geben keine Auskunft über die Unterschiede zu ähnlichen Erlebniszuständen ohne expliziten religiösen Inhalt.

Vor allem aber sagen sie weder etwas aus über die Absichten, mit denen religiöse Praktiken angewendet werden, noch über die Inhalte des religiösen Erlebens und seine Bedeutung für die Menschen. Prägungen im Gehirn entstehen in der Regel durch längerfristige Lernprozesse oder vereinzelt auch durch einmalige traumatische Erlebnisse. Wer stark religiös sozialisiert ist, wird bestimmte Erlebnisse religiös deuten oder Gotteserfahrungen darin sehen. Wer atheistisch sozialisiert ist, wird keinerlei derartige Erfahrungen machen. Wie der Einzelne seine Erlebnisse für sich deutet und wie sie der beobachtende Wissenschaftler sie interpretiert, hängt von den weltanschaulichen Voraussetzungen ab. Je nach Ausgangslage lässt sich ein und dasselbe Erlebnis religionsstützend oder religionskritisch bewerten.

Ulrich Eibach kommt am Ende seiner Beobachtungen zu dem Schluss: „Die neurophysiologischen Erkenntnisse können je nach wissenschaftstheoretischen und weltanschaulichen Prämissen sehr unterschiedlich gedeutet werden. Sie vermögen die Frage, ob in religiösem Erleben eine eigenständige geistige Wirklichkeit wahrgenommen wird, speziell, ob es einen Gott gibt oder ob Gott nur ein ‚Hirnprodukt' ist und es ihn insofern nicht gibt, nicht zu beantworten. Sie geben lediglich an, in welchen Regionen des Gehirns und in etwa auch mit welcher Aktivität und Intensität sich die unterschiedlichen Formen religiösen Erlebens widerspiegeln. Auch vermögen sie die Frage nach der Echtheit und Bedeutung religiöser Erlebnisse und der Wahrheit der auf sie aufbauenden Religionen nicht zu beantworten. Dazu bedarf es unabdingbar der Bezugnahme auf die durch Sprache vermittelten Deutungen des religiösen Erlebens im geschichtlichen Kontext der Inhalte und Lehren der Religionen. Die Neurophysiologie vermag also über Inhalte, Bedeutung, Qualität und Wahrheit religiösen Erlebens keine entscheidenden Aussagen zu machen."[108]

Und er fährt fort: „Die Offenheit des Gehirns für die Wahrnehmung einer die empirische Welt übersteigenden geistigen Wirklichkeit ist empirisch nicht beweisbar, aber sie ist eine Möglichkeit des Gehirns und mit ihm des menschlichen Lebens überhaupt. In diesem eingeschränkten Sinne kann man mit Newberg, D'Aquili und Rause die These vertreten, dass die Biologie des Gehirns offen ist für eine transzendente Wirklichkeit und das Göttliche, dass die Religion eine biologische Grundlage hat, ohne dass das religiöse Erleben und die Inhalte der Religion auf die Biologie und die empirische Psychologie zu reduzieren sind. Die These stellt aber ebenso wenig einen Beweis für eine transzendent-religiöse Wirklichkeit dar, wie die Deutung der empirischen Erkenntnisse der Hirnforschung auf der Basis der reduktionistischen Hypothese einen Beweis liefert für die Nichtexistenz einer religiösen Wirklichkeit."[109]

Die Hirnforschung liefert neue und bedenkenswerte Erkenntnisse zur Frage menschlicher Verantwortlichkeit. Und es ist wohl noch einiges zu erwarten. Doch die Forscher sollten sich bei der Interpretation ihrer Daten in Bescheidenheit üben. Der Gesamtzusammenhang aller neuronalen Prozesse ist noch längst nicht entschlüsselt. Es bleibt die Aufgabe der Neurowissenschaften, solange über die Prinzipien der Konstruktion der verschiedenen Begriffssysteme zu diskutieren, bis ein einheitlicher und hinreichend wissenschaftlich abgesicherter Übersetzungsmodus gefunden ist.

„Gott" und das Über-Ich

Im Jahre 1851 hatte Ludwig Feuerbach (1804–1872) die These aufgestellt, dass die Gottesvorstellung entstanden sei aus dem Wunschdenken des Menschen: Er stelle sich Gott als ein Wesen vor, in dem er alle Mängel, an denen er selbst leidet, aufgehoben sieht, das Gegenteil dieser Mängel projiziere er in die Vorstellung Gottes: „Was er selbst nicht ist, aber zu sein wünscht, das stellt er sich in seinen Göttern als seiend vor; [...] ein Gott ist der in der Phantasie befriedigte Glückseligkeitstrieb des Menschen. Hätte der Mensch keine Wünsche, so hätte er keine Religion, keine Götter."[110] Oder: „Was der Mensch nicht wirklich ist, aber zu sein wünscht, das macht er zu seinem Gotte oder das ist sein Gott."[111] Er fasst seine Gedanken mit der kühnen Behauptung zusammen: „Wir haben bewiesen, dass das Geheimnis der Theologie die Anthropologie, des göttlichen Wesens das menschliche Wesen ist."[112]

Dieser Satz, dass Theologie Anthropologie sei, sollte alle religiösen Aussagen als menschliche Projektionen entlarven, die dann entfallen, wenn der Mensch aus seinem kindlichen Stadium herausgetreten ist und sich nicht mehr in Illusionen flüchtet.

Eine ähnliche These stellt 50 Jahre später Sigmund Freud (1856–1939) auf, indem er die Ansicht vertritt, Religion sei nichts anderes als die Projektion innerer seelischer Symbole und Gestalten auf die äußere Welt.[113] Drei Jahre danach beschreibt er in einer skizzenhaft angelegten, kurzen Studie die Religion als „universelle Zwangsneurose".[114] Und noch später meint er in einer Abhandlung über Leonardo da Vinci, dass „der persönliche Gott psychologisch nichts anderes ist als ein erhöhter Vater. (Das) führt uns täglich vor Augen, wie jugendliche Personen den religiösen Glauben verlieren, sobald die Autorität des Vaters bei ihnen zusammenbricht."[115]

An anderer Stelle geht Freud sogar so weit, dass er der religiösen Erziehung die Schuld gibt für die Denkschwäche mancher Kinder: „Denken Sie an den betrübenden Kontrast zwischen der strahlenden Intelligenz eines gesunden Kindes und der Denkschwäche des durchschnittlichen Erwachsenen. Wäre es so ganz unmöglich, dass gerade die religiöse Erziehung ein großes Teil Schuld an dieser relativen Verkümmerung trägt? Ich meine, es würde sehr lange dauern, bis ein nicht beeinflusstes Kind anfinde, sich Gedanken über Gott und die Dinge jenseits dieser Welt zu machen. Vielleicht würden diese Gedanken dann dieselben Wege einschlagen, die sie bei seinen Urahnen gegangen sind, aber man wartet diese Entwicklung nicht ab, man führt ihm das religiöse Leben zu einer Zeit zu, da es weder Interesse für sie noch die Fähigkeit hat, ihre Tragweite zu begreifen." [116]

Merkwürdig ist ein gewisser Widerspruch in Freuds Äußerungen zur Religion. Einerseits spricht Freud, wie das eben angeführte Beispiel zeigt, ihren Anhängern einen infantilen Charakter zu; denn die „Vorsehung kann der gemeine Mann sich nicht anders als in der Person eines großartig erhöhten Vaters vorstellen. Nur ein solcher kann die Bedürfnisse des Menschenkindes kennen, durch seine Bitten erweicht, durch die Zeichen seiner Reue beschwichtigt werden. Das Ganze ist so offenkundig infantil, so wirklichkeitsfremd, dass es einer menschenfreundlichen Gesinnung schmerzlich wird zu denken, die große Mehrheit der Sterblichen werde sich niemals über diese Auffassung des Lebens erheben können."[117] Andererseits sieht er die Ursachen religiöser Phänomene als Teilstücke, als Beiträge und Elemente der Kultur: „... wir haben es hier mit dem fertigen Schatz von religiösen Vorstellungen zu tun, wie ihn die Kultur dem Einzelnen übermittelt."[118]

Freud ist sich dieses Widerspruchs offenbar durchaus bewusst gewesen. Denn er bekennt: „In der Psychoanalyse können wir nur mit Hilfe von Vergleichungen beschreiben. Das ist nichts Besonderes, es ist auch anderwärts so. Aber wir müssen diese Vergleiche auch immer wieder wechseln, keiner hält uns lange genug aus."[119] Und an anderer Stelle betont er: „... in der Psychoanalyse [...] kommt die konstitutionelle Untauglichkeit des Menschen zu wissenschaftlicher Forschung in vollem Ausmaß zum Vorschein."[120] Freuds Ausführungen über die Religion müssen also unter diesen Vorzeichen gelesen und gewertet werden.

Religion als Element der Kultur

Wenn Freud in der Religion ein Element der Kultur sieht, so stellt sich die Frage, wie er sich aus der Sicht der Psychoanalyse das Werden der Kultur – und damit ja auch das Werden der Religion – vorstellt. Freud sieht vor allem zwei Ansatzpunkte:

Kultureller Fortschritt zeigt sich für Freud darin, dass äußerer Zwang verinnerlicht wird. Er schreibt diesen Vorgang der Wirkung des Über-Ichs zu: „Einen dieser seelischen Fortschritte können wir hier nachweisen. Es liegt in der Richtung unserer Entwicklung, dass äußerer Zwang allmählich verinnerlicht wird, indem eine besondere seelische Instanz, das Über-Ich des Menschen, ihn unter seine Gebote aufnimmt. Jedes Kind führt uns den Vorgang einer solchen Umwandlung vor, wird erst durch sie moralisch und sozial. Diese Erstarkung des Über-Ichs ist ein höchst wertvoller psychologischer Kulturbesitz. Die Personen, bei denen sie sich vollzogen hat, werden aus Kulturgegnern zu Kulturträgern. Je größer ihre Anzahl in einem Kulturkreis ist, desto gesicherter ist diese Kultur, desto eher kann sie der äußeren Zwangsmittel entbehren."[121]

Freud erinnert daran, dass die „religiösen Lehren" unbeweisbar sind und dass diese Unbeweisbarkeit „zu jeder Zeit verspürt worden (sei), gewiß auch von den Urahnen, die solche Erbschaft hinterlassen haben. Wahrscheinlich haben viele von ihnen dieselben Zweifel genährt wie wir, es lastete aber ein zu starker Druck auf ihnen, als dass sie gewagt hätten, dieselben zu äußern. Und seither haben sich unzählige Menschen mit den nämlichen Zweifeln gequält, die sie unterdrücken wollten, weil sie sich verpflichtet hielten zu glauben, sind viele glänzende Intellekte an diesem Konflikt gescheitert, haben viele Charaktere an den Kompromissen Schaden gelitten, in denen sie einen Ausweg suchten."[122]

Freud kennt allerdings unter den kulturell „Entwickelten" nicht nur solche, die „aus Pflicht" glauben, die „den Kulturvorschriften gehorsam (sind), weil sie sich durch die Drohungen der Religion einschüchtern lassen, und sie fürchten die Religion, solange sie dieselbe für ein Stück der sie einschränkenden Realität halten müssen".[123] Er spricht auch von anderen Gläubigen, die mit der Religion „bestimmte zärtliche Bindungen an die Inhalte" verbinden.[124] Freud vermutet hierbei allerdings narzisstische Befriedigungen als eigentlichen Beweggrund: „Man steht also vor dem Phänomen, dass in der Entwicklung der Menschheit die Sinnlichkeit allmählich von der Geistigkeit überwältigt wird und dass die Menschen sich durch jeden solchen Fortschritt stolz und gehoben fühlen. Man weiß aber nicht zu sagen, warum das so sein sollte. Später ereignet es sich dann noch, dass die Geistigkeit selbst von dem ganz rätselhaften emotionellen Phänomen des Glaubens überwältigt wird. Das ist das berühmte *Credo quia absurdum*[125], und auch wer dies zustande gebracht hat, sieht es als eine Höchstleistung an. Vielleicht ist das Gemeinsame all dieser psychologischen Situationen etwas anderes. Vielleicht erklärt der Mensch einfach das für das Höhere, was das Schwierigere ist, und sein Stolz ist bloß der durch das Bewusstsein einer überwundenen Schwierigkeit gesteigerte Narzissmus."[126] Der Glaube könnte seine Erklärung in der Befriedigung finden, die durch den Aufstand gegen die Vernunft und ihre Anforderungen erfahren wird: „Ich meine damit die allgemeine Neigung der Menschen zur Leichtgläubigkeit und Wundergläubigkeit. Von allem Anfang an, wenn das Leben uns in seine strenge Zucht nimmt, regt sich in uns ein Widerstand gegen die Unerbittlichkeit und Monotonie der Denkgesetze und gegen die Anforderungen der Realitätsprüfung. Die Vernunft wird zur Feindin, die uns soviel Lustmöglichkeit vorenthält. Man entdeckt, welche Lust es bereitet, sich ihr wenigstens zeitweilig zu entziehen und sich den Verlockungen des Unsinns hinzugeben."[127] Freuds Ziel ist allerdings, den Menschen zum wahren Fortschritt zu führen, wie er ihn sich vorstellt: „Der Mensch kann nicht ewig Kind bleiben, er muss endlich hinaus, ins ‚feindliche Leben'. Man darf das ‚die Erziehung zur Realität' heißen, brauche ich Ihnen noch zu verraten, dass es die einzige Absicht meiner Schrift ist, auf die Notwendigkeit dieses Fortschritts aufmerksam zu machen?"[128]

Sublimierung

Einen zweiten Ansatzpunkt für die Kultur sieht Freud in der Sublimierung. Er versteht darunter die Umwandlung der als unangenehm, bedrohlich oder gesellschaftlich geächtet empfundenen Triebenergie in gesellschaftlich gebilligtes und geachtetes Verhalten. Als ein Beispiel unter anderen nennt er das Werden der jüdischen Religion, die „dem Volke nichts anderes gebracht hatte als die Steigerung des Selbstgefühls durch das Bewusstsein der Auserwähltheit. [...] Die Religion brachte den Juden eine weit großartigere Gottesvorstellung, oder, wie man nüchterner sagen könnte, die Vorstellung eines großartigeren Gottes. Wer an diesen Gott glaubte, hatte gewissermaßen Anteil an seiner Größe, durfte sich selbst gehoben fühlen."[129] Das Verbot, sich von Gott ein Bild zu machen – und die gleichzeitige Verpflichtung, einen unsichtbaren Gott zu verehren –, stellt nach Freud die Ursache für einen wesentlichen kulturellen Fortschritt dar: „Wenn man dies Verbot annahm, musste es eine tiefgreifende Wirkung ausüben. Denn es bedeutete eine Zurücksetzung der sinnlichen Wahrnehmung gegen eine abstrakt zu nennende Vorstellung, einen Triumph der Geistigkeit über die Sinnlichkeit, streng genommen einen Triebverzicht mit seinen psychologisch notwendigen Folgen."[130] Und er fährt fort: „Es eröffnete sich das neue Reich der Geistigkeit, in dem Vorstellungen, Erinnerungen und Schlußprozesse maßgebend wurden im Gegensatz zur niedrigeren psychischen Tätigkeit, die unmittelbare Wahrnehmungen der Sinnesorgane zum Inhalt hatte. Es war gewiss eine der wichtigsten Etappen auf dem Wege zur Menschwerdung."[131]

Ein weniger spektakuläres, wenngleich für den Einzelnen keineswegs weniger bedeutsames Beispiel von Sublimierung durch Religion beschreibt Freud in seiner „Geschichte einer infantilen Neurose". Er schildert darin die Analyse eines Viereinhalbjährigen, der an einer Zwangsneurose litt, und charakterisiert verallgemeinernd auch die „Leistung" der Religion bei der Heilung: „Die Religion hat in diesem Falle alles das geleistet, wofür sie in der Erziehung des Individuums eingesetzt wird. Sie hat seine Sexualstrebungen gebändigt, indem sie ihnen eine Sublimierung und feste Verankerung bot, seine familiären Beziehungen entwertet und damit einer drohenden Isolierung vorgebeugt, dadurch, dass sie ihm den Anschluss an die große Gemeinschaft der Menschen eröffnete. Das wilde, verängstigte Kind wurde sozial, gesittet und erziehbar. […] So tat die Religion ihr Werk bei dem kleinen Entgleisten durch Mischung von Befriedigung, Sublimierung, Ablenkung vom Sinnlichen auf rein geistige Prozesse, und die Eröffnung sozialer Beziehungen, die sie dem Gläubigen bietet."[132]

„… es wäre ja sehr schön, wenn es einen Gott gäbe"

Merkwürdig erscheint angesichts dieser relativ positiven Beurteilung der psychischen relevanten „Leistung" von Religion und Gottesglauben, dass Freud in seiner (später allerdings von ihm selbst als „nicht besonders glücklich" beurteilten) Schrift über die „Zukunft einer Illusion" meint, eine eher negative Wirkung der Religion feststellen zu müssen: „Sie (die religiösen Lehren) sind sämtlich Illusionen, unbeweisbar, niemand darf gezwungen werden, sie für wahr zu halten, an sie zu glauben. Einige von ihnen sind so unwahrscheinlich, so sehr im Widerspruch zu allem, was wir mühselig über die Realität der Welt erfahren haben, dass man sie – mit entsprechender Berücksichtigung der psychologischen Unterschiede – den Wahnideen vergleichen kann. Über den Realitätswert der meisten von ihnen kann man nicht urteilen. So wie sie unbeweisbar sind, sind sie auch unwiderleglich. Man weiß noch zu wenig, um ihnen kritisch näher zu rücken."[133] Gegen Ende seines Lebens gesteht er die Begrenztheit seiner Theorien über die Entstehung der Religion und des Glaubens an Gott ein: „Allem was mit der Entstehung einer Religion, gewiss auch der jüdischen, zu tun hat, hängt etwas Großartiges an, das durch unsere bisherigen Erklärungen nicht gedeckt wird. Es müsste noch ein anderes Moment beteiligt sein, für das es wenig Analoges und nichts Gleichartiges gibt, etwas Einziges und etwas von der gleichen Größenordnung wie das, was daraus geworden ist, wie die Religion selbst."[134] Freud erkennt hier die Existenz eines „anderen Moments" an. Er nennt es „etwas Einziges“ und lässt damit Spielraum für alle möglichen Deutungen. Ob er damit die jüdisch-christliche Gottesvorstellung gemeint hat, dürfte eher unwahrscheinlich sein. Denn er betont an anderer Stelle, fast etwas wehmütig: „… es wäre ja sehr schön, wenn es einen Gott gäbe als Weltenschöpfer und gute Vorsehung, eine sittliche Weltordnung und ein jenseitiges Leben, aber es ist doch sehr auffällig, dass dies alles so ist, wie wir es uns wünschen müssen.“[135]

Ähnliche Gedanken finden sich auch bei Ludwig Feuerbach: Gott sei zum phantastischen Ersatz dafür geworden, dass vielen Menschen durch die gesellschaftlichen Verhältnisse Wünsche versagt blieben. „Der Mensch glaubt an Götter, weil er den Trieb hat, glücklich zu sein. Er glaubt ein seliges Wesen, weil er selig sein will; er glaubt ein vollkommenes Wesen, weil er selbst vollkommen zu sein wünscht; er glaubt ein unsterbliches Wesen, weil er selbst nicht sterben will. Was er selbst nicht ist, aber zu sein wünscht, das stellt er sich in seinen Göttern als seiend vor. Die Götter sind die in wirkliche Wesen verwandelten Wünsche des Menschen.“[136]

Gewiss: Der Verdacht Freuds (und Feuerbachs) lässt sich nicht einfach abtun. Der Gott der Religionen ist den Wunschbildern der Menschen oft verdächtig ähnlich. Nur: Was beweist das? Ist der Schluss zwingend, dass etwas nicht existieren kann, nur weil es den Menschen bedeutsam erscheint, weil es der Erfüllung seiner Wünsche entspricht? Aus der Tatsache, dass sich jemand ein Bild von etwas macht, kann daraus weder folgern, dass es die Sache, von der er sich das Bild gemacht hat, nicht gibt, noch kann es heißen, dass diese Sache sein Geschöpf sei. Und man darf sich fragen, ob es denn tatsächlich so bedenklich sei, eine Größe, an die man glaubt, so zu benennen, wie man sie sich wünscht oder wie man sie sich vorstellt. Und wenn schon: Ließe sich eine solche Benennung nicht über den bloßen Wunsch hinaus noch erheblich vertiefen?

Überraschend an Freuds Religionskritik erscheint seine eigene Feststellung, er habe nie selber eine Form der Begegnung mit dem Göttlichen erlebt, noch habe er sie bei anderen gefunden. Er ignoriert einfach, dass solche Erfahrungen bei psychisch gesunden Menschen überhaupt existieren könnten. Oder sind etwa die großen Mystiker des Mittelalters alles Psychopathen gewesen? War Jesus, waren Mose und die Propheten, waren Buddha und Kungfutse allesamt psychisch kranke Leute?

Freud hat die Zeugnisse religiösen Glaubens und die Erfahrungsberichte psychisch gesunder *und* gläubiger Menschen nie ernsthaft und hinlänglich selbstkritisch studiert. Das gibt er selber zu, wenn er von der „Zukunft einer Illusion“ schreibt: „In diesem Werk [...] handelte es sich weit weniger um die tiefsten Quellen des religiösen Gefühls als vielmehr um das, was der gemeine Mann unter seiner Religion versteht.“ Dass auch der „gemeine Mann“ (oder die „gemeine Frau“) vielleicht echten und tiefen Glauben haben könnte, scheint Freud nicht zum Bewusstsein gekommen zu sein oder ihn beschäftigt zu haben. Freud hat sich selbst nie wirklich ernsthaft und unvoreingenommen darum bekümmert, was Religion wirklich ist. Er hat nur von bestimmten Abnormitäten und ungesunden Praktiken, die es durchaus gibt, auf das Ganze geschlossen. Freud scheint immer der Auffassung geblieben zu sein, dass der gläubige, religiöse Mensch nicht zu vollmenschlicher Reife gelangt ist, dass er die „wissenschaftliche Phase“ nicht erreicht hat: „Die religiöse Phase (entspricht) jener Stufe der Objektfindung, welche durch die Bindung an die Eltern charakterisiert ist, und die wissenschaftliche Phase hat ihr volles Gegenstück in jenem Reifezustand des Individuums, welcher auf das Lustprinzip verzichtet hat und unter Anpassung an die Realität sein Objekt in der Außenwelt sucht.“[137] Der Gott des Menschen scheint für Freud nichts anderes zu sein als die übersteigerte Gestalt eines Vaters, der droht, der verbietet, der Gesetz und Namen gibt, der die Ordnung der Dinge und der Gesellschaft begründet, der ausgleicht und tröstet und den Menschen mit der Härte des Lebens wieder aussöhnt.

Man könnte Freud schließlich fragen, ob er die Religion des Menschen – sicherlich wesentlich aufgrund seiner Arbeit mit psychisch Kranken – nicht fast ausschließlich negativ bestimmt sieht und daher für eine andere mögliche Seite des Glaubens an Gott, die aus der Fülle des menschlichen Lebens kommt, keinen Blick hat. Ulrich Sonnemann meint in einer interessanten Auseinandersetzung mit der Psychoanalyse Freuds, dass menschlich positive Lebensäußerungen für ihn offenbar unbekannt sind: Freud „kennt Lust, aber nicht Freude, Angst, aber nicht die Hoffnung des Abenteuers, Sorge, aber nicht Besinnung, Schuld, aber nicht Spiel, Illusion, aber nicht Inspiration, Zwang, aber nicht Freiheit, Leidenschaft, aber nicht Enthusiasmus: ganze Grunderfahrungen des Bewusstseins […] gerade, in denen es sich nicht in seiner Isolierung, sondern in seiner Weltverwebtheit erfährt, kommen […] nicht vor. […]. Bewusstsein (ist) Gegenwärtigkeit von Welt, nicht vergegenständlichende Selbstreflexion auf der Jagd nach ihrem eigenen Ich-Schatten."[138]

Trotz dieser Einseitigkeiten hat die von Freud begründete Psychoanalyse wichtige Einsichten im Hinblick auf das Zustandekommen von Religion und noch mehr im Hinblick auf die religiöse Praxis und die religiöse Haltung vieler Menschen geliefert – und liefert sie noch immer. Nicht wenige Menschen sind durch sie von ihren (ekklesiogenen) Neurosen befreit worden. Paul Ricœur vertritt zu Recht die Ansicht: „In zwei Punkten haben wir von Freud noch zu lernen: in der Beziehung der Religion zum Verbot und in ihrer Beziehung zum Trost. Wir werden die eigentlich biblische Dimension der Sünde erst dann zurückgewinnen, wenn wir in uns selbst alles Archaische, Infantile und Neurotische, das im ‚Schuldgefühl' noch drinsteckt, ‚liquidiert' haben. […] Vielleicht ist es im Bereich des Trostes, dass man die Lehre der Psychoanalyse überhaupt noch nicht wahrgenommen hat […] – den Trost dem Geist nach, der nichts Narzisstisches und Eigennütziges mehr an sich trägt, der gegen die Widerwärtigkeiten des Daseins keinen Schutz und vor der Härte des Lebens keine Zuflucht mehr bietet. Dieser Trost steht nur dem höchsten Grad von Gehorsam gegenüber der Wirklichkeit offen."[139]

Wenn man Erich Fromm glauben will, befinden sich die meisten Menschen im Hinblick auf ihre Gottesvorstellung noch auf einer Entwicklungsstufe, die von mangelnder Reife, ja von Infantilität gekennzeichnet ist. „Ganz offensichtlich hat die Mehrheit der Menschen in ihrer persönlichen Entwicklung dieses infantile Stadium noch nicht überwunden, und dementsprechend ist der Glaube an Gott bei den meisten Menschen der Glaube an einen helfenden Vater – eine kindliche Illusion. Trotz der Tatsache, dass dieser Begriff der Religion von einigen großen Meistern der Menschheit und von einer Minderheit der Menschen überwunden wurde, ist er immer noch die vorherrschende Form des religiösen Glaubens."

Viele Menschen leben und verhalten sich noch immer nach der Vorstellung: „Insofern Gott Vater ist, bin ich das Kind. Ich habe mich noch nicht ganz von dem autistischen Verlangen nach Allwissenheit und Allmacht freigemacht. Ich habe noch nicht die Objektivität erlangt, mir meine Grenzen als menschliches Wesen, meine Unwissenheit, meine Hilflosigkeit klarzumachen. Wie ein Kind mache ich noch immer den Anspruch geltend, dass einen Vater da sein muss, der mir zu Hilfe kommt, der auf mich achtgibt und der mich bestraft, ein Vater, der mich liebt, wenn ich ihm gehorche, der sich geschmeichelt fühlt, wenn ich ihn lobe, und der zornig wird, wenn ich ihm nicht gehorche."[140] Solange ein Mensch „seine kindliche Abhängigkeit von einem strafenden und belohnenden Vater oder von irgendwelchen anderen Autoritäten beibehält, kann er keine reife Liebe zu Gott entwickeln; dann befindet sich seine Religion noch in jener früheren Phase, wo Gott als eine allbeschützende Mutter oder als der strafende und belohnende Vater erlebt wurde".[141]

Trotz aller Modernität und trotz aller Zivilisation finden sich – nach Fromm – auch „in der heutigen Religion noch alle Phasen vor – „von der frühesten und primitivsten bis zur höchsten Entwicklungsstufe. Das Wort ‚Gott' bezeichnet ebenso den Stammeshäuptling wie das ‚absolute Nichts'. Freud hat gezeigt, dass im Unbewussten eines jeden Menschen seine sämtlichen Entwicklungsstufen von seiner hilflosen Kindheit an erhalten sind. Die Frage ist nur, bis zu welchem Punkt der Mensch in seinem Wachstum gelangt ist."[142]

Denkt man die gesamte Gottesproblematik bis auf ihren Wurzelgrund durch, dann erkennt man, „dass das religiöse Problem nicht die Frage nach Gott, sondern die Frage nach dem Menschen ist; religiöse Formulierungen und Symbole sind Versuche, gewissen Arten menschlicher Erfahrungen Ausdruck zu verleihen. Den Ausschlag gibt dabei die Natur dieser Erfahrungen. Das Symbolsystem gibt uns nur den Schlüssel, mit dem wir die zugrunde liegende menschliche Realität erschließen können." Daher ist es zutiefst bedauerlich, dass „sich seit den Tagen der Aufklärung das religiöse Gespräch um die Bejahung oder Verneinung eines Glaubens an Gott gedreht hat anstatt um die Bejahung oder Ablehnung gewisser menschlicher Haltungen. ‚Glaubt ihr an das Dasein Gottes?' ist zur entscheidenden Frage der Religionsanhänger geworden, während die Gegner der Kirche die Leugnung Gottes in den Mittelpunkt stellten."[143]

III. „Gottesidee“ und „Religion“

Aufkommen der „Gottesidee“

- *Alfred North Whitehead:* Eine allem Gewordenen vorgeordnete und ihr als Zielvorgabe vorangestellte, alles übergreifende Wirklichkeit

Der „Vater“ der Prozesstheologie, A. N. Whitehead (1861–1947), zählt in seinem Buch „Wie entsteht Religion?“ vier Etappen der Religionsentwicklung auf: Ritual, Gefühl, Glaube und zuletzt Rationalisierung.[144] Diese Entwicklungsstadien betreffen sowohl die religiöse Kultur als auch die religiöse Individualgeschichte. Ein Ritual findet sich schon bei den Tieren. Whitehead charakterisiert es als „Produkt aus überschüssiger Energie und Müßiggang“.[145] Beim Vollzug des Rituals stellt sich, laut Whitehead, ein positives Gefühl ein. Die Wiederholung des Rituals kann dazu instrumentalisiert werden, um diese Stimmung erneut hervorzurufen. Diese Reproduktion deutet „das erste schwache Aufschimmern des geistigen Lebens (an), das sich über [...] animalische Bedürfnisse [...] erhoben hat“.[146] Das Ritual wird auf diese Weise „gefühlsbesetzt“. In dieser Instrumentalisierung des Rituals zeigt sich wiederum ein erstes Aufkeimen des Bewusstseins, das freilich immer mit irgendwelchen Gefühlstönungen verbunden ist. Die dritte Etappe der Religionsentwicklung nennt Whitehead „Glaube“. Er entspringt dem Bedürfnis aufkommender Rationalität und bedient sich des Mythos zur Erklärung von Ritual und Gefühl. Der im Mythos formulierte Glaube ist interessegeleitet; seine Ausdrucksformen dienen der Abwehr des Bösen und der Erreichung des Guten. Wie das Ritual Gefühle erzeugte, so erzeugt der Glaube Gedanken und verweist damit über sich hinaus auf die letzte Phase der Religionsentwicklung, die von Whitehead als „Rationalisierung“ bezeichnet wird. Whitehead definiert diese Entwicklungsphase folgendermaßen: „Rationale Religion ist die Religion, deren Glaubenssätze und Rituale mit dem Ziel reorganisiert sind, sie zu einem zentralen Element einer kohärenten Lebensordnung zu machen – einer Ordnung, die sowohl hinsichtlich der Aufklärung des Denkens als auch hinsichtlich der Ausrichtung des Verhaltens auf eine einheitliche Zweckbestimmung, die ethische Zustimmung erzwingt, kohärent sein soll. [...] Die Lehrsätze der rationalen Religion zielen darauf, jene Metaphysik zu sein, die sich aus der überdurchschnittlichen Erfahrung der Menschheit in Augenblicken höchster Einsicht ableiten lässt."[147]

Im Hinblick auf die Entstehung des Gottesbildes sieht Whitehead drei Denkmodelle:

1. „Das ostasiatische Konzept einer unpersönlichen Ordnung" als „extreme Lehre von der Immanenz".
2. „Das semitische Konzept einer bestimmten persönlichen Entität" als „extreme Lehre von der Transzendenz".
3. „Das pantheistische Konzept", bei dem die Realität der Welt die Realität Gottes ist, die „extreme Lehre vom Monismus."[148]

Whitehead sieht diese Denkmodelle in Korrespondenz zu den drei großen Geistesbewegungen der Gegenwart: Buddhismus, Christentum und Wissenschaft.

Sein eigenes Gottesbild ordnet Whitehead keiner dieser Kategorien exakt zu, wohl aber lässt er seine Nähe zu Christentum und Wissenschaft erkennen. „Gott" ist für ihn ein nicht-zeitliches, universales Ereignis, dessen Vorhandensein den Grund für alles geschöpfliche Werden und Entstehen, für Ordnungsstrukturen und den bleibenden Eigenwert des Gewordenen schafft. Whitehead bezeichnet „Gott" als „primordial superject of creativity", als eine allem Gewordenen vorgeordnete und ihr als Zielvorgabe vorangestellte, alles übergreifende Wirklichkeit. In seinem Buch „Wie entsteht Religion?" legt er eine Fülle von Umschreibungsversuchen dessen vor, was sich für ihn mit dem Begriff „Gott" verbindet:

- „Gott ist jene nichtzeitliche Wirklichkeit, die in jeder schöpferischen Phase berücksichtigt werden muss, [...] die der Welt ein geordnetes Gleichgewicht auferlegt."[149]

- „Gott ist also ein wirkliches Einzelwesen, das in jede kreative Phase eingeht und doch nicht dem Wandel unterliegt. [...] Da Gott wirklich ist, muss er in sich eine Synthese des gesamten Universums einschließen."[150]
- „Die Zweckbestimmung Gottes ist das Erreichen von Wert in der zeitlichen Welt."[151] Alle Ordnung „ist von der Immanenz Gottes abgeleitet".[152]
- „Die Natur Gottes ist die vollständige begriffliche Realisierung der Sphäre ideeller Formen. Das Himmelreich ist Gott."[153]
- „Gott ist die eine systematische, vollendete Tatsache, die den vorausgehenden Grund bildet, der jeden schöpferischen Akt bedingt."[154]
- „Jedes Geschehnis führt mit seinen höheren Aspekten Gott in die Welt ein. [...] er trägt sich selbst zu dem wirklichen Grund bei, von dem jeder schöpferische Akt seinen Ausgang nimmt. Die Welt lebt aufgrund ihrer Inkarnation Gottes in ihr selbst."[155]
- „Ohne Gott gibt es keine wirkliche Welt; und ohne die wirkliche Welt mit ihrer Kreativität gäbe es keine rationale Erklärung der ideellen Vision, die Gott konstituiert. [...] Gott ist in der Welt die unablässige Vision des Weges, der zu den tieferen Realitäten führt."[156]

Für Whitehead gibt es eine Wechselwirkung im Verhältnis von Gott und Welt. „Die Ordnung der Welt ist kein Zufall. Nichts Wirkliches könnte ohne ein gewisses Maß an Ordnung wirklich sein. Die religiöse Einsicht ist das Ergreifen dieser Wahrheit: dass die Ordnung der Welt in ihrer Ganzheit und in ihren Teilen, die Schönheit der Welt, die Würze des Lebens, der Friede des Lebens und die Meisterung des Übels alle zusammenhängen – nicht zufällig, sondern aufgrund der Wahrheit: Gott ist Harmonie. Dass das Universum eine Kreativität mit unendlicher Freiheit und eine Sphäre von Formen mit unbegrenzten Möglichkeiten aufweist; dass aber diese Kreativität und diese Formen auch gemeinsam nicht in der Lage sind, Wirklichkeit zu erreichen ohne die vollendete Harmonie, und diese Harmonie ist Gott."[157]

Gott, Kosmos und Mensch stehen gemeinsam in einem Wechselspiel von Fluss und Beständigkeit, von Vielheit und Einheit. In einem kreativen Prozess geschieht ein gegenseitiges Durchdringen: für Gott geht die geistige Schöpfung vor, für die Welt die physische. Die physische Welt erhält durch die geistige ihren eigenen Wert. Auf diesem Wege kommen Gott und Welt miteinander in Einklang, wie sie nun einmal verkörpern. Gott wird selbst in den Prozess einer werdenden Welt hineingezogen und ist ein Werdender. Gott und Welt bewegen sich aufeinander zu: die Evolution auf den transzendenten Horizont, und Gott auf die Welt. „Als uranfänglich betrachtet, ist er die unbegrenzte begriffliche Realisierung des absoluten Reichtums an Potentialitäten. Unter diesem Aspekt ist er nicht vor, sondern mit aller Schöpfung. Aber als uranfänglich ist cr so weit von ‚höchster Realität' entfernt, dass es ihm in dieser Abstraktion ‚an Wirklichkeit mangelt'. […] Seine Empfindungen sind nur begrifflich, so dass es ihm an der Fülle der Wirklichkeit fehlt."[158]

Dennoch verwandelt Whitehead Gott nicht in ein endliches oder gar weltabhängiges Wesen: Gottes „Werden" verändert sich nicht in der Zeit. Es ist auch nicht endlich, wenngleich Endliches durch Gottes Wirken eine unendliche Bedeutung in Gott erlangen kann. Michael Hauskeller charakterisiert in seiner „Einführung" in das Denken A. N. Whiteheads das Verhältnis von Gott und Welt folgendermaßen: „Gott […] und die Welt stehen in ständiger Wechselwirkung miteinander. So wie die Welt nicht wirklich werden könnte ohne Gottes uranfängliche Bereitstellung der Möglichkeiten, so könnte Gott nicht wirklich werden, ohne dass sich die Welt in ihm objektivierte. Indem die Welt die verfügbaren Möglichkeiten verwirklicht, verwirklicht Gott sich letztlich selbst, da alles wirklich Gewordene im Moment seines Wirklichwerdens von ihm erfasst und so zu einem Element in seinem Werden wird. […] So wird die uranfängliche Natur Gottes durch seine Folgenatur ergänzt."[159]

Seine christliche Überzeugung führt Whitehead zu der Einsicht, man könne sich das „tätige Wachstum der Natur Gottes" am besten vorstellen unter dem Bild einer zärtlichen Fürsorge: Gott entfaltet eine unendliche Geduld: Die Evolution erstreckt sich über viele Milliarden Jahre.

- *Erich Fromm:* Erzeugnis der Gesellschaft und ihrer geschichtlichen Entwicklungen

Für Erich Fromm (und vorher schon für Ludwig Feuerbach und Karl Marx) ist die Idee Gottes ein Erzeugnis der Gesellschaft und ihrer geschichtlichen Entwicklungen: „Ich glaube, dass das Gottesbild ein historisch bedingter Ausdruck einer inneren Erfahrung war, [...] dass der Begriff ‚Gott' durch die soziopolitische Struktur bedingt war, in der Stammeshäuptlinge oder Könige die höchste Macht innehatten. Der Begriff des höchsten Wertes wurde verstanden in Analogie zur höchsten Macht in der Gesellschaft."[160] Welche Ausdrucksweise man schuf und für welche man sich entschied, „hing ab von den ökonomischen, gesellschaftlichen und politischen Grundlagen der betreffenden Kultur und der gesellschaftlichen Klassen sowie den sich daraus ergebenden Denkmodellen. Aber das X, das Ziel, wurde bald in ein Absolutum verwandelt; es wurde ein System darum herum errichtet, und die Zwischenräume wurden mit vielen fiktiven Annahmen ausgefüllt, bis das Gemeinsame der Vision fast ganz unter dem Gewicht der in jedem System produzierten fiktiven ‚Zusätze' verschwand." Dabei hätten religiöse Führer, aber auch weltliche Herrscher, nicht selten die Gottesidee für ihre Zwecke funktional missbraucht, um „die Struktur des Systems zu stabilisieren und seine Gläubigen zusammenzuhalten".[161]

Nach Fromm muss die zunächst individuell vorgehende Psychoanalyse der Entstehung des Gottesglaubens und der Gottesidee zur „soziopsychologischen Analyse" werden, weil das, „was die Menschen denken und fühlen, seine Wurzeln in ihrer Charakterstruktur hat", dieser Charakter aber „geprägt wird durch die gesamte Struktur ihrer Lebenspraxis – genauer gesagt, durch die sozio-ökonomische und politische Struktur ihrer Gesellschaft".[162]

Und er zieht daraus die Konsequenz: „In Gesellschaftsformen, wo eine Minorität die Macht in Händen und die Massen in Unterwerfung hält, wird das Individuum so von Furcht erfüllt sein, so unfähig, sich stark und unabhängig zu fühlen, dass seine religiöse Erfahrung autoritärer Natur sein wird. Ob er einen strafenden, ehrfurchtgebietenden Gott anbetet oder einen Führer solcher Prägung, spielt dabei fast keine Rolle."[163]

• *Eugen Drewermann:* Wirklichkeit in uns selbst

Eugen Drewermann geht von der Voraussetzung aus, dass sich der Mensch in der Welt nur evolutiv verstehen kann und dass er sich daher fragen muss, „wie die Idee eines Gottes überhaupt jemals in unsere Köpfe zu gelangen vermochte".[164] Religion ist für ihn die projektive Auslegung des menschlichen Daseins, und entsprechend sind „Gott" und alle anderen religiösen Vorstellungen hermeneutische Chiffren oder Symbole, die dem Menschen helfen, sein Dasein zu deuten und das Menschsein im Gegenüber zur Welt zu begründen. Die Frage nach dem Menschen als Naturwesen, das sich den Schrecken und Schaudern vor der Natur und besonders der Angst vor dem „Unheimlichen" ausgesetzt fühlt, führt letztlich zu dem „Unterschied, der zwischen dem heutigen Menschen (der Kultur) und der Welt, die ihn hervorgebracht hat (der Natur), besteht".[165] Religion soll dazu helfen, diese Kluft zu überwinden.

Von dieser existentiellen, inneren Seite der Wirklichkeit her entwirft Drewermann seinen Gottesbegriff: Wenn Gott nicht als wie immer gearteter Teil oder Ursache der Wirklichkeit „draußen" zu verstehen ist, kann er nur zu suchen sein im „Inneren" der subjektiven Erfahrung der Welt. Konsequent stellt Drewermann die Frage, „welche Wirklichkeit in uns selbst wir als ‚Gott' bezeichnen".[166] „Eine Mystik der Leere, eine Mystik der Liebe und eine Mystik des Augenblicks – sie könnte ersetzen, was die Theologie bisher als die ‚unendliche Macht', als die ‚unendliche Güte' und als die ‚unendliche Weisheit' über die Gottheit vermeinte denken und dozieren zu müssen."[167]

Das Phänomen „Religion“

Definitions- und Umschreibungsversuche

Der Glaube an ein göttliches Wesen äußert sich gesellschaftlich in unterschiedlichen Formen von „Religion“. Es gibt allerdings in der wissenschaftlichen Diskussion keinen Konsens darüber, was Religion nun eigentlich sei. Wird dennoch der Versuch gemacht, einen Begriff vorzulegen, in dem das Wesen der Religion gefasst ist, dann trägt dieser Versuch häufig die Züge der jeweiligen religiösen oder philosophischen Position ihres Autors.

In der Antike leitete man das lateinische Wort „religio“ vor allem aus den Verben „relegere“ (= sorgfältig wahrnehmen) oder „religare“ (= zurückbinden) ab. Die erste Ableitung lässt, dem römischen Rechtsbewusstsein entsprechend, vornehmlich an kultische Verpflichtungen und deren gewissenhafte Beachtung denken, die zweite, in christlicher Akzentuierung, an die personale Beziehung des Menschen zu Gott.[168]

Dieser Tradition folgend beschreibt der mittelalterliche Theologe und Philosoph Thomas von Aquin (1225–1274) Religion als „Hinordnung auf Gott“[169]. Dem konnten (und wollten) neuere Religionswissenschaftler aber nicht ohne weiteres folgen.

- So definierte Friedrich Max Müller (1823–1900) Religion „im allgemeinen Sinne, also nicht bezogen auf einzelne Religionen“ als „jene allgemeingeistige Anlage, welche den Menschen in den Stand setzt, das Unendliche unter den verschiedensten Namen und den wechselnden Formen zu erfassen“.[170]
- Bronislaw Malinowski (1884–1942) erkannte aufgrund ethnologischer Studien in den Religionen vor allem ihre gesellschaftsbezogene Funktion: „Die Religion braucht die Gemeinschaft als ein Ganzes, so dass ihre Mitglieder gemeinsam die sakralen Dinge und die Gottheiten verehren können, und die Gesellschaft braucht die Religion für die Aufrecherhaltung von moralischem Gesetz und Ordnung.“[171]

- Geradezu konträr dazu definiert Rudolf Otto (1869–1937) Religion als die „Erfahrung des Heiligen", das er als „mysterium tremendum" und „mysterium fascinosum" beschreibt, als ein Geheimnis, das gleichzeitig erschreckt und fasziniert.[172]
- Das Zweite Vatikanische Konzil (1962–1965) sieht in den Religionen eine „Antwort auf die ungelösten Rätsel des menschlichen Daseins" und das Bemühen, der „Unruhe des menschlichen Herzens auf verschiedene Weise zu begegnen". Es glaubt, in den Religionen „eine gewisse Wahrnehmung jener verborgenen Macht (auszumachen), die dem Lauf der Welt und den Ereignissen des menschlichen Lebens gegenwärtig ist" und die „das Leben mit einem tiefen religiösen Sinn" durchtränken.[173]
- Hans Küng beschreibt Religion als „die in einer Tradition und Gemeinschaft sich lebendig vollziehende Beziehung zu etwas, was den Menschen und seine Welt übersteigt oder umgreift: zu einer wie immer zu verstehenden allerletzten wahren Wirklichkeit (das Absolute, Gott, Nirvāna). […] Anders gesagt: ‚religiös' ist jeder Mensch, der erkannt hat und auch zu bezeugen bereit ist, dass nicht die ‚Welt' (das heißt Mensch, Geschichte, Natur, Kosmos), wie sie uns erscheint, schon das Letzte ist, sondern dass die ‚Welt' uns verweist auf eine umgreifende, umfassende, allesbestimmende, allerletzte-allererste Wirklichkeit."[174]

Die Definitions und Umschreibungsversuchen des Begriffs „Religion" zeigen: Wird der Begriff zu weit gefasst, kann er leicht zur Beliebigkeit führen. Wird er zu eng genommen, schließt er Phänomene aus, wie sie bestimmte subjektive (Transzendenz-) Erfahrungen kennzeichnen.

Da ein allgemein akzeptierter, einheitlicher (Kompromiss-) Begriff kaum zu finden sein dürfte, erscheint es eher angebracht, verschiedene Aspekte zu nennen und zu beschreiben, die das Phänomen „Religion" kennzeichnen.

Phänomene, die „Religion“ kennzeichnen

Extension und Intension

Wie ist es möglich, das, was Menschen in ihrem tiefsten Inneren fühlen, hoffen, wünschen und wollen, was sie befürchten und was sie ängstigt, auf Grund bestimmter äußerlich feststellbarer Handlungen exakt zu definieren und zu kategorisieren? Auch eine nach außen hin bewundernswert erscheinende Menschenfreundlichkeit kann letztlich Ausdruck einer raffiniert getarnten Geltungssucht, einer gekonnt verschleierten Demagogie oder auch nur einer schlichten, unkritischen Anpassungsbereitschaft an das Milieu sein. Manche Ausdrucksformen von Religion, wie sie sich etwa in kriegerischen Auseinandersetzungen oder Glaubensstreitigkeiten zeigen, haben mit dem Wesen von Religion nichts zu tun. Da wird das öffentlich zur Schau gestellte Gebet zum Täuschungsmanöver gutgläubiger religiöser Menschen missbraucht; da wird Kirchlichkeit vorgegaukelt aus Angst vor dem Verlust oder als Mittel zur Erlangung eines Arbeitsplatzes; da wird der Gottesdienst besucht, weil der überaus starke Milieudruck kaum eine andere Wahl lässt; da werden Konfirmation, Erstkommunion oder kirchliche Eheschließung akzeptiert, um nicht einen heillosen Familienkrach und den Verlust längst einkalkulierter Geschenke zu riskieren; da wird mit großer Ausdrucksstärke von „Gott“ gesprochen, in Wirklichkeit aber nur die eigene Ideologie damit verbrämt und für potentielle Wähler oder Gefolgsleute attraktiv gemacht.

Wie aber soll sich die „Dimension der Intension“ empirisch messen lassen? Welche Kriterien sind geeignet, um festzustellen, dass die äußere religiöse Form auch wirklich den adäquaten Ausdruck einer verinnerlichten religiösen Norm bedeutet? Und wer garantiert eigentlich, ob jene Erzählungen, in denen Menschen früherer Generationen das Bewusstsein der radikalen Endlichkeit ihrer Existenz zum Ausdruck brachten, heute nicht vielleicht zu leeren Sprachhülsen, zu nichtssagendem Ritual, zu bloßer Konvention geworden sind? Sind wirklich die je konkreten Ausdrucksformen einer bestimmten Religion (wie etwa der christlichen) so zeitlos und so entwicklungsunabhängig, dass sie zu jeder Zeit von jeder Generation problemlos als gültiger Ausdruck ihrer Religiosität anerkannt werden können oder gar müssen?

Wesen und Unwesen

Schon 1952 hatte der damalige Freiburger Religionsphilosoph Bernhard Welte in einer (zeitbedingt!) leider wenig beachteten, aber selbst für die heutige Situation reichlich provokativen und durchaus aktuellen Schrift Überlegungen vorgestellt zur Unterscheidung von „wesentlicher" und „unwesentlicher" Religion.[175] Besonders bemerkens- und bedenkenswert sind die Charakteristika, mit denen Welte die „unwesentliche Religion" kennzeichnet:

- „eine eigentümliche Abstraktion und Ideologisierung des religiösen Mediums": „Die religiösen Vorstellungen, die religiösen Begriffe, die Kult- und Gemeinschaftsformen werden, isoliert gegen das wirklich Heilige, das zu vermitteln sie da sind, zu einer Sache in sich selber und zu einem geschlossenen Bereich, der nicht mehr über sich selbst hinausweist, ja dessen Übersichweisen ins Unaussprechliche nun gerade hintangehalten wird";[176]
- eine schwindende „Bedeutsamkeit der heiligen Wirklichkeit für uns selbst": „So wird am Ende in der abgesunkenen Gestalt von Religion nur noch darauf geachtet, dass etwa das Begriffs-System in sich in Ordnung sei, aber nicht mehr darauf, was es mich in Wirklichkeit angehe und wie es mich in Anspruch nehmen müsse; es wird darauf geachtet, dass die Gegenständlichkeit der Religion dasteht, dass der Kult abläuft, aber nicht, wie ich selbst in diese Welt in Wirklichkeit eintrete und in sie einbezogen werde. [...] Wir flüchten uns ins Schema und steigern uns selbstzerstörerisch mit Hilfe der Gebothaftigkeit der Religion in einer gefährliche Selbstmacht hinein";[177]
- eine Isolierung gegen die „welthaften Bereiche der Wirklichkeit": „Die religiöse Sphäre dieser Art steht ne-

ben der Welt, umgreift sie aber nicht und wird auch nicht von ihr umgriffen, sie verengt sich zu einem Sektor, zu einem bloßen Fach, und empfängt von daher etwas Sektenhaftes. Sie lebt sozusagen in der Retorte und wird von der Außenluft abgeschlossen. Da wir aber doch immer zugleich auch weltliche Menschen sind, so entsteht daraus immer eine gefährliche Zerspaltung unseres Bewusstseins in völlig getrennte Sphären, zwischen denen es nun eigentlich keinen Übergang und keinen natürlichen Zusammenhang mehr gibt."[178]

Diesen mehr negierenden Phänomenen stehen nach Welte eher affirmierende Erscheinungen kompensatorisch gegenüber:

- die „multiplakative und steigernde Wucherung der religiösen Medien" von der materialen Seite her,
- die eifernde „zelotische Anschärfung der Religiosität" von der Vollzugsseite her.[179]

Als charakteristische Beispiele nennt Welte:

- wuchernde Begrifflichkeit,
- quantitative Vermehrung in Ausbildung und Organisation des Kultes,
- Flucht nach innen bis hin zur Skrupulosität,
- Vervielfältigung sentimentaler Religiosität,
- Tendenz zur Steigerung,
- zelotische Anschärfung des Vollzugs.[180]

Es fällt nicht schwer, in den von Welte vor einem halben Jahrhundert als Ausdruck unwesentlicher Religion diagnostizierten Phänomenen auch eine große Anzahl von Erscheinungsformen heutiger „Religion" (wieder) zu erkennen. Die Restaurationsphase innerhalb der katholischen Kirche, die nach dem Zweiten Vatikanischen Konzil in die Wege geleitet wurde, begünstigte und begünstigt noch immer ihr Aufkommen und ihre Verbreitungschancen. Dazu kommt die allgemeine Orientierungslosigkeit und die Wertkrise, die viele verunsicherte Menschen nach einem sicheren Fundament Ausschau halten lässt, das ihnen in dem fest gefügten Ordnungs- und Uniformitätssystem, wie es die römisch-katholische Kirche zurzeit darstellt, am ehesten gegeben zu sein scheint.

So treffend Welte die „unwesentliche Religion" kennzeichnet, so sehr gerät allerdings auch er in erhebliche Schwierigkeiten bei dem anschließenden Versuch, die Merkmale der „wesentlichen Religion" zu beschreiben. Als „wesentlich" spricht er eine Religiosität an, die den Glauben ernst nimmt. „Am Glauben scheidet sich, vom Menschen her betrachtet, Wesen und Unwesen der Religion."[181] Mit dieser Antwort wird die Frage nach dem Wesen der Religion aber nur verlagert. Denn nun lautet sie eben: „Was ist das eigentlich – Glauben?" Für Welte heißt glauben: „*Ich: ganz ich selbst, lasse mich ganz* ein auf Gott selbst und sein Geheimnis."[182] Wichtig ist ihm dabei offenbar das individuelle Engagement, das persönliche Betroffensein. Diesen Aspekt bringt er an anderer Stelle noch deutlicher zum Ausdruck, wo er versucht, den Glauben zu klären mit Hilfe einer „Analyse der menschlichen Handlung".[183] Alles Handeln geschieht aus einem „ergriffenen Sein" heraus; denn „alles, was wir tun oder lassen, das ergreifen wir, weil es uns scheint, dass es einen Sinn habe. [...] Sinnvoll ist etwas, wenn es für uns gut ist: für die Befriedigung unserer Bedürfnisse, die Behebung unserer Not, die Befreiung unseres Geistes."[184] Solche Befriedigung erscheint umso sinnvoller, je mehr sie den Bezug auf ein „Größeres, Umfassenderes, Dauernderes" erkennen lässt. „Geht es mir, wenn ich horchend genug in mich hinein horche, nicht eigentlich immer um das Ganze dessen, was ich sein, bedeuten, gelten kann? [...] Nur wenn unser Dasein als ein Ganzes ist und als ein Ganzes Gehalt und Sinn haben kann, dann kann auch der Augenblick, das Einzelne ganz unser sein und vom eigentlichen Gehalte dessen, was wir sind, erfüllt."[185] Solcher Sinn des Ganzen ist nicht einfach nur vorhanden, er muss vielmehr „aktiv ergriffen werden und ist so erst für uns Sinn. [...] Wo kein Sinn mehr sichtbar wird, da kann kein Handeln, kein Selbstvollzug mehr sinnvoll werden, da kann der Mensch nicht mehr Mensch sein und sich nicht mehr vollziehen, da ist dem menschlichen Leben und Sein Atem und Seele entzogen."[186] „Wesentliche Religion" ist also nach Bernhard Welte das Ergriffensein von einem Sinn stiftenden und Sinn bietenden Geheimnis und das handlungsorientierte, aktive Ergreifen dieses Sinns mit dem Ziel einer Verwirklichung des als sinnvoll Erkannten im konkreten Alltag, in der vorgefundenen Situation, im eigenen Selbst.

Handlungsorientierung und „Fruchtbarkeit"

In der Handlungsorientierung ist ein zweites Merkmal von „Religion" zu gegeben. Nach Hans Waldenfels geben „alltägliche Sinnerfahrungen erlebter Treue und Redlichkeit, Liebe und Gerechtigkeit, Sympathie und Solidarität bis hin zur Freigebigkeit, Verzeihung und Feindesliebe. [...] Anlass zum Vertrauen, dass allem Geschehen letztendlich ein wohlwollendes Ordnungsgesetz zugrunde liegt".[187] Religion erscheint als „Hin-Ordnung" auf einen letzten und tiefsten Sinn-Grund alles Seins. Sie ist „Sehnsucht nach dem ganz Anderen" (Max Horkheimer).

Es ist nicht verwunderlich, wenn in einer leistungsorientierten Gesellschaft die Akzeptanz von Religion weitgehend – bewusst oder unbewusst – abhängig gemacht wird von dem, was diese Religion „leistet". Gefragt wird vor allem nach der identitätsstiftenden Funktion von Religion und nach ihrer Brauchbarkeit als Lebenshilfe. „Wenn Religion noch ernst genommen wird, so gilt sie als das, was Gesellschaft zusammenhält, ihr Integrationsprinzip. Oder als das, was ihr Identität verleiht, was für eine sich zusammengehörig fühlende Großgruppe von Menschen sozusagen den Sinn ihres Zusammenlebens symbolisiert oder was dem einzelnen die unvermeidbaren Leiden seines Lebens erträglich macht."[188]. Religion soll „lebensdienlich" sein (Hermann Lübbe).

Aktuelle Trends

Bis etwa zum Ende des letzten Jahrhunderts schien es so zu sein, dass besonders jüngere Menschen sich (wenn überhaupt) vor allem vom diakonischen Aspekt der Religion angezogen fühlten und die Echtheit religiöser Überzeugung daran maßen, was im Hinblick auf die Verwirklichung einer weltumspannenden Humanität von ihr „geleistet" wurde. Diakonie und Caritas standen hoch im Kurs und galten als Messlatte für die Akzeptanz einer Religion.

Heute scheint sich die Waagschale eher in Richtung Innerlichkeit und Selbsterfahrung zu neigen, von der Diakonia zur Liturgia, vom sozialen Dienst zum kultischen Event. Durchaus zu Recht wird gesagt, dass soziales Engagement nicht unbedingt den Glauben an Gott verlange; auch wer nicht an Gott glaubt, könne sich dauerhaft und mit ganzer Kraft „für die Befriedigung menschlicher Bedürfnisse, die Behebung menschlicher Not und für die Befreiung des Geistes" einsetzen. „Gott" als Motivationsfaktor für Humanität und soziales Engagement ist nicht (mehr) erforderlich.

Wenn „Religion" als Erfahrungsfeld für Gott ausfällt, bleibt dann überhaupt noch ein gangbarer „Weg" übrig?

IV. Versuche, die Existenz Gottes zu beweisen

„Es gibt einen Gott, es gibt keinen Gott.
Wo liegt das Problem?
Ich bin ganz überzeugt, dass es Gott gibt,
so wie ich auch ganz sicher bin, dass mein Leben keine Illusion ist.
Ich bin ganz sicher, dass es Gott nicht gibt,
in dem Sinne, dass es nichts gibt, was meinen Gedanken gleicht, wenn ich das Wort Gott ausspreche."
(Simone Weil[189])

Die Wirklichkeit Gottes wurde in den frühgeschichtlichen Mythen des Abendlandes in bildhaften Erzählungen bezeugt.

Der älteste Weg einer natürlichen Gotteserkenntnis ist wohl der über den Kosmos. Bereits die frühen griechischen Naturphilosophen schließen von der Harmonie und der Ordnung der Welt auf das welttranszendente Prinzip eines denkenden, vernünftigen und allmächtigen, aber unpersönlich gedachten Weltgeistes. Nicht durch Zufall, sondern durch ein Weltgesetz ist aus dem einen Urgrund die Vielfalt des Daseins entstanden: „Anfang und Ursprung aller Dinge ist das Apeiron (das Unbegrenzte). Das Apeiron ist ohne Alter. Das Apeiron ist ohne Tod und ohne Verderben" (Anaximander, ca. 611–545 v. Chr.).

Mit dem Aufkommen philosophischen Denkens suchte man das Göttliche auch argumentativ und rational zu begründen.

Aristoteles (384–322/1)

Einer der Ersten, der diesen Versuch wagte, war der griechische Philosoph Aristoteles. Er fordert als erste Wirkursache alles Seienden ein mit Vernunft und Erkenntnis ausgestattetes Wesen, welches selbst unveränderlich ist (actus purus) und unsere Welt des Werdens und Vergehens verursacht. Auch die Ordnung und Zielstrebigkeit (Teleologie) in der Welt ist für Aristoteles ein Hinweis auf Gott: „Wenn ein Seemann von weitem ein Schiff in den Hafen einlaufen sieht, vermutet er einen Steuermann auf ihm. So haben die, welche zuerst zum Himmel aufschauten und die Sonne sahen [...] und den wohlgeordneten Reigen der Sterne, einen Meister dieser herrlichen Weltordnung gesucht.“[190]

Aristoteles konstruiert einen „Gottesbeweis“ nach dem logischen Schlussverfahren (Syllogismus):

- Obersatz: Alles, was sich bewegt, wird notwendig von einem anderen bewegt (Bewegung = Übergang von der Potenz [Möglichkeit] zum Akt [Wirklichkeit]).
- Untersatz: Die Reihe der Bewegung kann nicht bis ins Unendliche fortgehen.
- Schluss: Es muss also einen ersten Beweger geben, der selbst unbewegt ist. Dieser ist der Welt transzendent und steht außerhalb von Raum und Zeit.

Anselm von Canterbury (1033–1109)

Die mittelalterliche Theologie erhob den Anspruch, dass es so etwas wie eine natürliche Gotteserkenntnis gibt. Man bemühte sich darum, den eigenen Glauben denkerisch zu rechtfertigen und zu begründen. „Fides quaerens intellectum“ – der Glaube sucht den Verstand –, so lautete das Anliegen frühchristlicher und mittelalterlicher Denker. Sie bemühten sich, kompetente neue und zeitgemäße Wege der Gottsuche und Gottbegegnung zu finden und vorzustellen.

Einer von ihnen hat auf das gesamte abendländische Bemühen, die Gottesfrage denkerisch zu bewältigen, besonders nachhaltigen Einfluss ausgeübt: Anselm von Canterbury (1033–1109). Er stammte aus Aosta/Piemont und wurde von König Wilhelm II. von England 1093 zum Erzbischof von Canterbury berufen.

Sein „ontologischer Gottesbeweis" (diese Bezeichnung stammt von Immanuel Kant) lautet in deutscher Übersetzung:

„Herr, der du dem Glauben Einsicht verleihst, gib mir also die Einsicht, so weit du sie mir schenken kannst, dass du bist, wie wir glauben, und dass du so bist, wie wir dich glauben. Wir glauben aber, dass du das Größte bist, was gedacht werden kann. Oder sollte es etwa kein Wesen dieser Art geben, da der Tor in seinem Herzen spricht, es gibt keinen Gott? Aber gewiss ist, dass auch der Tor beim Anhören dieser meiner Worte sich unter dem Größten, was gedacht werden kann, etwas denkt, wenn er es hört. Und das, was er denkt, ist in seinem Intellekt auch dann, wenn er nicht einsieht, dass es existiert. Denn freilich ist es etwas anderes, dass etwas im Intellekt vorhanden sei, und etwas anderes die Einsicht, dass dasselbe in Wirklichkeit existiere. Denn wenn ein Maler überlegt, was er tun will, so hat er das Bild im Intellekt, aber er weiß auch, dass das Bild noch nicht existiert, das er noch nicht gemalt hat. Nachdem er es aber gemalt hat, hat er es im Intellekt und weiß auch, dass das Bild existiert, welches er gemalt hat. Auch der Tor also ist genötigt einzugestehen, dass wenigstens in seinem Intellekt das Größte, was gedacht werden kann, vorhanden ist; denn wenn er dieses hört, so versteht er es; was aber verstanden wird, ist im Intellekt vorhanden.

Nun kann aber sicherlich das Größte, das überhaupt denkbar ist, nicht allein im Intellekt sein (non potest esse in intellectu solo); denn wenn es allein im Intellekt wäre, so könnte noch hinzugedacht werden, dass es auch in Wirklichkeit existierte; das wäre noch größer. Wenn also das Größte, das denkbar ist, im Intellekt allein existiert, so wäre noch etwas Größeres denkbar als das Größte, das denkbar ist. Das ist aber sicher nicht möglich. Also exis-

tiert zweifellos das Größte, das gedacht werden kann, sowohl im Intellekt als auch in Wirklichkeit (et in intellectu et in re). Es existiert nun so wirklich, dass es als nichtseiend gar nicht gedacht werden kann. Denn es ist ein Sein denkbar, das als Nichtsein undenkbar ist; und das ist größer als das, was man als Nichtsein denken kann. Wenn darum das Größte, das denkbar ist, als nichtseiend gedacht werden könnte, dann wäre wiederum das größte Denkbare nicht das Größte, das man denken kann; und das kann nicht sein. So gibt es also wirklich etwas so Großes, dass nichts Größeres gedacht werden kann (quo majus cogitari non potest), ja, dass es überhaupt nicht als Nichtsein gedacht werden kann: und das bist du, Herr unser Gott!" (Proslogion, Kap. 2 und 3).

Um Form und Intention des „Beweises" verstehen und würdigen zu können, ist zu beachten:

- Anselm leitet seine philosophischen Darlegungen mit einem Gebet ein, in dem er Gott um Einsicht bittet. Gott ist für ihn gewiss. Was für Anselm aber feste Glaubensüberzeugung bedeutet, sucht er mit seinem Verstand vor sich zu begründen. Es handelt sich also nicht um einen philosophischen Kurzschluss, der das Vorausgesetzte nachträglich erst beweisen möchte. Anselm geht es vielmehr darum, ein Argument für das Dasein Gottes im rein philosophischen Bereich zu erarbeiten, das auch den „Toren", d. h. den Ungläubigen, wenn schon nicht überzeugen, so doch zumindest beeindrucken kann.
- Anselm will einen „Beweis" führen, der so wenig wie möglich voraussetzt.
- Er will aus einem *einzigen* „Beweis" eine umfassende Gotteslehre ableiten.
- Der (nach Anselms Ansicht) beweiskräftige Gedanke lautet: „Gott ist etwas, zu dem nichts Größeres *denkbar* ist" (quo majus cogitari non potest). Immerhin spricht für die philosophische Sauberkeit seiner Position, dass Anselm sagt: „... nichts Größeres *denkbar*", nicht aber: „... nichts Größeres *ist*".

- Erst danach setzt Anselm als typisch platonisch-augustinischer Realist und als gläubiger Philosoph zum Überschritt vom Denken zur Wirklichkeit an, vom Begriff Gottes im menschlichen Intellekt zur Existenz Gottes als vom menschlichen Denken unabhängiger Wirklichkeit. Gott ist das Größte, das gedacht werden kann im Intellekt *wie auch in der Wirklichkeit* (et in intellectu et in re).

Anselm wurde und wird zu Recht der Vorwurf gemacht, dass selbst aus dem höchsten und größten denkbaren *Begriff* nicht notwendig dessen *Wirklichkeit* folgen muss. Dennoch geht vom „ontologischen Gottesbeweis“ eine gewisse Faszination aus. Hans Küng fragt: „Soll es nur Flüchtiges ohne alle Notwendigkeit geben? […] Macht nicht der Gedanke eines Wesens, das größer gar nicht gedacht werden kann, das in aller Flüchtigkeit das schlechthin Notwendige ist, deutlich, dass es hier um die Erkenntnis eines ganz Anderen geht?“[191]

Thomas von Aquin (1224–1274)

Einen anderen Weg schlägt Thomas von Aquin ein. Er geht von der Überzeugung aus, dass die Gottes- oder Transzendenzerfahrung letztlich einen Rückhalt in der empirischen Wirklichkeit habe. Er setzt also nicht wie Anselm beim Denken als solchem an, sondern bei der Beobachtung innerweltlicher Realitäten, deren Abläufe und Gesetzmäßigkeiten er dann bis auf den letztmöglichen Ausgangspunkt hin denkerisch hinterfragt. Thomas selbst bezeichnet seine Überlegungen als „Wege“. Er glaubt, die Menschen müssten eigentlich selbst darauf kommen, dass alles irgendeine letzte Ursache haben müsse, wenn man nur lange genug darüber nachdächte. Es sei zumindest nicht abwegig, „hinter“ allem einen sinnstiftenden Urgedanken oder einen göttlichen „Logos“ am Werk zu sehen.

Der Gedankengang aller „fünf Wege“ des Thomas von Aquin ist gleich:

- Der erste Weg geht von der Bewegung aus: Alles Bewegte wird von einem anderen bewegt. Am Anfang aller Bewegung steht ein erster unbewegter Beweger.
- Der zweite Weg geht von der erfahrbaren Ursachenverknüpfung aus: Alles, was geschieht, hat eine Ursache. Am Anfang steht eine Ursache, die selbst nicht mehr verursacht ist.
- Der dritte Weg geht aus vom Unterschied des bloß möglichen zum notwendigen Sein: Allem Erfahrbaren kommt das Sein nicht notwendig zu; das setzt ein Notwendiges als Anfang voraus.
- Der vierte Weg geht aus von den Gradunterschieden in den Dingen: Alle besitzen eine nur teilweise Vollkommenheit. Erst bei weiterem Zurückgehen stößt man auf das vollkommene Ganze.
- Der fünfte Weg geht von der Zielgerichtetheit der Dinge aus: Alle Ordnung muss einen letzten Grund haben.[192]

Man hat Thomas wegen der Form dieser „Wege“ vorgeworfen, er sei ein Intellektualist, der Gott vor allem mit dem Verstand, weniger aber mit dem Herzen suche. Das mag hinsichtlich der reichlich formalen Konstruktionsweise seiner „Wege“ zutreffen. Freilich ist zu bedenken, dass Thomas sich zu diesem Aufweis Gottes aus der Vernunft vor allem genötigt sah durch die Herausforderung der zu seiner Zeit stark aufkommenden arabischen Philosophie griechischer Prägung (Averroes von Cordoba, 1126–1198).

Zwischenbilanz: Was beweisen die „Gottesbeweise“?

Hans Küng, der in seinem monumentalen Werk „Existiert Gott?“ die klassischen „Gottesbeweise“ ausführlich referiert und würdigt, kommt zu folgendem Ergebnis:

- „Gott kann nicht wie ein uns vorgegebenes Gegenständliches erkannt werden. Es kann nicht allgemein überzeugend bewiesen werden, dass Gott existiert. Es kann aber noch weniger allgemein überzeugend bewiesen werden, dass Gott nicht existiert. Für die reine Vernunft, die nach Beweisen verlangt, scheint Gott nicht mehr als eine Idee ohne Realität, ein Gedanke ohne Wirklichkeit zu sein.

- Unmöglich erscheint also eine deduktive Ableitung Gottes aus dieser erfahrenen Wirklichkeit von Welt und Mensch durch die theoretische Vernunft, um seine Wirklichkeit in logischen Schlussfolgerungen zu demonstrieren.
- Nicht unmöglich erscheint hingegen eine induktive Anleitung, welche die einem jeden zugängliche Erfahrung der fraglichen Wirklichkeit auszuleuchten versucht, um so – gleichsam auf der Linie der praktischen Vernunft, des ‚Sollens', besser des ‚ganzen Menschen' – den denkenden und handelnden Menschen vor eine rational verantwortbare Entscheidung zu stellen, die über die reine Vernunft hinaus den ganzen Menschen beansprucht.

Also – so soll der letzte Satz erläutert werden – keine rein theoretische, sondern eine durchaus praktische, ‚existentielle', ganzheitliche Aufgabe der Vernunft, des vernünftigen Menschen: eine die konkrete Erfahrung der Wirklichkeit begleitende, aufschlüsselnde, ausleuchtende, nachdenkliche Reflexion mit praktischer Absicht."[193]

Der Psychoanalytiker Albert Görres sieht es ähnlich. Ihm helfe die Auskunft, die Existenz Gottes sei nicht zwingend zu beweisen, „keinen Schritt weiter. Auch ein wahrscheinlicher Gott würde mich verpflichten – ja auch ein unwahrscheinlicher könnte oder sollte noch auf das Wort zuverlässiger Zeugen geglaubt werden, wenn es Menschen gäbe, die ihn in einer wirklichen Erfahrung von Angesicht gesehen haben; mit Augen des Geistes, die mir fehlen. Oft genug ist das Unwahrscheinliche das Wahre. Sollte die Gottheit gegenüber dem verfügenden Zugriff meines Verstandes ebenso auf Verborgenheit bestehen, wie sie meinen Sinnen unzugänglich ist, dann hätte ich immer noch Grund genug, eine verborgene Gottheit anzubeten. Das

‚Adoro te devote' ist ein dem menschlichen Geist sehr angemessenes Gebet: In Demut bet ich dich, verborgene Gottheit an."[194]

Nachdenken über das Sein

Karl Jaspers

Der Philosoph Karl Jaspers (1883–1969) glaubt, dass die Gottesfrage – oder, wie er es nennt: die Frage nach der Transzendenz – in bestimmten „Grenzsituationen" des menschlichen Lebens (Lebensgefahr, schwere Krankheit, Tod eines geliebten Menschen) virulent wird. Solche Erfahrungen seien geeignet, dem Leben des Einzelnen eine entscheidende Wende zu geben. Das Leben erscheint dem Betroffenen wie neu geschenkt. Manche bezeichnen diese ihre Erfahrung deshalb als „Wiedergeburt". Die Existenz wird aus dem puren Vorhandensein, aus dem mehr oder weniger dahinvegetierenden einfachen Da-Sein herausgerissen. Man glaubt plötzlich, im Leben so etwas wie Sinnhaftigkeit entdecken zu können.

Derartige Grenzsituationen lassen das „Leben der Sinnlosigkeit" zu etwas Sinnerfülltem werden: „Der Mensch sagt zu sich: Es ist nicht Nichts. [...] Ich kann nicht umsonst, nicht für Nichts in dieses Dasein gelangt sein."[195] Er erlebt eine „existentielle Erhellung". Er überschreitet die Vorstellungen und Begriffe („*Chiffern*", wie Jaspers sie nennt), die ihm bisher den Blick auf das Eigentliche und Letzte versperrten. Ihm wird plötzlich bewusst: „Alles, was ist, ist Verschleierung. Das Wissen in der Welt, von Gegenständen in der Welt, im zweckhaften Handeln, ist gerade Unwissen, ist der Schleier der Maya. Was von unserem Dasein her gesehen Nichts ist, das ist selber die Wahrheit und die Fülle. Alles Erkennen, zumal auch das wissenschaftliche Erkennen unserer Zeiten, ist ein Erkennen des Scheins, selber zum Schein gehörend, im Kreise des Scheins gefangen. Durch gegenständliche Helligkeit und rationale Klarheit verstärkt sich nur die Verschleierung."[196]

Diese Erkenntnis, so Jaspers, „verlangt ein anderes Denken, das die Verschleierung durchbricht".[197] Wer dieses „andere Denken" wagt, „erfährt von dorther eine mächtige, lautlose Anziehungskraft. Er schweigt zunächst, aber er kann nicht schweigen. Denn er will sich klar werden und noch das Schweigen klären, auch wenn dieses sich nach jeder Klärung neu wiederherstellt. [...] Das Denken, das es verliert, ist das gegenständliche Denken, ist das Denken am Leitfaden von Vorstellungen und Bildern, das Denken in Bestimmbarkeiten, das heißt in Begriffen, das Denken in Chiffern. [...] Ihm brechen Gedanken und Gegenstände zusammen. Sie werden ihm zu nichts, aber so, dass dadurch in dem Denkenden gegenwärtig wird, was eigentlich und wesentlich und durch sich selbst ist, was nicht für anderes und nicht für uns als ein Gedachtes ist."[198]

Jaspers erinnert hier an die asiatische Philosophie, die diese Erfahrung als, wie er es nennt, „Leerheit" bezeichnet. Jaspers hätte hier auch gut auf Meister Eckhart hinweisen können, der in seinen Schriften immer wieder davon spricht, dass der Gottsucher sich „leer" machen muss von aller theologischen Begrifflichkeit, ja dass er seines eigenen Gottes – als Denkvorstellung – „quitt" werden muss.[199]

Jaspers fragt nun: „Ist es in unserem hellen Bewusstsein auf dem Wege über das Denken möglich, dass von dorther, wo ‚Nichts' ist, das Sein ist, unser Dasein in ein anderes Licht gerückt und dass unsere Freiheit, im Raum der Welt und der Sprache der Chiffern, über sie hinaus erfüllt wird?"[200] Der Mensch, so Jaspers weiter, gelangt auf diese Weise zu einem Denken, das „eigentlich kein Denken mehr zu sein scheint, da es nichts erkennt. [...] Jenseits aller Chiffern und Kategorien steht die Transzendenz – und dieses Wort Transzendenz ist als Bezeichnung schon wieder unangemessen. Es besagt das Hinausgehen über alle Gegenstände und alle Chiffern, das Überschreiten, das Übersteigen, meint aber nicht den Überschritt, den Überstieg, sondern das, wohin er gelangt und was gerade nicht mehr in der Aussage zu treffen ist."[201]

Jaspers hütet sich, diese „Transzendenz" mit Gott gleichzusetzen. Denn genau das wäre ja, weil begriffliche

Chiffrierung, schon wieder „Verschleierung“. Dass Jaspers aber tatsächlich „Gott“ meint, bringt er indirekt mit dem Zitat eines „großen modernen Humanisten“ (Ludwig Curtius): zum Ausdruck: „Ich weiß nichts von Gott, ja ich kann nicht einmal von ihm aussagen, dass er ist, und dennoch fühle ich mich unaufhörlich in ihm geborgen.“[202]

Bernhard Welte

Einen Versuch, die „ganzheitliche Aufgabe der Vernunft“ zu leisten, hat der Religionsphilosoph Bernhard Welte (1906–1983), ein Freund des Philosophen Martin Heidegger, vorgelegt. In fünf Stufen skizziert er Möglichkeiten einer philosophischen Gotteserkenntnis angesichts des Atheismus:[203]

„1. Auf der ersten Stufe betrachten wir das, was sich uns in unserem Dasein in der Welt als Nächstes darbietet, d. h. als unmittelbar sich Bezeugendes [...] – vielerlei Gestalten und Bilder, dazu das, was wir selber sind inmitten der vielen Bilder und Gestalten. [...] Diese unsere Welt zeigt in jedem einzelnen Punkt, ebenso wie im Ganzen, einen zunächst unscheinbaren, aber für alles weitere entscheidenden Grundzug: [...] Das in unserer Welt uns Erscheinende zeigt sich überall als eines, das ist. Es ist der Himmel und es ist der Strauch, es sind die Mitmenschen, die nahen und die fernen. In diesem, was das Wort ‚ist‘ sagt, scheint alles Seiende unserer Umwelt überein zu kommen.“ Grundlegend ist also zunächst einmal die Beobachtung, dass es in dieser Welt „etwas“ gibt, dass „etwas“ da ist.

„2. Auf dieser ersten Stufe [...] bleibt nun weder unsere Welt noch unser Denken und der Umgang mit ihr stehen. Vielmehr bricht aus dem Ursprung unseres Daseins eine charakteristische Unruhe auf und aus dieser Unruhe eine Bewegung. Wir können sie fassen als die Bewegung des Fragens (von uns aus gesehen) oder als die Bewegung des Fragwürdigwerdens (von unserer Welt her gesehen). [...] Es zeichnet den Menschen unter allen Wesen, die wir kennen, aus, dass ihm das Seiende [...] zum Fragwürdigen und Fragebedürftigen und also Fraglichen wird und ihn zur Frage herausfordert. Die Frage kann im einzelnen verschieden lauten. Was ist es um dieses, dass das so ist? Was darum, dass es so steht mit mir? Warum so? Wozu so? usw. Wir können uns für unsere Überlegung an die wichtigste dieser Fragen halten, an die, die ‚Warum' fragt: […] Warum ist das so?" In dieser Warum-Frage, so meint Welte, offenbart sich schon das menschliche Verlangen, den Dingen auf den Grund zu gehen und nach ihrer letzten Begründbarkeit fragen.

„3. Jedes Warum, das erklärt werden konnte, ruft neue Rätsel und neue Fragen auf, in der Natur wie in der Geschichte, und es sieht so aus, als ob des Fragens kein Ende sei. […] Je mehr sich die Front der Wissenschaft gegen das nicht Gewusste, das wir wissen möchten und sollten, vorschiebt, je mehr und je erstaunlichere Antworten sie gewinnt: desto mehr und desto größere und schwerer wiegende Fragen werden möglich."

Auf einer 4. Stufe, so Welte, „beginnen wir einzusehen, dass unser Fragen in dieser Form an kein Ende kommen kann". Es tritt ein „Umschlag des Fragens" ein. Wir erkennen, „dass nun nicht mehr dies und jenes Einzelne fraglich ist, vielmehr alles in einem". Die Frage lautet jetzt: „Hat überhaupt *alles*, was ist, einen Sinn und einen Grund?" und „Habe ich selbst einen Sinn, einen Grund?" Die Frage wird nun zu einer *totalen* Frage, insofern sie nach dem Ganzen fragt.

Damit ist die 5. Stufe erreicht: Das Denken „gelangt über alles das hinaus, was ‚ist', denn nun fragt das Dasein ja gerade danach, warum überhaupt etwas ist. […] Damit aber gelangt das Denken in einen Raum, in dem es keinerlei Anhalt mehr finden kann. Das Denken kann sich nur halten an etwas, das ist, es kann sich fassen an dem Gedanken, dies ist so oder so, also an einer fasslichen Bestimmung. Wo aber alles ‚ist' und damit auch alle Bestimmung entfällt, da entfällt für das Denken aller Halt. […] Es ist, als fiele es in einen Brunnen, der keinen Boden hat, man kann in ihn immer weiter fallen. Das Dasein gelangt und fällt ins Unendliche. […] Das Denken, das im Ernst in die Frage eintritt, was ist es mit dem, dass überhaupt etwas ist, betritt das Unendliche als das Unausdenkliche und Unaussprechliche. In diesem Sinne ist das Denken an das ihm Fernste und Entlegenste gekommen. Aber das Fernste und Entlegenste scheint andererseits zugleich auch sein Innerstes und Anfänglichstes und in diesem Sinn sein Nächstes zu sein. [...] Hätte das Denken sich überhaupt je auf den Weg des Denkens, d. h. des Fragens gemacht und hätte es dann diese Fragen immer wieder und immer wieder von neuem gestellt, wenn nicht dieses Unfassliche, das über allem Seienden liegt, immer schon es gerufen hätte, und wenn das Denken nicht immer schon insgeheim damit vertraut gewesen wäre und also gewusst hätte, wonach zu fragen sei? Das Äußerste des Denkens ist auch sein Innerstes und Anfänglichstes, weil alles erst in Bewegung Setzendes."

Bewusst geht Welte mit seinem Fragen und Denken nicht mehr weiter. Denn er möchte nur „so etwas wie einen ersten Umriss des Umrisslosen" aufzeigen. Einen „Umriss dessen, was in der Sprache der Religion der lebendige Gott genannt wird".

Vielleicht geht Welte mit seinem „Versuch" aber trotzdem zu weit. Denn er setzt ja (wie Aristoteles und Thomas von Aquin) voraus, dass die Wirklichkeit Gottes, das „Fernste und Entlegenste", mit der Wirklichkeit der Welt oder des Menschseins in einer unlösbaren Verbindung steht. Dass unser Fragen eine Antwort erhalten kann, wenn es nur weit genug vorangetrieben wird. Nur auf der Basis dieser Voraussetzung lassen sich die *„Gottesaufweise"* führen, lässt sich „Gott" denkerisch erreichen.

Aber gerade diese Voraussetzung, dass die Wirklichkeit der Welt oder des Menschseins mit „Gott" verbunden sei, erscheint vielen heute als fraglich. Es ist eben keineswegs selbstverständlich, dass die von uns erfahrbare und durchdenkbare Welt gottverbunden oder von Gott gewirkt sei. Es wird nicht bezweifelt, ob diese Welt, wie sie ist und wie sie uns erfahrbar wird, tatsächlich „aus Gott" und damit „Gottes Welt" sei. Ist sie nicht aus dem Chaos entstanden? Ist wirklich so etwas wie ein letzter Sinn in allem zu erkennen, der vermuten lässt, dass hinter allem ein weiser Plan liegt? Läuft das Nachdenken darüber nicht eher ins

Leere? Stößt es nicht eher auf Verwirrung, auf Ungereimtheit, auf Ziellosigkeit?

Wer die Nicht-Existenz Gottes behauptet, weist darauf hin, dass diese Welt nicht heil, sondern zerbrochen und zerrissen, also letztlich und endlich gottlos und gottverlassen ist. Dass die Menschen nicht von Gottes Antwort und Zuwendung gehalten werden. Der Blick auf diese unsere Welt offenbart nicht nur Sinn, sondern auch Sinnlosigkeit; nicht nur Kosmos, sondern auch Chaos; nicht nur Heil, sondern auch Heillosigkeit. Solange diese Welt so ist, wie sie ist, lässt sich kein „Gott" aus ihr aufweisen und wird auch kein Denken mehr oder minder notwendig bei einem „Gott" landen.

Hans Jonas

Auch der jüdische Philosoph Hans Jonas (1903–1993) fragt nach dem Grund des Seins. In seinem Buch „Materie, Geist und Schöpfung" legt er einen, wie er immerhin selbst zugesteht, „wahrscheinlich irrenden Versuch"[204] vor, „den letzten Gründen und den ersten Ursachen auf die Spur zu kommen".

Jonas geht von der ihm als gesichert erscheinenden Annahme aus, dass bereits beim Hervorgang des Lebens aus der Weltmaterie die Charakteristika des Lebens – Subjektivität, Interesse und Verfolgen von Zielen – dem Wesen dieses „Weltstoffs" nicht völlig fremd gewesen sein können: „Schon der im Urknall sich bildenden Materie muss die Möglichkeit zu Subjektivität beigewohnt haben – Innendimension in Latenz, die auf ihre kosmisch-äußere Gelegenheit zum Manifestwerden wartete." Er fragt sich dann, ob das auch für das Phänomen „Geist" gelten könnte. Wenn ja, dann müsste diese „erste Ursache" ebenfalls „im Schoß aller Dinge" liegen. Denn etwas, das weniger als Geist ist, kann nicht die Ursache des Geistes sein. Zwar kann der menschliche Geist ohne die Materie, ohne das Gehirn, nichts vollbringen. Aber diese Gehirn-Materie schafft es – in völligem Gegensatz zu anderer Materie, wie etwa beim Stein oder bei der Pflanze –, über sich hinaus zu fragen, wenn auch nicht schon im Stadium des Embryos. „Im Embryo", so Jonas, „bildet sich das Gehirn, der künftige physische Träger eines Geistes, unter der alleinigen physiko-chemischen Direktion des Genoms, einer puren Stoffanordnung im Keime, die gänzlich unwissend die ‚Information' für den Werdeprozess enthält und ebenso unwissend ihr Werk tut: Es geht ganz ohne Geist dabei zu." Aber wer weckt den „schlafenden Geist" im materiellen Gehirn? So fragt Jonas weiter. Und seine Antwort lautet: Dafür kann als schöpferische Erstursache „nur wacher Geist" in Frage kommen. Die Erkenntnis, dass „potentieller Geist" nur durch „aktuellen Geist" verursacht werden kann, veranlasst Jonas zum „Postulat eines Geisthaften, Denkenden, Transzendenten, Überzeitlichen am Ursprung der Dinge".

Jonas rechnet mit dem Vorwurf, er betreibe hier einen unhaltbaren Anthropomorphismus und Anthropozentrismus. Dagegen stellt er Frage: „Wovon sollen wir denn extrapolieren? Von Rindern und Eulen, Schlangen und Affen?" Dann würde man eben anstatt des Anthropo-Morphismus einem noch weit weniger akzeptablen Zoo-Morphismus das Wort reden. Und gegenüber dem Vorwurf des Anthropozentrismus verteidigt er sich mit dem Argument: „Selbstverständlich vom Höchsten [also vom Menschen, N. S.], das sich im Sein zeigt, müssen wir ausgehen, um uns einen Begriff vom Göttlichen zu bilden, und der Geist in uns ist das Höchste, was uns im Universum bekannt ist."

Jonas spekuliert nun weiter darüber, in welcher Weise der schöpferische Geist die „Sache des menschlichen Geistes dem anfänglich geistlosen Weltstoff wohl anvertraut haben könnte".[205] Und er kommt zu dem Schluss: Der Geist überließ „sich und sein Schicksal dem Treiben des ins Außen Explodierenden und damit den bloßen Chancen der darin beschlossenen *Möglichkeiten* unter den Bedingungen von Raum und Zeit". Vermutlich geschah das, „weil nur im endlosen Spiel des Endlichen, in der Unerschöpflichkeit des Zufalls, in den Überraschungen des Ungeplanten *und* in der Bedrängnis durch die Sterblichkeit der Geist sich selbst im Mannigfaltigen seiner Möglichkeiten erfahren kann und dass die Gottheit dies wollte. Dafür musste sie dann auf die eigene Macht verzichten."[206] Aus diesem Machtverzicht, dieser „Selbstentäußerung" der Gottheit ergeben sich für den erkennenden und frei handelnden Menschen ethische Konsequenzen. Für Jonas steht fest, „dass in unsere unsteten Hände, jedenfalls in diesem irdischen Winkel des Alls, das Schicksal des göttlichen Abenteuers gelegt ist und auf unseren Schultern die Verantwortung dafür ruht".[207] Er sieht darin geradezu eine „kosmische Pflicht".[208]

In einer kritischen Würdigung dieses „noologischen Gottesbeweises" (Walther Christoph Zimmerli[209]) meint Thomas Schieder, dass damit der evolutive Weltprozess letztlich als Werdeprozess der Gottheit verstanden wird. „In der Konsequenz dieses Ansatzes liegt es nun freilich, dass der Mensch in gewissem Sinne ‚vergöttlicht' wird, insofern er wegen seiner Begabung mit Geist und Freiheit den ‚Ort' darstellt, an dem die Transzendenz wieder vollständig zu sich kommt, und weil er gerade wegen dieses Freiheitsbesitzes und der uranfänglich vollzogenen radikalen Selbstentäußerung des Schöpfers die Macht hat, dessen Weltabenteuer gelingen oder scheitern zu lassen und damit im Grunde an der Stelle Gottes steht. Gott kommt also im Menschen in gewisser Weise zu sich selbst und ist gleichzeitig von ihm abhängig!"[210]

Nachdenken über die Mitmenschlichkeit

Jörg Splett

Der Philosoph Jörg Splett sieht den menschlichen Lebensvollzug gekennzeichnet durch unbegrenzte Offenheit und Freiheit in der Erkenntnis und im Streben.[211] Zugleich erfährt sich der Mensch in Pflicht genommen und zur Verantwortung gerufen. Dies gründet in dem Anspruch auch des anderen Menschen auf sein Dasein und Sosein. Diese sittliche Verpflichtung verwirklicht sich in der Mitmenschlichkeit, die gerade dort einen umfassenden Sinn voraussetzt, wo sie tätig protestiert gegen jede Form von „himmelschreiender" Ungerechtigkeit und von willkürlicher Begrenzung. Dieser Protest wiederum ist letztlich nur einsichtig zu machen mit dem Gedanken und der vertrauensvollen Annahme, dass die Wirklichkeit letztlich gut und geordnet ist.

Dieser „Gottesbeweis Mitmenschlichkeit" konkretisiert den menschlichen Freiheitsvollzug hinsichtlich seiner Verpflichtung zur unbedingten Achtung des begegnenden Mitmenschen in seinem Eigensein. Die Annahme des anderen um seiner selbst willen, nicht im Blick auf seine Dienlichkeit und Nützlichkeit, bildet den Kern der mitmenschlichen Liebe. Dieser Anspruch kann, so glaubt Splett, seinen unbedingten Charakter letztlich nicht aus sich selbst haben. „In der Mitte des Anspruchs zeigt sich das Gute und in dessen ansprechenden Gutheit schließlich der Gute. [...] Ein unbedingtes Ja zu einem anerkannt bedingten Menschen lässt sich verantwortbar nur durch Berufung auf ein (unbedingtes) Ja zu ihm verantworten, das nicht von einem bedürftigen oder launischen Ich oder einer Gemeinschaft solcher Subjekte, sondern von einer absoluten Freiheits- und Person-Wirklichkeit gesagt worden ist. Das heißt, wenn man zu einem Menschen nicht nach seinem Maß, sondern unbedingt soll verantwortbar Ja sagen können – und eben dies ist die Forderung des kategorischen Imperativs –, dann muss das Maß dieses Ja die unbedingte Bejahung des Schöpfers sein, aus der jener Mensch ist und sein soll, der er ist. – Das Ja zu einem Menschen ist als unbedingtes ein Mitsprechen von Gottes Ja zu ihm."[212]

Sinnanspruch trotz radikaler Fraglichkeit der Wirklichkeit und Liebe trotz der vielen Formen der Antizipation des Todes mitten im Leben setzen als Bedingung ihrer Möglichkeit die Existenz eines letzten Sinngrundes voraus, auf den die Menschen in ihrem Daseinsvollzug immer schon vertrauen.

Der Mensch erfährt sich selbst als ein stets sehnsüchtig Suchender und auf endgültige Erfüllung seiner Wünsche Hoffender. Alle vorläufigen Welt-Ziele können den menschlichen Daseinshunger nur für eine begrenzte Zeitspanne stillen. Dies, so darf gefolgert werden, lässt sich nur erklären in der Annahme, dass dem menschlichen Willen ein Zielentwurf vorgegeben ist, aufgrund dessen er sich nicht zufrieden gibt mit Vorläufigem und Vordergründigem. Der Wille ist letztlich nicht auf etwas Einzelnes gerichtet, sondern auf ein Endziel, das Gute schlechthin. Dieses Zielprinzip kann selbst nicht endlich sein, sonst könnte es den *un*endlich offenen Willen nicht erfüllen. Das immer schon vorausgesetzte Ziel unseres Strebens muss daher Welt überschreitend, welttranszendent gedacht werden.

Das transzendental-anthropologische Argument setzt bei der Wirklichkeit des unzweifelhaft Existierenden an, beim Menschen in seiner Menschlichkeit. Es macht aufmerksam auf ein in unserem Streben immer schon miterfahrenes letztes Woraufhin, das als Möglichkeitsbedingung notwendig existent sein muss.

Gott erweist sich als die Bedingung der Möglichkeit der menschlichen Freiheit, der sittlichen Verpflichtung, der mitmenschlichen Liebe und des Vertrauens in die Sinnhaftigkeit der Wirklichkeit, insbesondere des eigenen Daseins trotz aller Todesbedrohung. Was wir „Gott" nennen, gibt sich auf diese Weise zu erkennen als unbedingte Freiheit, Liebe, personale Zuwendung, als Sinn an sich: als der lebendige, Leben ermöglichende Grund der Wirklichkeit.

Gotthold Hasenhüttl sieht in diesem Ansatz, „in der Verbindung der Gotteserfahrung mit der Ethik, mit dem Gefordert-Sein des Menschen [...] eine unumstrittene Gedankenlinie. Gefordert ist der Mensch im Heute für die Zukunft. [...] ‚Heute' meint jedoch nicht Zeitlosigkeit, sondern ein je neues Ereignis, das den Menschen herausfordert. Daher ist der christliche Gott auch nicht ein zeitlos-ewiger, sich ereignender Gott, sondern mit konkreter Vergangenheit und Zukunft in der Gegenwart verknüpft und schließt somit Verantwortung, Verpflichtung, Forderung mit ein."[213]

Franz-Josef Trost

Einen ähnlichen Weg geht auch der Journalist und Theologe Franz-Josef Trost, der mir seine Überlegungen, die er an einen Freund schickte, freundlicherweise zur Verfügung stellte.

„Ich habe von der Aussage des alten Sokrates ‚Ich weiß, dass ich nichts weiß' zumindest gelernt, dass ich nicht weiß, ob Gott ist oder nicht ist, erst recht nicht, wer er möglicherweise ist, ob er wirkt oder nicht wirkt, ob er sich offenbart hat oder nicht usw. Ich bin weder Atheist noch Theist, eher schon ein suchender Agnostiker. Ich suche aber nicht danach, herauszufinden, ob und wer Gott ist, sondern betrachte dies als ein Geheimnis, das ich selbst nicht lüften kann. Dennoch bin ich auf der Suche nach einer Antwort, die mich erfüllt, die aber nicht Antwort für andere Suchende sein muss. Dabei gehe ich weder vom Wissen noch vom Glauben aus.

‚Aber wovon denn?', wirst du fragen.

Mein Ansatzpunkt ist ein anderer. Ich vertraue Gott, weil er mir Grund ist. Wie das, wirst Du neugierig fragen. Doch lassen wir Gott vorerst noch einen Moment beiseite. Ich will zunächst von der Erfahrung meines Vertrauens ausgehen. Wenn ich kein Vertrauen haben könnte, dann könnte ich auch nicht leben. Vertrauen betrachte und erfahre ich als die Grundlage meines Lebens. Das finde ich bereits vor bei meinen tierischen Vorfahren; ohne Vertrauen wären z. B. Tierkinder dem sicheren Verderben ausgeliefert. So ist auch mein Leben ohne Vertrauen nicht möglich. Wenn ich nämlich mir selbst nicht vertraute, mir nichts zutraute, dann wäre ich nicht lebensfähig; und wenn ich zur Natur kein Vertrauen hätte, dann müsste ich auf ihr Nahrungsangebot und auf all das Lebensnotwendige und auch Schöne verzichten, das sie mir bietet; schließlich, wenn ich meinem Mitmenschen kein Vertrauen entgegenbrächte, dann könnte ich keine Beziehung zu ihm aufnehmen und wäre unfähig, ihn jemals zu lieben. Vertrauen ist meine Lebensgrundlage; ohne Vertrauen wäre meine Existenz gefährdet.

Was aber ist, wenn mein Vertrauen enttäuscht wird? Das mag noch hingehen, wenn ich von einem Arzt oder einem Finanzberater enttäuscht werde, vorausgesetzt, dass mir dadurch kein Schaden entstanden ist. Doch existenzgefährdend kann es für mich werden, wenn ich in der Tiefe meines Herzens getäuscht werde und ich mich als Mensch missbraucht fühle. Das kann so verletzend sein, dass eine solche Wunde nie heilt. Vielleicht ist etwas dran an dem Sprichwort, dass man jemandem, der gelogen hat, auch dann nicht vertraut, wenn er die Wahrheit spricht. Warum ist das wohl so?

Nun gibt es qualitative Unterschiede des Vertrauens. Einem Arzt mag ich vertrauen, wenn ich krank bin, einem Finanzberater, wenn ich Geld anlegen will; aber ich als Person, als der, der ich bin, kann nur dann einem anderen Menschen vertrauen, wenn er sich für mich, diesen konkreten Menschen mit allem, was zu mir gehört, als vertrauenswürdig erwiesen hat. Erst wenn ich mich von der Vertrauenswürdigkeit des anderen voll überzeugt habe, bringe ich ihm auch mein volles, ja mein grenzenloses Vertrauen entgegen. Denn ich kann nicht zugleich vertrauen und misstrauen; entweder vertraue ich einem Menschen, oder aber ich bin ihm gegenüber misstrauisch, ein Dazwischen kann es nicht geben; das würde kein Mensch, der als vertrauenswürdig gilt, akzeptieren, abgesehen davon, dass ihm das auch nicht zuzumuten wäre.

So weit, so gut. Nun kann aber ein Mensch, von dessen Vertrauenswürdigkeit sowohl er, mein Adressat, als auch ich, der Vertrauende, voll überzeugt sind, mich dennoch enttäuschen. So furchtbar eine solche Situation wäre, sie würde nur zeigen, dass auch grenzenloses (!) Vertrauen enttäuscht werden kann. Da Enttäuschung immer Reaktion auf Täuschung ist, sei es, dass der Adressat sich und damit auch mich getäuscht hat, sei es, dass ich mich in ihm getäuscht habe, gehe ich im Leben immer das Risiko ein, enttäuscht werden zu können; denn Täuschung, auch wenn sie von beiden Seiten niemals intendiert gewesen sein mag, lässt sich nun einmal wegen der Begrenztheit des Menschen leider nicht ausschließen.

Wie aber ist ‚grenzenloses' Vertrauen in ‚Begrenztes' möglich? Das ist die entscheidende Frage nach Gott. Eine andere gibt es für mich nicht. Wenn ich ‚grenzenlos' vertraue, und das tue ich in jeder tiefen Beziehung zu einem Menschen, dann, so sage ich mir, kann dies letztlich nicht ins Leere gehen, selbst wenn ich von einem Menschen enttäuscht werde. Mein grenzenloses Vertrauen muss ankommen; es kann nur im ‚Grenzenlosen' gestillt werden, das aber nicht Nichts sein kann. Am ehesten lässt sich das ‚Grenzenlose' mit den Worten des Paulus über Gott vor den Athenern auf dem Areopag umschreiben: ‚In ihm leben wir, bewegen wir uns und sind wir.' Muss ich vom ‚Grenzenlosen' (von Gott) mehr wissen? Reicht das nicht aus für mein Vertrauen? Du merkst, dass mein Vertrauen nicht in einem Wissen oder Glauben, sondern in der Hoffnung auf Sinn über den Tod hinaus gründet.

Nun wirst Du sagen, dass ich das ‚Grenzenlose' bisher nur aufgrund der Grenzenlosigkeit meines Vertrauens postuliere; das ist richtig. Aber ich erfahre doch mein Vertrauen in den Grund meines Seins. Ich fühle mich nicht verloren im kalten Universum, auch nicht in der Kälte der mitmenschlichen Welt, gleichsam als sei ich ein Stück zwischen Empfängnis und Tod, das für brauchbar oder unbrauchbar erklärt werden könnte. Das ‚Grenzenlose' erfahre ich sogar als ein mich Bergendes. Wenn ich nun in der Bibel nachlese, dem Buch unter allen uns überlieferten ‚heiligen' Schriften, in dem ich mich am besten auskenne, dann fühle ich mich in meinem Vertrauen dem Nazarener, dem Juden Jesus nahe, dessen Leben Vertrauen in seinen Gott war. Sein Vertrauen befähigte ihn, mit den Menschen mitzufühlen, sie zu verstehen, sie zu heilen und ihnen ihre Würde wieder zurückzugeben. Grenzenloses Vertrauen und Mitmenschlichkeit sind die beiden Kennzeichen Jesu; beides erwartete übrigens auch der Gott Israels von seinem Volk; eben das war der Inhalt der von den Propheten geforderten ‚Umkehr des Herzens'. Nun sind Vertrauen und Mitmenschlichkeit nicht identisch, vielmehr ist jenes Grundlage von diesem. Mitmenschlichkeit ist eben nur möglich auf der Grundlage von Vertrauen; beides aber drängt zur Grenzenlosigkeit. Deshalb sehe ich in grenzenloser Mitmenschlichkeit Antwort auf grenzenloses Vertrauen, aber auch den ‚menschlichen' Widerschein Gottes."

Wenn Gott existierte …

Hans Küng hat in seinem Buch „Christsein" (1975) einen hypothetischen „Gottesbeweis" vorgelegt. Darin zeigt er (positiv und negativ) auf, welche Bedeutung der Gottesglaube für die Weltdeutung und das menschliche Leben hat:

„Auch wer nicht glaubt, *dass* Gott existiert, könnte zumindest der *Hypothese*, die freilich noch nicht über Existenz oder Nichtexistenz Gottes entscheidet, zustimmen: Wenn Gott existierte, dann *wäre* eine grundsätzliche Lösung für das Rätsel der fraglich bleibenden Wirklichkeit angegeben, *wäre* eine grundsätzliche Antwort, die selbstverständlich entfaltet und gedeutet werden müsste, auf die Frage nach dem Woher gefunden. Um die Hypothese in knappster Form zu umschreiben:

- *Wenn Gott existierte, dann wäre die gründende Wirklichkeit selbst nicht mehr letztlich unbegründet. Gott wäre der Ur-Grund aller Wirklichkeit.*
- *Wenn Gott existierte, dann wäre die sich haltende Wirklichkeit nicht mehr selber letztlich haltlos. Gott wäre der Ur-Halt aller Wirklichkeit.*
- *Wenn Gott existierte, dann wäre die sich entwickelnde Wirklichkeit nicht mehr letztlich ziellos. Gott wäre das Ur-Ziel aller Wirklichkeit.*
- *Wenn Gott existierte, dann wäre die zwischen Sein und Nichtsein schwebende Wirklichkeit nicht mehr letztlich der Nichtigkeit verdächtig. Gott wäre das Sein* selbst *aller Wirklichkeit.*

Diese Hypothese lässt sich positiv und negativ präzisieren:

a. Positiv: Wenn Gott existierte, dann wäre zu verstehen:
- Warum in aller Zerrissenheit letztlich eine verborgene Einheit, in aller Sinnlosigkeit letztlich eine verborgene Sinnhaftigkeit, in aller Wertlosigkeit letztlich eine verborgene Werthaftigkeit der Wirklichkeit vertrauend angenommen werden kann: Gott wäre der Ursprung, Ursinn, Urwert alles Seienden;
- warum in aller Nichtigkeit letztlich doch ein verborgenes Sein der Wirklichkeit vertrauend angenommen werden kann: Gott wäre das Sein alles Seienden.

b. Negativ: Wenn Gott existierte, dann wäre auch umgekehrt zu verstehen:
- Warum die gründende Wirklichkeit aus sich selbst letztlich unbegründet, die sich haltende Wirklichkeit in sich selbst letztlich haltlos, die sich entwickelnde Wirklichkeit für sich selbst letztlich ziellos erscheint;
- warum ihre Einheit bedroht ist durch Zerrissenheit, ihre Sinnhaftigkeit bedroht durch Sinnlosigkeit, ihre Werthaftigkeit bedroht durch Wertlosigkeit;
- warum die zwischen Sein und Nichtsein schwebende Wirklichkeit letztlich der Unwirklichkeit und Nichtigkeit verdächtig ist.

Die grundsätzliche Antwort ist überall dieselbe: Weil die fragliche Wirklichkeit selbst *nicht* Gott ist, weil das Ich, die Gesellschaft, die Welt nicht mit ihrem Urgrund, Urhalt und Urziel, nicht mit ihrem Ursprung, Ursinn und Urwert, nicht mit dem Sein selbst identifiziert werden können."[214]

Man mag es drehen und wenden wie man will: Gott lässt sich nicht beweisen. Es lassen sich gute und nachvollziehbare Gründe für die Existenz Gottes nennen, aber es spricht auch vieles dagegen. So scheint das – und sei es auch noch so ehrliche – Bemühen der einen wie der anderen Seite, auf die Frage, ob Gott ist oder ob er nicht ist, in einem Patt zu enden. In einem „Vielleicht".

Aber gerade dieses „Vielleicht" kann durchaus zu einer Herausforderung werden, wie es in einer jüdischen Geschichte erzählt wird, die Martin Buber aufgeschrieben hat:

„Einer der Aufklärer, ein sehr gelehrter Mann, der vom Berditschewer gehört hatte, suchte ihn auf, um auch mit ihm, wie er's gewohnt war, zu disputieren und seine rückständigen Beweisgründe für die Wahrheit seines Glaubens zuschanden zu machen. Als er die Stube des Zaddiks betrat, sah er ihn mit einem Buch in der Hand in begeistertem Nachdenken auf und ab gehen. Des Ankömmlings achtete er nicht. Schließlich blieb er stehen, sah ihn flüchtig an und sagte: ‚Vielleicht ist es aber wahr.' Der Gelehrte nahm vergebens all sein Selbstgefühl zusammen – ihm schlotterten die Knie, so furchtbar war der Zaddik anzusehen, so furchtbar sein schlichter Spruch zu hören. Rabbi Levi Jizchak aber wandte sich ihm nun völlig zu und sprach ihn gelassen an: ‚Mein Sohn, die Großen der Thora, mit denen du gestritten hast, haben ihre Worte an dich verschwendet; du hast, als du gingst, darüber gelacht. Sie haben dir Gott und sein Reich nicht auf den Tisch legen können, und auch ich kann es nicht. Aber, mein Sohn, bedenke, vielleicht ist es wahr.' Der Aufklärer bot seine innerste Kraft zur Entgegnung auf; aber dieses furchtbare ‚Vielleicht', das ihm da Mal um Mal entgegenscholl, brach seinen Widerstand."[215]

V. Gott als Person?

„Was bedeutet unsere Rede von einem ‚personalen' Gott, den wir in Entsprechung zu menschlicher Personalität denken, angesichts der weitaus ‚ergiebigeren' und ‚umfassenderen' nicht-personalen oder über-personalen Strukturen im Kosmos? Was heißt Geschichte Gottes mit den Menschen, wenn Jahrmilliarden im Kosmos ergingen, ohne dass sich eine Spur Leben regte, wenn ‚Personalität' in den unendlichen Weiten des Universums womöglich nirgendwo sonst existiert? […] Die christliche Lehre von der Dreifaltigkeit/Dreieinigkeit Gottes hat das Ungenügen des Personbegriffs selber oft genug gespürt. Beim Heiligen Geist schwingen allein schon im Begriff Vorstellungen über das rein Personale hinaus mit."

So schreibt der Journalist und Theologe Johannes Röser in einem Leitartikel der Zeitschrift „Christ in der Gegenwart".[216] In zwei Leserbriefen der Zeitschrift „Publik-Forum" kommen ähnliche Gedanken zur Sprache:

„Wenn ich mir die Kirche und das Bild anschaue, das sich die offizielle Kirche und viele Menschen von ‚Gott' (von Ihm als Person) machen, kommt mir immer der Vergleich mit meinen Kindern in den Sinn: Mir scheint, als wolle die Kirche (auch nach 2000 Jahren) immer noch nicht erwachsen werden und den Glauben an den Weihnachtsmann nicht aufgeben" (G. S., Bad Laer).

„Die menschlichen Gottesvorstellungen waren im Wesentlichen immer anthropomorph (Gott als Projektion menschlicher Eigenschaften). Es gibt keinen persönlichen Gott, der eine Art höhere Individualität wäre. Es wäre also falsch, sich ‚Gott' als weit oben im Himmel thronende, höchstentwickelte Individualität vorzustellen, denn Gott ist in jedem von uns, er ist uns näher als unser Atem. Was wir Gott nennen, ist

> die Summe allen Bewusstseins, aller Energie, und doch ist das Ganze mehr als die Summe seiner Teile. Gott ist darum mehr als die Summe aller Persönlichkeiten, aber alle Persönlichkeiten sind auch, was er ist“ (H. P., Herdorf).[217]

Erscheint es angesichts derartig massiver Probleme mit der Anwendung des Begriffs „Person“ im Zusammenhang mit der Frage nach Gott heute noch angebracht, von Gott als „Vater“, als „Person“ oder gar von Gott als dem Einen in drei „Personen“ zu reden?

Gott als „Vater“

Zur Entstehung und Entwicklung der Metapher „Vater“ für Gott hat Erich Fromm einige bemerkenswerte Überlegungen angestellt: „Ob wir an die indische, die ägyptische oder die griechische Kultur oder an die jüdisch-christliche oder islamische Religion denken – immer stehen wir inmitten einer patriarchalischen Welt mit ihren männlichen Göttern, über die ein Hauptgott regiert, oder wo alle Götter außer dem Einen, *dem* Gott, abgeschafft wurden.“[218] In den patriarchalischen Gesellschaftssystemen denkt man sich Gott als Vater, liebt man ihn, wie man einen Vater liebt. „Ich nehme dann an, dass er gerecht und streng ist, dass er belohnt und bestraft und dass er mich schließlich als seinen Lieblingssohn auserwählen wird, so wie Gott Abraham und Israel auserwählte, wie Isaak Jakob und wie Gott sein Lieblingsvolk auserwählte.“[219]

Das Bild des Vatergottes in den patriarchalischen Religionen hat nach Fromm eine Evolutionsgeschichte durchgemacht, die er anhand der biblischen Religion aufzeigt: „Zu Beginn dieser Entwicklung finden wir einen despotischen, eifersüchtigen Gott, der den Menschen, den er schuf, als seinen Besitz ansieht und mit ihm machen kann, was er will.“[220] Es ist das Stadium Gottes als des absoluten Herrschers, „die Phase der Religion, in der Gott den Menschen aus dem Paradies vertreibt, damit er nicht vom

Baum der Erkenntnis isst und wie Gott selbst wird; es ist die Phase, in der Gott beschließt, die menschliche Rasse durch die Sintflut zu vernichten, weil keiner, der ihr angehört, ihm gefällt, außer seinem Lieblingssohn Noah".[221] Für Fromm kennzeichnen diese Erzählungen den „Anfang der menschlichen Freiheit". Denn sie sind eine erste Infragestellung von Gottes Vormachtstellung, ein positiver Akt der Rebellion, ein erster Schritt aus unserer Unmündigkeit, Unreife und Infantilität, aus unserer „Herdentrieb-" und „Schafs-Natur".[222]

Aufgrund dieser Auflehnung kommt es zur zweiten Stufe in der Entwicklung des patriarchalischen Gottesbildes: Gott muss sich von einem absolutistischen Monarchen zu einem konstitutionellen wandeln: „Gott schließt mit Noah einen Bund, in dem er verspricht, nie wieder die menschliche Rasse zu vernichten, einen Bund, an den er selbst gebunden ist. Er ist nicht nur durch sein Versprechen gebunden, sondern auch durch sein eigenes Prinzip der Gerechtigkeit, aufgrund dessen er Abrahams Forderung nachgeben muss, Sodom zu verschonen, sofern sich wenigstens zehn Gerechte darin fänden." Aus einem „despotischen Stammeshäuptling" hat sich Gott „in einen liebenden Vater" verwandelt, „in einen Vater, der an die von ihm geforderten Grundsätze gebunden ist".[223]

Eine dritte Evolutionsstufe des Gottesbildes sieht Fromm in der Umwandlung Gottes „aus einer Vaterfigur in das Symbol seiner Prinzipien: Gerechtigkeit, Wahrheit und Liebe. Gott *ist* Wahrheit, Gott *ist* Gerechtigkeit. Im Verlauf dieser Entwicklung hört Gott auf, eine Person zu sein; er wird zum Symbol für das Prinzip der Einheit hinter der Mannigfaltigkeit der Erscheinungen, zum Symbol für die Vision einer Blume, die aus dem geistigen Samen im Menschen wächst. Gott kann keinen Namen haben. Ein Name bezeichnet immer ein Ding oder eine Person, etwas Bestimmtes. Wie kann Gott einen Namen haben, wenn er weder eine Person noch ein Ding ist?"[224] Fromm vertritt die Ansicht, dass diese Entwicklung symbolisch vorgezeichnet sei in der biblischen Erzählung von der Gottesoffenbarung an Mose. „Gott macht Moses ein Zugeständnis, als dieser sagt, die Hebräer würden ihm nicht glauben, dass Gott ihn schickt, falls er ihnen nicht Gottes Namen nennen könne. […] Er sagt ihm, sein Name sei ‚Ich bin der Ich-bin-da' (Ex 3,14). Mit diesem Namen ‚Ich-bin-da' sagt er, dass er nicht bestimmbar ist, keine Person und kein ‚Seiendes'."[225] Auch im biblischen Verbot, irgendein Bildnis Gottes zu machen, seinen Namen unnütz und schließlich seinen Namen überhaupt auszusprechen, erkennt Fromm das gleiche Ziel, nämlich „den Menschen von der Vorstellung freizumachen, dass Gott ein Vater, dass er eine Person sei".[226]

Und Fromm folgert in guter jüdischer Tradition, „Gottes Namen überhaupt nicht mehr zu erwähnen und überhaupt nicht *über* Gott zu sprechen. Dann wird Gott zu dem, was er potentiell in der monotheistischen Theologie ist, das namenlose Eine, ein nicht in Worte zu fassendes Gestammel, das sich auf die in der Erscheinungswelt zugrunde liegende Einheit, auf den Grund allen Daseins bezieht. Gott wird Wahrheit, Liebe, Gerechtigkeit. Gott, das bin ich, insofern ich menschlich bin."[227]

Die Bibel kennt den Begriff „Person" nicht

Die Bibel kennt den Begriff „Person" nicht. Wie kommt es nun aber dazu, dass sich Christentum nicht nur die Vorstellung von Gott als „Person" eingebürgert hat, sondern dass der Begriff auch im offiziellen theologischen Sprachgebrauch („Ein Gott in der Personen") Verwendung findet?

Im hebräischen Alten Testament wird häufig das Wort „panīm" (= Angesicht [Gottes]) verwendet, um jene unbeschreibliche und unberechenbare Erfahrung zu bezeichnen, der sich der Mensch in der Gottesbegegnung ausgesetzt sieht. Es bedeutet ursprünglich Äußeres, Vorderseite, Oberfläche und ist abgeleitet von dem Verb „panā" (= wenden, sich wenden, sich hinwenden, sich zuwenden, hingehen). Deshalb steht das Wort für die „Vorderseite" eines Gegenstandes oder Gebäudes (Ez 2,9 f.: „Er rollte sie [eine Buchrolle] vor mir auf. Sie war innen und *außen* beschrieben"; Ez 41,14: „Die Breite der *Vorderseite* des

Tempels war …“), für die Öffnung eines Brunnens, für die Schneide des Schwertes oder für die vorderste Front (2 Sam 17,19: „Die Frau nahm eine Decke, breitete sie über die *Öffnung* des Brunnens …“; Ex 21,21: „Zucke nach links und nach rechts, wohin deine *Schneide* gelenkt wird“; 2 Chr 13,14: „Sie sahen, dass ihn der Angriff von *vorne* und von hinten drohte“). Es kann auch die Oberfläche der Erde und des (Ur-)Wassers (Gen 1,2: „… und Finsternis lag über der *Urflut*“) bedeuten. Überwiegend wird es aber verwendet für das *äußerlich*, für die Augen erkennbare *Angesicht* (= das An-ge*sehene*) des Menschen und anthropomorph für das (ebenfalls äußerlich, mit den Sinnen wahrnehmbare) „Angesicht“ Gottes.[228] Das deutsche Wort „Angesicht“ (in älteren Bibelübersetzungen meist „Antlitz“) besagt etymologisch genau das Gleiche: „das Entgegenblickende“.

Vom „Angesicht“ Gottes ist in dem bekannten aaronitischen Priestersegen die Rede: „Der Herr segne dich und behüte dich. Der Herr lasse sein Angesicht über dich leuchten und sei dir gnädig. Der Herr wende sein Angesicht dir zu und schenke dir Heil“ (Num 6,24–26). Der Dienst der Priester im Tempel und der Besuch eines Heiligtums werden als „erscheinen vor Gottes Angesicht“ bezeichnet (Dtn 10,8; 18,7; Ex 34,21; Ps 86,9). Wer Gottes Barmherzigkeit erflehen will, muss „sein Angesicht suchen“ (1 Chr 16,11; Ijob 33,26; Ps 24,6). Gott zeigt oder entblößt „sein Angesicht“, wenn er Hilfe gewährt (Ps 4,7; 34,17). Nur ein einziges Mal scheint die Bibel mit „Angesicht Gottes“ mehr zu meinen als nur das „Äußere“, wenn Jahwe zu Mose sagt: „Du kannst mein Angesicht nicht sehen; denn kein Mensch kann mich sehen und am Leben bleiben. […] Stell dich an diesen Felsen! Wenn meine Herrlichkeit vorüberzieht, stelle ich dich in den Felsspalt und halte meine Hand über dich, bis ich vorüber bin. Dann ziehe ich meine Hand zurück, und du wirst meinen Rücken sehen. Mein Angesicht aber kann niemand sehen“ (Ex 33,20–23)

Ob für Gott oder für einen Gegenstand – „panīm“ steht (mit Ausnahme der zuletzt erwähnten Stelle) immer für die Oberfläche, für das Äußere, für das, was sich dem Betrachter zuwendet. Das Dahinterliegende, das Eigentliche und Wesentliche bleiben verborgen. Freilich: Wer die „Vorderseite“, das „Angesicht“ schaut, kann etwas ahnen von dem, was sich dahinter verbirgt. Zumindest: Wer die Oberfläche wahrnimmt, schließt auf das Dahinterliegende (und täuscht sich dabei möglicherweise ganz gewaltig). Im Hinblick auf den Menschen darf man sagen: „Das Angesicht ist der sprechendste Ausdruck der menschlichen Person und ihres Charakters. [...] Es kann aber auch zur Maske erstarren, es kann Zuwendung wie Verschlossenheit ausdrücken.“[229] Ob für Dinge oder für Menschen: Grundsätzlich gilt: „Das Eigentliche bleibt dem Auge unsichtbar.“ So weiß es der Kleine Prinz bei Antoine de Saint-Exupéry.

Die griechische Übersetzung des Alten Testaments, die Septuaginta, gibt das hebräische „panīm“ mit „prósopon“ wieder, das zunächst auch „Aussehen, Gestalt, Oberfläche“ meint, das aber – ebenso wie im Alten Testament – auch die Bedeutung von „Angesicht“ haben kann.

„Person“ als Maske

Das (lateinische) Wort *„persona“* kommt vermutlich vom etruskischen „phersu“ und bedeutet Maske. Der Ursprung des Maskentragens ist wohl darin zu suchen, dass die alten Jäger sich in Tiere verkleideten, um die Beute anzulocken oder Feinde zu verscheuchen. Häufig wird – in späterer Zeit – die Maske zu Kulttänzen oder Dämonenaustreibungen verwendet. Sie identifiziert den Träger mit einem anderen (höheren) Wesen. Sie löscht die Existenz des Maskierten aus und macht ihn zu dem, dessen Maske er trägt. So spricht der ägyptische Dämonenaustreiber zum Dämon: „Nicht ich spreche zu dir, Isis spricht zu dir.“[230] Der Maskenträger „tut nicht so als ob“. Er wird verwandelt. So ermöglicht er das Erscheinen des Gottes oder der Göttin.

In der Antike war es üblich, den Toten Masken aufs Gesicht zu setzen und sie damit zu bestatten. Man hoffte, auf diese Weise die Dämonen abhalten zu können. Auch in der antiken Tragödie trugen die Schauspieler Masken vor dem Gesicht, durch deren Mundöffnung sie „hindurchtönten“.

In der Bedeutung von sozialer Rolle (Stellung, Stand, Berufs-, Charakter- und Altersrolle) wurde der Begriff übertragen auf gesellschaftliche Bereiche, in denen – wie im Theater – auf besondere Art „gehandelt“ wird (Gerichtswesen, Beamtenapparat, ständisch gegliederte Gesellschaft, Familie). So begegnet „persona“ in der römischen Rechtssprache als Ausdruck für den in einer bestimmten Weise handelnd in Erscheinung tretenden Menschen und insofern ihm bestimmte Taten oder Zustände zurechenbar sind.[231]

Häufig, etymologisch aber nicht zutreffend, wird „persona“ vom lateinischen Wort per-sonare (= hindurchtönen) abgeleitet. Eine interessante, wenngleich falsche Ableitung des Wortes „Person“ findet sich verschiedentlich in der mittelalterlichen Philosophie: „per se una“ (durch sich eins).

„Person“ als Individuum

Eine völlig andere Bedeutung besitzt das Wort „Person“ in der heutigen Zeit. Dieses Verständnis des Begriffs geht auf die Definition des römischen Philosophen Boëthius (ca. 475–524) zurück. Er beschrieb Person als „rationalis naturae individua substantia“.[232] Das heißt, etwas ausführlicher umschrieben: „Eine bestimmte, für sich bestehende, in Raum und Zeit sich durchhaltende selbstständige Entität *(substantia)*, die eine ungeteilte, numerisch abzählbare, von allen anderen und nicht mehr teilbare Einheit besitzt *(individua)* und die ihrer Natur nach durch das Vermögen der Vernünftigkeit ausgezeichnet ist *(rationalis naturae)*. Die Person ist gerade durch die Verwirklichung der Einheit von universeller Geistigkeit und unvertretbarem individuellen Vollzug dieser selbst gekennzeichnet.“[233]

Aufbauend auf dieser Definition entwickelt die mittelalterliche Philosophie eine breite Palette von Ergänzungen und Präzisierungen, die alle unter „Person“ den je einmaligen, ungeteilt-ganzen und unmittelbar-unvertretbaren Vollzug, die Wirklichkeit, das Dasein einer Geistnatur verstehen. Dem Menschen wird „Person“-Sein zugeschrieben, weil er grundsätzlich seiner selbst bewusst ist und es daher vermag, sein Handeln selbstverantwortlich zu bestimmen und zu seiner Umwelt in ein bewusstes Verhältnis zu treten. So übernimmt er auch Pflicht und Verantwortung. Er kann grundsätzlich sein Leben aus dem Bewusstsein seiner Vergangenheit und angesichts seiner Zukunft heraus gestalten. Wegen dieser Auszeichnung kommt ihm eine besondere Würde zu, die zu achten und zu schützen ist.

„Person“ als Beziehung

Bei der Person-Definition des Boëthius bleibt der Aspekt der Relationalität, das Beziehungsverhältnis von Person zu Person, unberücksichtigt. Kein einzelnes Individuum kann allein und auf sich selbst gestellt in dieser Welt existieren. Es bedarf der Wirklichkeit des menschlich-gesellschaftlichen Lebens. Das aber ist weder die Summe von in sich und für sich seienden Individuen noch ein in die Einzelnen ausgegliederter, selbstständiger „Organismus“. Es braucht die Gemeinschaft, zu der der Einzelne – ob gewollt oder nicht – in einer unlösbaren Beziehung steht. Die Wirklichkeit menschlichen und menschwürdigen Lebens wird nur geleistet und bewahrt in der Leistung und Bewahrung des geistig-personalen Lebens jedes Einzelnen. Person hat nur „im Rahmen eines Beziehungsgefüges“ Selbststand, ja Person ist „Selbststand in Relation“ (Bernd Jochen Hilberath[234]). Weil aber das gesellschaftliche Leben die gemeinsame geistige Wirklichkeit der Einzelpersonen ist, deshalb ist auch alles, was immer de Einzelne tut und lässt, in mehr oder minder großem Ausmaß von Bedeutung für die Gemeinschaft. Und umgekehrt hat auch alles „öffentliche“ gesellschaftliche Handeln und Nicht-Handeln direkt oder indirekt

Auswirkungen für den Einzelnen und sein privates Verhalten.

Vor allem der so genannte dialogische Personalismus des 20. Jahrhunderts hat diese Gedanken breit entfaltet. Als dessen prominentester Vertreter ist hier Martin Buber zu nennen. Er erkannte als Verwirklichung der Person die Begegnung, das „Zwischen", die Beziehung. „Im Anfang ist die Beziehung"[235] und „Person erscheint, indem sie zu anderen Personen in Beziehung tritt".[236]

Legt man diesen Aspekt der Relationalität dem Person-Begriff in der Rede von Gott zugrunde, so erscheint es auch heute noch durchaus möglich, Gott als „Person" zu bezeichnen. Denn „die verlängerten Linien der Beziehungen", so Buber, „schneiden sich im ewigen Du. Jedes geeinzelte Du ist ein Durchblick zu ihm. [...] Aus diesem Mittlertum des Du aller Wesen kommt die Erfülltheit der Beziehungen zu ihnen, und die Unerfülltheit. Das eingeborene Du verwirklicht sich an jeder und vollendet sich an keiner. Es vollendet sich einzig in der unmittelbaren Beziehung zu dem Du, das seinem Wesen nach nicht Es werden kann."[237]

Für Buber erscheint es darum geradezu notwendig, Gott als „Person" zu bezeichnen: „Die Bezeichnung Gottes als einer Person ist unentbehrlich für jeden, der [...] wie ich mit ‚Gott' den meint, der – was immer er sonst noch sei – in schaffenden, offenbarenden, erlösenden Akten zu uns Menschen in eine unmittelbare Beziehung tritt und uns damit ermöglicht, zu ihm in eine unmittelbare Beziehung zu treten. [...] Der Begriff der Personhaftigkeit ist freilich völlig außerstande, das Wesen Gottes zu deklarieren, aber es ist erlaubt und nötig zu sagen, Gott sei *auch* eine Person. Wenn ich, was darunter zu verstehen ist, ausnahmsweise die Sprache eines Philosophen, die Spinozas, übersetzen wollte, müsste ich sagen, von Gottes unendlich vielen Attributen seien uns Menschen nicht zwei, wie Spinoza meint, sondern drei bekannt: Zu Geisthaftigkeit – in der das seinen Ursprung hat, was wir Geist nennen – und Naturhaftigkeit – die sich darin darstellt, was uns als Natur bekannt ist – kommt als drittes das Attribut der Personhaftigkeit."[238]

Buber sieht in der so verstandenen Personhaftigkeit Gottes keinen Widerspruch zu der Absolutheit Gottes. „Gott nimmt – so dürfen wir sagen – seine Absolutheit in die Beziehung mit auf, in die er zum Menschen tritt. Der Mensch, der sich ihm zuwendet, braucht sich daher von keiner andern Ich-Du-Beziehung abzuwenden: rechtmäßig bringt er sie alle ihm zu und lässt sie sich ‚in Gottes Angesicht' verklären."[239]

Ein anderer Vertreter der dialogischen Philosophie und Zeitgenosse Bubers, Ferdinand Ebner, sieht es ähnlich „Die Realität Gottes ist uns nicht in irgendeinem versteckten, nur dem logischen Scharfsinn und der Spitzfindigkeit eines Metaphysikers oder Theologen zugänglichen Winkel der menschlichen Vernunft, sondern in nichts anderem verbürgt – hierin aber unerschütterlich – als in der Tatsache, dass das Ich im Menschen auf ein Verhältnis zum Du, außerhalb diesen es gar nicht existiert, angelegt ist."[240] Es bleibt allerdings die Frage, ob nicht der Aspekt der Beziehung zu stark in den Mittelpunkt gestellt wird, so dass sich „Person" geradezu in Beziehung auflöst. Heribert Mühlen weist darauf hin: „Man kann den Verdacht haben, dass im Zuge der Entdeckung der ‚personalen Struktur' der Aussagen der Hl. Schrift die Leibhaftigkeit des menschlichen ‚Ich' übersehen oder verschwiegen wird. Die ‚personalistischen' Kategorien treffen Wesentliches, aber nicht nur das Wesentlichste ist wesentlich."[241]

Festhalten am Begriff?

Die Theologen der altkirchlichen Konzilien, die im Hinblick auf die Trinitätstheologie Gott das Person-Sein zuschrieben, gingen von jenem Verständnis des Begriffs aus, wie es im 3./4. Jahrhundert verbreitet war. Sie konnten dabei auf die Gotteserfahrungen zurückgreifen, wie sie sich in den Schriften des Alten Testaments finden lassen und die dort mit „panīm" (hebr.) bzw. „prósopon" (griech.) bezeichnet wurden. Da hatte man geglaubt, immer wieder und auf vielfältige Art und Weise dem „Angesicht" Gottes begegnet zu sein. Für die Christengemeinde war Jesus, der Mann aus Nazaret, zum „Angesicht“ Gottes geworden, so dass Johannes in seinem Evangelium Jesus sagen lassen konnte: „Wer mich gesehen hat, hat den Vater gesehen“ (Joh 14,9). Auch das lateinische Wort „persona“, das vom antiken Brauch des Maskentragens abgeleitet war, passte in diese Denkrichtung: Gott selbst kann niemand sehen, er verbirgt sich „hinter“ den Dingen.

Aufgrund dieses Begriffs-Verständnisses kann in der alten Kirche von den *drei* „prósopa“ (prósopa = Plural von prósopon) Gottes gesprochen werden. Das erscheint richtig und plausibel. Denn das frühe Christentum sah sich vor allem drei „Angesichten“ Gottes gegenüber gestellt:

- Das „Angesicht“ des *„wie ein guter Vater“* in der Geschichte Israels schaffend, mitsorgend, liebevoll führend und befreiend handelnden Gottes.
- Das „Angesicht“ des Jesus von Nazaret, in dem Gott erfahrbar wurde als Mensch unter Menschen, der zu Gott „abba, lieber Vater“ sagen konnte, der als Bruder aller „Söhne“ und „Töchter“ Gottes lebte und der als leidender und durch Menschengewalt Hingerichteter sein Leben für die Freunde gab.
- Das umrisslose, aber doch verspürbare „Angesicht“ Gottes als belebender, immer wieder zu neuen Aufbrüchen treibender, den Menschen von „außen“ betreffender und in seinem Innersten anrührender Geist.[242]

Doch die Rede von den drei „prósopa“ Gottes führte zu Missverständnissen. Der Ausdruck „prósopa“ (bzw. „persona“) konnte nämlich falsch verstanden werden im Sinne von „Gott tut nur so als ob; in Wirklichkeit steckt etwas ganz anderes dahinter.“

Die Theologen der frühen Kirche durften freilich – durchaus zu Recht – vermuten, dass Gott die Menschen nicht täuscht. So glaubten sie, dass es hinter dieser in der Welt erfahrbaren „drei“-faltigen und doch stets in einem unlösbaren Zusammenhang stehenden Wirk- und Erscheinungsweise Gottes, hinter den „panīm“ bzw. „prósopa“, eine gewisse „Dreiheit“ in Gott selbst geben müsse. So schlossen sie von der als trinitarisch erfahrbaren „Oberfläche“ auf eine „immanente Trinität“: Ein Gott, der sich nach außen als „Drei-Einer“ kundtut und erfahrbar macht, kann nicht in sich selbst eine undifferenzierte, amorphe Einheit sein. Er muss selbst vielfältig oder besser – im Hinblick auf die drei eben genannten Aspekte – „drei“-faltig sein. Er muss in sich selbst „einer in drei“, „ein Gott in drei prósopa“, „ein Gott in drei ‚Personen‘“ sein.

Es wäre gut gewesen, wenn die Theologen an dem Begriff „prósopon“ festgehalten hätten. Offenbar meinten sie aber, dass dieser Begriff missverständlich sei, weil er eben nur die Oberfläche meint. Sie aber wollten nun vor allem auf das Eigentliche, auf das Dahinterliegende hinweisen. Und dafür griffen sie etwa ab dem 3. Jahrhundert vor allem im griechisch sprechenden Osten des römischen Reiches auf das Wort „hypóstasis“ zurück. Der Begriff meint „das sich unterhalb Aufstellende.“ In der Philosophie der Stoa bezeichnete „hypóstasis“ die Urmaterie, „insofern sie ins Dasein tritt, im Einzelding gegeben ist und sich von der reinen Erscheinung unterscheidet“.[243] Der Begriff erschien (in seiner damaligen Bedeutung!) grundsätzlich geeignet, das Bleibende in den vielfältigen Erscheinungsweisen des einen und einzigen Gottes zum Ausdruck zu bringen. Die lateinische Übersetzung war „substantia“.

Das Denken verlagerte sich damit von der äußeren Erfahrbarkeit Gottes auf das nicht mehr sichtbare und nicht mehr sinnlich erfahrbare „Innere“, auf das „Wesen“ Gottes. Man könnte auch sagen: von der Erfahrungshaltigkeit auf die Spekulation. Damit aber begannen die Probleme mit der Drei-Zahl. Sie wurde jetzt nicht mehr symbolisch verstanden – als Entfaltung des einen und des anderen, das sich (etwa im Dreieck) wieder zu einer Einheit zusammenfügt –, sondern numerisch (drei = nicht zwei und nicht vier). Es musste nun geklärt werden, wie der „drei“-faltig in der Welt erfahrbare *eine* Gott auch als ein Einziger in sich selbst drei-faltig sein kann. Dazu wurden im Laufe der Zeit jene trinitarischen Formeln geprägt, in denen von „innergöttlichen Prozessionen“, von „göttlichen Relationen“, „Proprietäten“, „Notionen“ und „Appropriationen“ die Rede ist. Nicht einmal ein durchschnittlich ausgebildeter Theologe versteht sie heute und weiß sie noch richtig auszulegen. Erst recht nicht der „schlichte Gläubige“.

Erschwerend für das richtige Verständnis kommt schon ab dem 4. Jahrhundert der Bedeutungswandel des Wortes „Person“ von „Maske“ zu „Individuum“ hinzu, der es heute nahezu unmöglich macht, noch verantwortlich von dem „einen Gott in drei Personen“ zu sprechen. Man müsste nämlich immer hinzufügen: „... nach dem damals gebräuchlichen Verständnis des Begriffs ‚Person‘“. Aber wer kennt schon den etymologischen und historischen Hintergrund und wer macht sich darüber Gedanken? Die Schwierigkeiten seien nur kurz skizziert:

– Unter „Person“ wird heute ein Wesen verstanden, das einmalig und einzigartig ist, ausgezeichnet mit Selbst- (Ich-) und Freiheitsbewusstsein, mit Selbstbestimmung und sittlicher Autonomie, mit einem Eigennamen auftretend als Subjekt aller Aussagen und als Träger aller Eigenschaften. Die Person begegnet als „Persönlichkeit“, die bestimmte Charakter- und Willenseigenschaften kennzeichnen und der eine besondere Würde („Menschenwürde“) zukommt. Vor allem die unteilbare und unmitteilbare Individualität wird als Merkmal der Person erkannt. Die Theologie mag noch so sehr betonen, dass die Person vor allem durch die „Geistnatur“ ausgezeichnet ist (was immer darunter genau zu verstehen ist), es ändert nichts daran, dass sich unlöslich mit „Person“ auch die Leiblichkeit verbindet. „Person“ gibt es in unserem Erfahrungsbereich nirgends als „reiner Geist“, sondern immer nur als untrennbare Leib-Geist-Einheit. Wer also von „Gott“ als „Person“ spricht, muss in Kauf nehmen, dass sich damit auch immer eine Leib-Vorstellung verbindet.
  Karl Jaspers hat vor Jahren darauf hingewiesen, dass die Verwendung des Person-Begriffs im Hinblick auf Gott unangemessen sei: „Persönlichkeit ist nicht vorstellbar ohne Endlichkeit. Sie begegnet anderen Persön-

lichkeiten, um überhaupt Person sein zu können. Denn Personen sind sie selbst nur mit anderen Personen. [...] Wird dem entgegen Gott als die eine, einzige, sich selbst genügende Persönlichkeit gedacht, so zeigt sich doch immer wieder die Unangemessenheit. Gott wird verendlicht durch Aussagen über ihn als eine Persönlichkeit mit Eigenschaften."[244]

- Mit dem heutigen Person-Begriff in der Rede vom dreipersönlichen Gott landet man unweigerlich im Tri-Theismus, im Drei-Götter-Glauben. Da helfen alle spitzfindigen intellektuellen Winkelzüge nichts. Die klassischen Formeln der dogmatischen Trinitätslehre mögen allesamt eine ehrwürdige historische Tradition besitzen. In ihrer Abstraktheit und blutleeren Begrifflichkeit sind sie ungeeignet, das christliche Grunddogma von der „Drei"-Faltigkeit Gottes halbwegs einsichtig zu machen. Sie wirken eher abstoßend, weil sie zwar raffinierten Scharfsinn und ausgeklügelte Logik offenbaren, das Herz aber außen vor lassen. Sie vermitteln das ungute Gefühl, dass sich hinter ihnen die (bewusste oder unbewusste) Neigung verbirgt, Gott damit „gut im (Be-)Griff" zu haben. Sie sagen mehr aus über die Vorstellungskraft ihrer „Erfinder" als über das Geheimnis Gottes. Was in der tradierten Theologie als „Trinitätslehre" *(Lehre!)* angeboten wird, erscheint eher als eine Kopfgeburt, eine in sich vielleicht stimmige, aber erfahrungslose Begriffswelt. Rede von Gott ist aber nicht zuerst Lehre, sondern tastendes Suchen, behutsames Sich-Annähern, staunendes und bewunderndes Nach-Denken.

Sicher: Wenn „Person" so verstanden würde, wie es in der alten Kirche der Fall war, dann ließe sich Gott durchaus als „Person" denken. Gott lässt in der Schöpfung sein „Angesicht" erkennbar werden, er „spricht" die Menschen in seiner und durch seine Schöpfung an. Der unsichtbare Gott tritt sichtbar und erfahrbar ins Dasein im sinnlich wahrnehmbaren Seienden. Und für Christen in besonderer Weise in dem historischen Menschen Jesus von Nazaret. Der eine Gott verbirgt sich „hinter" und

„unter" den Dingen – wie hinter und unter einer Maske. Er „spricht" durch die vielen Dinge. Er „tönt" durch sie hindurch. Nicht das „Ding-an-sich" spricht zu mir, sondern Gott spricht durch das Ding zu mir. Er selbst ist das „Ding-an-sich".

Der französische Naturphilosoph, Paläontologe und Theologe Pierre Teilhard de Chardin (1881–1955) hat sich in seinen Schriften immer wieder dafür ausgesprochen, durch die Welt hindurch mit Gott in Gemeinschaft zu treten und das Göttliche „nicht abseits von der physischen Welt, sondern durch die Materie hindurch und irgendwie in Vereinigung mit ihr"[245] zu suchen.

Gewiss, aufgrund der unbestreitbaren Tatsache, dass es menschliche Personen gibt, und gemäß dem Prinzip, dass eine Ursache mindestens genau so groß sein muss wie ihre Wirkung (nämlich das Vorhandensein menschlicher Personen), wird man sagen dürfen und müssen, Gott sei „mindestens so etwas wie eine Person" (Klaus Berger[246]). Aber was ist damit gewonnen? „Ein Begriff dieser Art (= Personbegriff, N. S.) ist auf jeden Fall für das Glaubenswissen um Vater, Sohn und Geist als den einen Gott nicht absolut konstitutiv. Dieser Glaube kann auch ohne die Verwendung dieses Begriffes bestehen." So Karl Rahner, einer der größten Theologen des 20. Jahrhunderts.[247]

Um Missverständnisse und Fehldeutungen – vor allem im Hinblick auf die Trinitätstheologie – zu vermeiden, müsste den gläubigen und den Gott suchenden Menschen ein doppelter Personbegriff zugemutet werden: Der Begriff „Person", wie sie ihn alltäglich in der Welt von heute verwenden in Bezug auf das menschliche „Individuum", und der Begriff „Person" als Chiffre für den Gott, der sich nach außen hin durch die Dinge hindurch zeigt, der in ihnen sein „Angesicht" gewahr werden lässt, der sich hinter der Schöpfung wie hinter einer „Maske" verbirgt. Jeder Religionslehrer, jeder Prediger, jeder Autor müsste seiner Rede dann immer zuerst eine Erklärung vorausschicken, welchen Person-Begriff er jetzt meint.

Klaus Berger versucht in seinem Buch „Ist Gott Person?" den Personbegriff für Gott zu retten, indem er die rhetorische Frage stellt: „Was könnte Gott noch sein außer Person? – Vielleicht Energie, Kraft, Weltgesetz, Schicksal oder Zufall, Evolution oder Weltvernunft? Ursprung, Umgreifendes oder das ‚Sein' selbst?"[248] Aber ganz so sicher ist er sich seiner Sache dann doch nicht: „Auf Menschen angewandt ist das Wort ‚Person' ein später, fragwürdiger Begriff. Wenn schon bei Menschen nicht klar ist, was Person eigentlich ist – wieso soll man diese Kategorie dann auch auf Gott anwenden, den keiner je gesehen hat, der offenkundig keinen Leib hat? Wenn er denn Person sein sollte, warum hat man dann so lange nichts von ihm gehört? Jedenfalls ist eine Person doch begrenzt, jede Person unterscheidet sich von anderen durch ihren je eigenen Personkern, ihre Identität. Ist Gott in einem vergleichbaren Sinn von anderen verschieden, ist er nicht, wie die Mystiker sagen, zumindest der Nicht-andere?"[249] Und Hans Küng betonte schon vor Jahren: „Ein Gott, der Personalität begründet, kann nicht selber apersonal sein. Gerade weil Gott keine ‚Sache' ist, gerade weil er […] nicht durchschaubar, verfügbar, manipulierbar ist, ist er auch nicht unpersönlich, nicht un-personal. Gott sprengt auch den Begriff des Unpersönlichen: Gott ist auch nicht weniger als Person!"[250] – Gott = „Person" oder „Nicht-Person"? Weder noch. *Und:* Sowohl als auch.

Simone Weil kennzeichnet in ihren „Briefe(n) an einen Ordensmann" die schier unlösbare Herausforderung, die Wirklichkeit Gottes zu beschreiben – sei es mit personalen, sei es mit un- oder impersonalen Bildern bzw. Begriffen: Gott „ist impersonal in dem Sinne, dass seine unendlich geheimnisvolle Weise, Person zu sein, sich unendlich von der menschlichen Weise unterscheidet. Man kann dieses Geheimnis nur dadurch erfassen, dass man es, wie mit zwei Zangen, mit Hilfe dieser beiden gegensätzlichen Begriffe umfasst, die hier unten miteinander unverträglich sind und nur in Gott zusammengehen. […] Spirituell sehr hochstehende Heilige wie Johannes vom Kreuz haben die personale und die impersonale Seite Gottes zugleich und mit gleicher Kraft erfasst. Weniger fortgeschrittene Seelen richten ihre Aufmerksamkeit und ihren Glauben vor allem oder gar ausschließlich auf eine der beiden Seiten. […] Da nun aber im Abendland das Wort ‚Gott' für gewöhnlich eine Person bezeichnet, können Menschen, deren Aufmerksamkeit, Glaube und Liebe fast ausschließlich auf die impersonale Seite Gottes gerichtet sind, sich selbst für Atheisten halten, obwohl doch in ihrer Seele die übernatürliche Liebe wohnt."[251]

„Gott ist für mich keine Person, er ist ein ‚Wesen', ein ‚Etwas', was man nie zu sehen bekommt, doch vielleicht zu spüren! ... Ich kann ‚Gott' nicht beschreiben ... Vielleicht ist es auch besser so. Man sollte sich kein Bild von ihm machen. Man sollte einfach an ‚ihn' glauben, denn das schenkt Kraft in schlechten Zeiten."[252]

VI. Auf der Suche nach einem „nachmetaphysischen“ Gottesbild

Der Religionsphilosoph Bernhard Welte hat schon vor Jahren angemahnt, das „metaphysische“ Gottesbild durch ein „nachmetaphysisches“ zu ersetzen. Er meinte damit eine Gottesvorstellung, die nicht aus einem Begriffssystem konstruiert ist, sondern die auf ursprünglichen Erfahrungen beruht.[253] Metaphysik ist abstrahierendes, „objektivierendes Denken“. Was aber heute vonnöten ist, sind Erfahrungen. Wenn schon Begriffe gebildet werden sollten, so sei es Aufgabe der Theologie, sie mit ursprünglichen Erfahrungen zu füllen oder von ihnen her neue Erfahrungen zu gewinnen.

Tatsächlich tun sich viele Menschen mit der von den Kirchen tradierten und postulierten, metaphysischen „Gotteslehre“ schwer, vor allem mit dem Personbegriff und mit dem Dogma von der göttlichen Trinität. „Manchmal hat man den Eindruck“, so war unlängst in einem Artikel zu lesen, „Gott selbst möchte, dass wir unseren Glauben verlieren. Dietrich Bonhoeffer gebrauchte die Formulierung, der moderne Mensch lebe – und solle leben – ‚etsi deus non daretur‘, als ob es Gott nicht gäbe. Romano Guardini sprach davon, dass für unsere Vorfahren ‚die Welt von Gott voll‘ gewesen sei. ‚Nicht dass die Menschen besonders gut gewesen wären; es hat Unrecht und Sünde gegeben wie heute. Trotzdem war wohl etwas anders: Das Gute ist aus der Nähe Gottes heraus geschehen und das Böse wider diese Nähe, und deswegen waren auch Umkehr und Buße so tief.‘ Dem Zeitgenossen dagegen sei die selbstverständliche Nähe Gottes entschwunden. ‚Die Welt wird immer voller von Sachen‘, die Herzen kühlen ab, das Dasein wird leerer. Doch Guardini wagt die scheue Vermutung, in dieser Ferne könne eine Chance stecken – und eine verborgene, nicht mehr fühlbare Nähe: die Nähe des verborgenen Gottes. Gott ‚durch die Ferne die Treue halten‘ (Guardini) wird so zum religiösen Programm für die äußerste Form geistlicher Armut: Wir sind ‚Gläubige', die nicht einmal Glauben haben und die zu Gott sagen: ‚Wir fühlen keine Nähe'. Aber wir sind noch nicht verstummt. Wir sprechen und beten noch – aus einer Haltung des ‚Unglaubens', der sich erleuchten lassen will.“[254]

Im Folgenden soll versucht werden, Grundlinien eines „nachmetaphysischen“ Gottesbildes zu skizzieren.

„Mein Name ist Namenlos“

Ein Blick in die Schriften des Alten Testaments und auf das dortige Gottesbild zeigt einige bedenkenswerte Aspekte, die für eine Neuorientierung der Rede und der Vorstellung von Gott wichtig sind.

Der namenlose Gott

Der „Name“ des Gottes Israels war „Jahwe“. In der hebräischen Sprache, im Urtext der Bibel, besteht dieser „Name“ eigentlich aus drei Wörtern und ist nicht in der ersten, sondern in der dritten Person Singular gefasst: „'ehjé 'ashér 'ehjéh“. Eine genaue Übersetzung erweist sich als schwierig. Das in der Einheitsübersetzung gewählte „Ich-bin-da“ (Ex 3,14) ist wenig aussagekräftig; es wirkt zu statisch, unlebendig und unbeweglich. Bei der hebräischen Satzkonstruktion handelt es sich um eine „tatkräftige Verbalform im Futurum“ (Pinchas Lapide[255]). Eine Wiedergabe mit „Ich bin, der ich bin“, wie sie in älteren Bibelübersetzungen zu finden war, ist daher erst recht unzutreffend und irreführend. Neuere Exegeten ziehen deshalb eine umschreibende und beschreibende, sinngemäße Übertragung vor. So übersetzt Alfons Deißler den Gottesnamen „Jahwe“ mit: „Ich bin da und werde da sein als dein helfender und heilvoller Gott, was auch geschehe.“[256] Und Erich Zenger verwendet, dem hebräischen Original entsprechend, sogar die dritte Person: „Er ist da und er will da sein so, wie er von seinem tiefsten Wesen her da sein will: nämlich als der, der befreit und vom Tod zum Leben hinüberführen kann und will."[257]

Durch solche Versuche gewinnt der Gottes-„Name" (eigentlich besser: die Gottes-Aussage oder -Ansage) eine große Dynamik: „Ein Wirksam-Sein, ein Quicklebendig-Sein, ein Mit-Sein und ein Sich-Erweisen [...], die allesamt als ein pausenloser Werdegang erfahren werden.[...] Es gehört zu Gottes dynamischem Wesen, dass es im Werden ist und sich im innerweltlichen Wirken äußert."[258]

Der Jahwe-„Name" ist ein Aufruf, immer wieder in den unterschiedlichen Lebens- und Erfahrungssituationen nach dem sich darin offenbarenden Gott zu forschen. „Jahwe" ist eine Aufforderung zum Suchen: „Wenn ihr mich sucht, so sollt ihr mich finden; wenn ihr nach mir fragt von ganzem Herzen, so werde ich mich von euch finden lassen, spricht der Herr" (Jer 29,13 f.). Wer meint, den Namen Gottes gefunden zu haben und ihn nun in Besitz nehmen zu können, verfehlt Gott; er verehrt nur sein eigenes Bildwerk, das er sich von Gott gemacht hat; er trifft auf sein eigenes Phantasiegebilde.

Bei der Deutung des Jahwe-Namens ist noch eine Besonderheit der hebräischen Sprache zu berücksichtigen. Das Hebräische kennt eine Handlung nur als vollendet, abgeschlossen, „perfekt" oder als unvollendet, noch andauernd, im Werden begriffen, „imperfekt". Das grammatikalisch so genannte „Imperfekt" umschließt, anders als in der geläufigen grammatikalischen Bezeichnung, Präsens und Futurum, Gegenwart und Zukunft. (Übrigens eine philosophisch höchst stringente Sicht der Gegenwart. Denn wann beginnt genau „Gegenwart", wann hört sie genau auf? Wenn man allerdings das deutsche Wort „Gegenwart" genauer betrachtet, kann man feststellen, dass auch hier ein futurischer Aspekt mitschwingt: Gegenwart ist jene Zeit, die mir gegen-wartet. Das Warten aber geschieht immer im Blick auf etwas Ausständiges, noch nicht Eingetroffenes. Die Erfahrung der Gegenwart wird also ganz wesentlich bestimmt durch die noch bevorstehende Zukunft.) Genau genommen müsste also der hebräische Gottesname in Ex 3,14 demnach sogar so übersetzt werden: „Ich bin da und werde da sein als derjenige, als der ich jetzt und in Zukunft für euch da sein werde."

Der jüdische Philosoph Erich Fromm vertritt die Ansicht: „Die entsprechendste Übersetzung dieses Satzes wäre: Sage ihnen, dass ‚mein Name Namenlos ist'."[259] In einem anderen seiner Bücher übersetzt Fromm die Antwort Gottes an Mose mit „Ich bin der ‚Ich-bin-da'." Und er fügt hinzu: „Doch in diesem Namen steckt eine tiefsinnige Ironie. Er drückt weit eher den Prozess des Werdens aus als etwas Begrenztes, das man benennen kann wie ein Ding. Der Sinn des Textes würde genau wiedergegeben, wenn die Übersetzung lautete: ‚Mein Name ist Namenlos'."[260]

Neuere sprachwissenschaftliche Untersuchungen sehen allerdings in der hebräischen Deutung des Gottesnamens „Jahwe", wie sie Ex 3,14 vornimmt („'ehjéh 'ashér 'ehjéh"), schon einen Erklärungsversuch des biblischen Redaktors aus späterer Zeit. So glaubt Ernst Axel Knauf, in den vier Buchstaben des Gottesnamens JHWH (die hebräische Schrift kennt keine Vokale) eine Verbform der arabischen Basis HWY (= „wehen") identifizieren zu können, die auch in den Schriften des Alten Testaments unter den Bedeutungen „fallen" (Schnee: Ijob 37,6) oder aber „über jemand herfallen" (2 Sam 11,2) anzutreffen ist.[261] Sollte dies tatsächlich die ursprüngliche Bedeutung des dem Gottesnamen zugrunde liegenden Verbums sein, so spiegelt sich darin offenbar die Erfahrung überraschender Manifestationen einer Wirklichkeit wider, deren Dynamik nicht vorauszuberechnen ist. Jahwe wäre dann als ein Gott, der unsichtbar „weht" wie der Wind, der aber auch „plötzlich herabkommt" und in eine Menschenmenge „einbricht" – schützend oder schlagend.[262] Diskutiert werden auch Verbindungen des „Namens" zu ägyptischen Wortformen: h^{3}j; („herabsteigen") – zur Kennzeichnung eines epiphanen Gottes (Manfred Görg).

Der Gottesname Jahwe wird bis heute von frommen Juden nicht ausgesprochen. In biblischer Zeit geschah das einmal im Jahr, am Jom Kippur, durch den Hohepriester im Allerheiligsten des Jerusalemer Tempels. Nach antiker Vorstellung gibt es einen wesensmäßigen Bezug zwischen dem Namen und seinem Träger. Wer den Namen einer Person oder eines Gottes weiß, kann auch Macht über diese Person oder über diesen Gott ausüben. Der Name steht nicht selten synonym für die Person: „Wir vertrauen auf seinen heiligen Namen“ (Ps 33,21). Bei den Ägyptern war die Überzeugung verbreitet, dass ihr oberster Gott Ammon-Re zwar unter vielen Namen bekannt sei, dass er aber seinen eigentlichen Namen nicht geoffenbart habe, um nicht den Menschen Macht über sich zu geben oder sich magischer Beschwörung auszusetzen. Auch Mose fragt, wenngleich indirekt, nach dem Namen: „Wenn sie mich fragen: welches ist sein Name? – was soll ich ihnen dann antworten?“ (Ex 3,13). Walter Zimmerli hebt gerade diesen Aspekt besonders hervor, „dass hier Jahwe dem Mose, der ihn gern in seinem Namen fassen möchte, in seiner Freiheit jeden Zugriff verwehrt. In Gen 32,30 wird eine analoge Frage von Gott mit der Gegenfrage ‚Was fragst du mich nach meinem Namen?‘ beantwortet oder richtiger: unbeantwortet gelassen. Ex 3,14 macht in seiner Redefigur unmissverständlich deutlich, dass der Name Jahwe den, der ihn ausspricht, daran erinnern soll, dass er damit den Gott nennt, den er nicht mit seiner Nennung fassen kann, sondern der nur je in seiner Freiheit der ist, als der er sich selber zu erkennen gibt“[263]. In diesem Gottes-„Namen“ steckt genau genommen eine tiefsinnige Ironie. Er drückt nämlich weit eher lebendiges Sein und Werden aus als etwas Begreifbares und Fassbares, das man benennen kann wie einen Gegenstand. Der „Name“ sagt alles und nichts aus. Man könnte ihn auch übersetzen: „Mein Name ist Namenlos.“

Der Jahwe-„Name“ bedeutet, dass die Gotteserfahrung unlösbar und ausschließlich mit einem Geschehen, mit der Geschichte verbunden ist. „Das AT weiß nur von dem Gott, der in der Geschichte handelt.“[264] Doch der jeweilige „Ort“ der Gottesbegegnung wird offen gehalten. Dem israelitischen Frommen wird nicht gesagt: Da oder dort wirst du Gott begegnen, sondern: Vielleicht da, möglicherweise aber auch dort. Der jüdische Theologe und Philosoph Martin Buber schreibt dazu: „JHWH sagt hier nicht, dass er unbedingt oder dass er ewig sei, sondern dass er – ohne sich auf irgendeine bestimmte Erscheinungsweise festzulegen (‚als der ich eben dasein werde'), und sich damit auch allen Beschwörungen schlechthin versagend – bei seinem Volke bleiben, mit ihm gehen, es führen wolle."[265] Erich Zenger weist auf die entsprechende Bedeutung hin, die der syntaktischen Eigenart des Namens Jahwe als verbaler Kurzsatz mit implizitem Subjekt und offenem Prädikatsattribut zukommt. Diese Eigenart, dass JHWH sich nicht auf irgendeine bestimmte Erscheinungsweise festlegen lässt, „verlangt einerseits geradezu die Konkretisierung durch Erfahrung und ist zugleich offen für jeweils neue Einzelerfahrungen, in denen sich die Grunderfahrung erneuert und vitalisiert: überall und nur dort, wo Freiheit und Leben geschenkt, erhofft, erkämpft wird, wird die Wirklichkeit ‚jahwe' erfahren. Andererseits aber ist dieser Kurzsatz geprägt von jener Offenheit, die dadurch gegeben ist, dass weder Art noch Dauer seines zukünftigen Sich-Erweisens festgelegt sind."[266]

Die Dynamik des Gottesnamens Jahwe steht in Spannung zu einer auf bestimmte Kultorte oder Wallfahrtsstätten fixierten Verehrung, denn er bezieht sich eben gerade nicht auf eine heilige Stätte, an der *und nur an der* die Gottheit erfahrbar wird. Die Worte König Salomos bringen das bei der Tempelweihe zum Ausdruck: „Wo sollte Gott denn wirklich auf Erden wohnen? Der Himmel und aller Himmel Himmel vermögen dich nicht zu fassen, wie viel weniger dieses Haus, das ich gebaut habe" (1 Kön 8,27). Wer Gott, den Jahwe, finden will, muss ihn hier und dort, jetzt und später suchen. Der Jahwe-Name ist ein Imperativ, nicht nachzulassen, im Geschehen des Alltags und in der großen Politik, in den Begegnungen der Menschen miteinander und in den Schicksalen des eigenen Ich jeweils neu nach ihm zu fragen. Jahwe, so lehrt die Erzählung, hat sich in seiner Offenbarung auf den Weg zum Menschen gemacht. Das Gleiche wird auch von seinem Ansprechpartner erwartet: Er soll sich auf den Weg machen. Jahwe kommt ein Stück weit entgegen, das andere Stück des Weges muss der Mensch selber gehen.

Es war (und ist) die Stärke des jüdischen Gott-Denkens, dass „Jahwe" in keiner Weise dogmatisch festgelegt ist.

Jahwe kann sich da oder dort, jetzt oder später, in diesem oder in jenem Augenblick „erweisen“. Jahwe ist nicht fassbar oder bestimmbar. Er „wird“, er „ereignet“ sich – in der Begegnung, in der Situation, plötzlich und unerwartet, nicht voraussehbar. Auch dort, wo man ihn gar nicht erwartet. Man kann ihn übersehen, überhören, nicht beachten, weil er zu unscheinbar, zu leise, zu wenig aufdringlich erscheint. Das wird dem jüdischen Frommen ausdrücklich gesagt: Der Prophet Elija erfährt die Gegenwart Jahwes nicht in gewaltigen, Furcht einflößenden Naturerscheinungen. Der Herr ist nicht im Sturm, nicht im Erdbeben, nicht im Feuer; er ist wie ein „sanftes, leises Säuseln“ (vgl. 1 Kön 19,11–13). Die Gottesbegegnung wird in der Elija-Überlieferung als eine kaum noch wahrnehmbare Erfahrung geschildert.

Exkurs: Eine Theorie Friedrich Schillers zur Entstehung des jüdischen Monotheismus

Der Philosoph und Schriftsteller Rüdiger Safranski hat in einem bemerkenswerten Vortrag vor der Katholischen Akademie in Bayern auf Friedrich Schillers Gedanken zur Entstehung des Monotheismus hingewiesen.[267] Im Jahr 1789 hielt Schiller in Jena Vorlesungen zum Thema „Die Sendung Moses“. Er schildert hierin seine Vorstellungen von der Erfindung des Monotheismus durch Mose und von der Weitergabe dieser Lehre an die Hebräer. Der Gott der ägyptischen Geheimlehre, so meint Schiller, wird von Mose umgeformt und besitzt eine „verdächtige Ähnlichkeit mit dem spinozistisch-atheistischen Gott“.[268] Schiller zitiert als Beleg eine Inschrift, die sich auf einer ägyptischen Bildsäule der Isis befindet: „Ich bin, *was da ist.*“ Dieser Satz, so argumentiert Schiller, stehe in scharfem Gegensatz zu dem alttestamentlichen Gottesnamen „Jahwe“, den Schiller entsprechend den Gepflogenheiten seiner Zeit mit „Ich bin, *der ich bin*“ wiedergibt. Schillers Folgerungen: Hier gebe sich Gott als Personalität, als „Ich“ zu erkennen. In dem ägyptischen Satz „Ich bin, *was da ist*" erscheint Gott aber aufgelöst in alles, was da ist. Dieser Gott erscheint somit letztlich und endlich als ein Gott, wie ihn wesentlich später der Philosoph Spinoza geschildert hat: „Ein und Alles", „Deus sive natura". Gott ist gleich der Natur. Er ist nicht zu denken als eine personale Realität, die der Welt gegenübersteht. Er ist nicht ein außerweltliches Gegenüber. Gott ist vielmehr der Inbegriff von allem, was ist. Er ist, wie Schiller schreibt, nichts anderes als der „allgemeine Zusammenhang der Dinge."

Safranski legt in seinem Vortrag den Akzent auf „Zusammenhang": „Gott ist das Notwendige an der Ordnung des Seins, er ist darum sowohl das Prinzip der Einheit als auch der Allmacht. An diesen Gott kann man sich nicht wenden, man kann sich nur an seine eigene Vernunft wenden, mit der man dem Zusammenhang der Dinge nachforschen kann. Der Vernunftgebrauch und die Gefühle für den lebendigen Zusammenhang von allem ist der wahre Gottesdienst."[269]

Die Vorstellung von einem Gott, der mit Allem zusammenhängt, der „Ein und Alles" ist, so argumentiert nun Schiller weiter, musste im alten Ägypten mit seiner polytheistisch gerichteten Staatsreligion anstößig wirken. Die Lehre, dass es nicht viele Götter, sondern nur einen gibt und dass dieser eine nicht der Welt gegenübersteht, sondern in ihr enthalten ist – „deus sive natura" –, musste deswegen geheim bleiben. Mose habe aber von dieser, durch die ägyptischen Priester streng geheimgehaltenen Lehre Kenntnis erlangt und habe sie dem jüdischen Volk gegenüber als politisches Instrument eingesetzt. Denn es war das erklärte Ziel des Mose, sein Volk aus der ägyptischen Sklaverei herauszuführen. Dafür brauchten die Menschen Zuversicht und Selbstvertrauen. Mose musste ihnen also einen starken und mächtigen Gott präsentieren, in dessen Schutz sie den Aufbruch wagen konnten. Aber dieser Gott konnte, wie Mose bald bemerkte, nicht jener Vernunftgott sein, den er bei den Priestern gelernt hat. Dieser Gott war zwar

„einig und allmächtig", aber er war nicht ein Gott, den man sich wie einen Menschen, persönlich, denken konnte. „Er muss also dem wahren Gott, den er ihnen ankündigt, Eigenschaften geben, die ihn den schwachen Köpfen fasslich und empfehlenswürdig machen." Der, aus Schillers Sicht, geniale Schachzug des Mose bestand darin, dass er die Hebräer lehrte, die Götter der anderen Völker als Hirngespinste anzusehen – insoweit ließ er sie an der ägyptischen Geheimaufklärung teilnehmen –, dass er ihnen aber diesen Gott mit einem „heidnischen Gewand" akzeptabel machte. Dieses heidnische Gewand, so meint Schiller, war der Glaube an die Auserwähltheit, den er den Hebräern vermittelte: Ein universeller überpersönlicher Gott mit persönlichen Vorlieben.
Für die Nachwelt, so verlangt Schiller, komme es darauf an, diesen universellen spinozistischen Gott – „Ich bin alles, was da ist" – von der „heidnischen Zutat der persönlichen Vorliebe und der Grille der Auserwählung" zu reinigen. In diesem Sinne versteht Schiller seine Schrift über „Die Sendung Moses". Wenn es Gott gibt, dann ist er eins mit der Natur, wie Spinoza es sieht, dann ist er aber auch jener Gott, von dem auf der ägyptischen Stele geschrieben stand: „Ich bin, was da ist."
Safranski schließt seine Bemerkungen zu dieser Schrift Schillers: „Vom Standpunkt einer personalistischen transzendenten Gottesvorstellung aus ist dies der reine Atheismus. Schiller wurde folglich auch mit dem Atheismus-Vorwurf konfrontiert, was ihn aber nicht sonderlich erschüttert hat."[270]

Bilderverbot

Das bekannte Verbot „Du sollst dir kein Gottesbild machen und keine Darstellung von irgendetwas am Himmel droben, auf der Erde unten oder im Wasser unter der Erde!" (Ex 20,4) bezieht sich auf die von Menschenhand geschaffenen, sichtbaren Götzenbilder, die anstelle des unsichtbaren und unfassbaren Gottes verehrt wurden. Die Rede von Gott in den Schriften des Alten Testaments ist keineswegs bildlos. „Gott“ wird bezeichnet als König, als Kriegsherr, als Sieger, als Vater der Bedrängten, als Bräutigam des Volkes Israel, als Weltenherr u. ä. Das alles sind Bilder, wenn auch keine aus Holz geschnitzten oder in Erz gegossenen. „Gott“ werden auch Eigenschaften zugesprochen: gut, barmherzig, zornig, mitleidig, mächtig. Und „Gott“ übt menschliche Tätigkeiten aus: Er spricht, er hört, er zürnt, er bestraft, er beruft, er liebt.

Alle diese Bilder sind der Welt entnommen, in der die Menschen leben – aus den alltäglichen Begebenheiten, aus den Umgangsformen in Familie und Gemeinschaft, aus vielfältigen Beobachtungen. Sie stammen aus recht widersprüchlichen Erfahrungen, die das Volk Israel im Laufe seiner wechselhaften Geschichte mit irdischen Herrschern und im Zusammenleben der Gemeinschaft gemacht hat. Wenn der Mensch diese Bilder auf Gott anwendet, tut er das aus einer gewissen Notsituation heraus. Denn er muss in Kauf nehmen, dass manche dieser Bilder sich gegenseitig widersprechen. Doch wie sollte er sonst von Gott reden? Wie sollte er sich Gott auch nur halbwegs vorstellen, wenn nicht unter jenen Bildern, denen er tagtäglich im menschlichen Zusammenleben begegnet? Die Rede von Gott ist notgedrungen anthropomorph. Sonst bliebe sie völlig unanschaulich. Doch „Begriffe ohne Anschauung sind blind“, sagt Immanuel Kant. Zu jeder Erfahrung, auch zu „Gotteserfahrung“, gehört das Element der Anschauung, des Bildens von Vorstellungen. In jede Erfahrung mit Gott gehen jene Erfahrungen mit ein, die wir in unserer Lebensgeschichte schon gemacht haben. Sie werden als „Material“ gebraucht, dann aber verwandelt und transformiert. In vielen Fällen, in denen Menschen den Schriften der Bibel oder der Glaubensverkündigung des Judentums wie des Christentums vorwerfen, sie zeichneten das Bild eines rachsüchtigen oder strafenden, eines eifersüchtigen oder zürnenden Gottes, darf man die Frage stellen, ob sich der Kritiker genügend bemüht hat, auch die anderen („positiveren“) Gottesbilder, die in den Glaubenszeugnissen der Schrift zu finden sind, zur Kenntnis zu nehmen. Freilich: Auch diese Aussagen beruhen ebenso auf menschlichen Erfahrungen wie die „negativen". Sie sind nicht adäquat, sondern analog auf Gott anzuwenden.

Jeder, der von Gott spricht, steht immer in der Versuchung und in der Gefahr, seine eigenen Bilder und Vorstellungen von Gott zu bevorzugen. Problematisch wird es, wenn dem einen oder anderen Gottesbild eine Vorrangstellung eingeräumt wird, wenn das eine oder andere Gottesbild gar verabsolutiert wird. Wenn jemand von sich behauptet, das „wahre" und allein richtige Gottesbild zu besitzen. Die Gefahr dazu ist immer wieder gegeben. Denn es gibt keine Gottesvorstellung und kein Gottesbild, das nicht zu einer völlig falschen Fixierung führen könnte. Aus jedem Ebenbild kann ein Zerrbild gemacht werden.

Die Schrift als Ganzes begegnet dieser Gefahr, das Gottesbild eindimensional engzuführen, durch die Herausstellung der Andersartigkeit Gottes, die trotz aller Anthropomorphismen konsequent durchgehalten und nicht vorschnell aufgelöst wird. Die erfahrene Nähe Gottes wird stets durch das Erleben der unendlichen Distanz in Spannung gehalten. Die menschlich-allzumenschlich scheinenden Bilder werden immer wieder überschritten. Die Wirklichkeit ist immer größer und immer auch irgendwie anders als das Bild, das sich Menschen von ihr machen. Das gilt schon für jede irdische Wirklichkeit. Das gilt erst recht für die Wirklichkeit schlechthin, für „Gott". Dennoch hat das Bild seine Berechtigung, weil es die Wirklichkeit nahe bringt und vertraut macht. Gottes*bilder* – Bilder! – haben ihre Berechtigung, weil sie es ermöglichen, den Gottes*begriff* mit Leben zu erfüllen. Bilder können – so Jürgen Werbick – „Wege" sein – nicht mehr und nicht weniger.[271] Aber sie sind eben „nur" Metaphern, die Gott zwar „versinnlichen", ihn aber nicht adäquat abbilden. Wer behauptet, Gott sei „gut", muss sich ins Bewusstsein rufen, dass der Begriffsinhalt dieser „Güte" nur erlebbar und erfahrbar wird in jener Güte, die der Mensch bei Geschöpfen erlebt. Alles „Wissen" von Gott, alle Theologie, ist ein Wissen in bewusster Unwissenheit. Die Güte Gottes ist sicher ähnlich, aber sie ist ebenso sicher anders, ganz anders. Viel größer, viel umfassender. Eben:

göttlich. Genau genommen weiß der Mensch überhaupt nicht, was *göttliche* Güte ist. Er kann es nur ahnen und vermuten.

In unnachahmlicher Weise schildert Meister Eckhart dieses spannungsgeladene Ringen um Bilder und Vorstellungen von Gott: „Jedes Haften am äußeren Zeichen und genießende Schauen hindert dich am Erfassen des ganzen Gottes. [...] Nein, der Tempel muss ledig und frei sein, wie das Auge frei und leer sein muss von aller Farbe, soll es Farbe sehen. [...] Alle jene Bilder und Vorstellungen aber sind der Balken in deinem Auge. Drum wirf sie hinaus. Ja selbst deines gedachten Gottes sollst du quitt werden, aller deiner doch so unzulänglichen Gedanken und Vorstellungen über ihn wie: Gott ist gut, ist weise, ist gerecht, ist unendlich. Gott ist nicht gut, ich bin besser als Gott; Gott ist nicht weise, ich bin besser als er, und Gott ein Sein zu nennen ist so unsinnig, wie wenn ich die Sonne bleich oder schwarz nennen wollte. [...] Alles was du da über deinen Gott denkst und sagst, das bist du mehr selber als er."[272]

Nur den „Rücken" Gottes sehen

Von Mose wird erzählt, er habe verlangt, das Antlitz Gottes schauen zu dürfen: „Lass mich doch deine Herrlichkeit sehen!" (Ex 33,18). Dem Mose wird diese Bitte nur teilweise gewährt: Das „Angesicht" Gottes bekommt er nicht zu sehen, sondern nur den „Rücken", nachdem Gott vorübergegangen ist (Ex 33,23). Gottes „wahres Angesicht" muss in Unbestimmtheit und Zweideutigkeit bleiben. Selbst einem so herausragenden und bedeutenden religiösen Führer des Volkes wird nur ein vages Ahnen und Vermuten gewährt. Eine Nähe, die zugleich Distanz darstellt.

Jahwe gibt Zeichen. Aber diese Zeichen sind alles andere als eindeutig. Man könnte dafür auch das Bild von einer „Spur" gebrauchen.[273] Von einer „Spur" gilt: Jede Manifestation, jeder Hinweis, jedes Zeichen ist als Hinweis deutbar. Aber jede Spur ist auch anfällig oder missbrauchbar zur Täuschung, als Projektion oder „Zufall". Wer die

Spur gelegt hat und was sich genau „dahinter“ verbirgt, bleibt unbestimmt und ungewiss. Wer die „Spur des Ewigen“ aufnimmt, so wie sie in der jüdisch-christlichen Tradition vorgezeichnet wird, ist verantwortlich für die Art und Weise, wie er die biblischen Glaubenserfahrungen und die dort verwendeten Gottes-„Bilder“ deutet und auslegt. Und wer anderen Menschen diese Bilder weitergibt und vorstellt, muss sich bewusst sein, dass er sie möglicherweise falsch verstanden, dass er sie nicht richtig gedeutet hat. Durch die offiziell oder inoffiziell, kirchenamtlich oder volkstümlich tradierten Bilder werden bestimmte Gottesvorstellungen festgelegt, die möglicherweise falsch oder nur bedingt zutreffend sind. Darum ist Behutsamkeit bei der Deutung erforderlich. Es muss unmissverständlich deutlich werden, dass diese Bilder, die von Gott angefertigt werden, aus dem geformt sind, was der Interpret selbst von Gott (wie auch immer) erfahren hat (bzw. – richtiger –: erfahren zu haben meint), und aus dem, was ihm durch das Zeugnis anderer vermittelt wurde. Das Gottesbild ist ein komplexes Produkt vielfältiger, dem Einzelnen gar nicht immer bewusster Vorgaben. Es ist eine Art „Resonanzmaterial“ aus eigenen Einstellungen, Beobachtungen, Erlebnisse, Erfahrungen und Haltungen, aus der eigenen Lebensgeschichte, der engeren und weiteren Geschichte der Gemeinschaften bis hin vielleicht zur Menschheitsgeschichte, zur Weltgeschichte.

In einer bestimmten geschichtlichen Epoche und Situation zu leben bedeutet immer auch, in einer bestimmten religiösen Erfahrungs- und Auslegungsgeschichte zu leben. Das hat zur Folge, dass immer nur ein bestimmter, situativ getönter Ausschnitt wahrgenommen wird. Bestimmte Bilder sind von früheren Generationen überkommen. Es kann sein, dass sie heute nicht mehr tragfähig erscheinen, ja sie in die Irre führen können. Dann ist es die Aufgabe und sogar Pflicht einer verantworteten Rede von Gott, diese falschen Bilder zu entlarven und, wenn möglich, das eigentlich mit ihnen Gemeinte und Gedachte herauszuarbeiten. Gleichzeitig muss aber damit gerechnet werden, dass in späteren Generationen – oder vielleicht sogar schon sehr bald – auch diese „korrigierten“ Bilder und Vorstellungen wieder unbrauchbar werden. In jedes Bild, das sich Menschen von Gott machen, fließen Vorurteile und Vorerfahrungen, Gestimmtheiten und Affekte ein, die einen völlig „objektiven" Zugang zum Gegenstand der Wahrnehmung unmöglich machen. Die dahinter stehende Wirklichkeit wird aber dadurch in ihrem Wesen nicht berührt. Das „Objekt" existiert unabhängig von dem Bild, das ich mir subjektiv von ihm mache. Vielleicht ist es sogar ganz anders, als ich es mir vorstelle.

Das gilt auch für die letzte und tiefste aller Wirklichkeiten, für Gott. Gott ist dem Menschen nur im Bild gegenwärtig, und diese Bilder müssen immer wieder überarbeitet oder vielleicht sogar zerstört werden. Es gibt von Gott kein Bild „an sich". Jedes Gottesbild ist vielfach bedingt und relativ; darum ist es (wenn überhaupt) auch nur bedingt und relativ gültig.

Das „Gottesereignis" Jesus von Nazaret

Für eine größere Anzahl von Frauen und Männern des Volkes Israel wurde Jesus von Nazaret zu einem „Gottesereignis". Sie erkannten in ihm das Wirken jenes namenlosen Gottes Jahwe.

Von der Persönlichkeit dieses Bauhandwerkers aus dem völlig unbedeutenden Bergdorf Nazaret in der abgelegenen Provinz Galiläa muss eine unwiderstehliche Anziehungskraft ausgegangen sein. Die synoptischen Evangelien nach Markus, Matthäus und Lukas spiegeln noch etwas davon wider. Vor allem die „unteren Schichten" müssen von ihm fasziniert gewesen sein.

Jesus, der nie Schüler eines bedeutenden Tora-Lehrers gewesen war, formulierte klar und treffsicher, kam ohne Umschweife zur Sache, besaß scharfe Beobachtungsgabe und ungekünstelte Wirklichkeitsnähe.

Seine Botschaft kleidete er vornehmlich in Gleichnisse – vermutlich nicht nur, um sich seinen theologisch kaum gebildeten Zuhörerinnen und Zuhörern verständlich zu machen oder weil es so orientalischer Brauch war. Viel eher wohl, weil er damit seine Zuhörerinnen und Zuhörer nötigte, sich auf die Erzählung einzulassen und sich Gedanken machen, was damit gemeint sein könnte. Bilder, Parabeln und Gleichnisse laden ein zum Nachdenken, zum Überprüfen, zum Vergleichen, zum Tiefer-Sehen.

Dafür einige Bespiele:

- Im Gleichnis vom Guten Hirten erscheint Gott als ein bedenklich unvorsichtiger Hirte, der neunundneunzig Schafe in der Steppe zurücklässt, um einem verlorenen nachzugehen Er ruht nicht eher, bis er es gefunden hat. Solches Handeln ist eigentlich reichlich verantwortungslos, ungerecht, moralisch bedenklich. Denn der Hirte kommt während seiner Abwesenheit der Pflicht nicht nach, für die braven, für die daheim gebliebenen, für die nicht aus dem Stall ausgebrochenen Schafe zu sorgen. Was ist das für ein Gott, der die „Lammfrommen", die „guten Schafe" ihrem Schicksal überlässt und sich um die Außenseiter, um die aus der Reihe Tanzenden, um die sich nicht an die vorgegebene Ordnung Haltenden kümmert (vgl. Lk 15,1–6)?
- In einer anderen Bildrede vergleicht Jesus Gott mit einer Frau, die aus ihrem kostbaren, mit Münzen besetzten Kopfschmuck, der zum Brautschatz gehört und gleichzeitig ihren kostbarsten Besitz und ihren Notgroschen darstellt, eine Drachme verloren hat. Sie scheut keine Mühe, um das Geldstück wiederzufinden. Als ihr das endlich gelungen ist, bricht sie in Freude und Jubel aus. So freut sich Gott über einen einzigen Sünder, der sich von ihm hat wiederfinden lassen. Gott, das will Jesus sagen, wartet nicht auf die Umkehr des Schuldigen. Vielmehr ergreift er selbst die Initiative, um das Verlorene wiederzugewinnen (vgl. Lk 15,8–10).
- Weithin bekannt ist das Gleichnis vom liebenden Vater, der seinen verlorenen Sohn wieder aufnimmt und dem daheim gebliebenen Vorwürfe macht. Er tut das aber nicht in einer Weise, die man von Gott erwarten würde. Er setzt sich nicht auf einen Richterstuhl, um ihm ins Gewissen zu reden und ihm seine Schandtaten vorzuhalten. Er schickt ihn auch nicht in den Schweinestall

zur Arbeit, damit er dort über die Sünden seiner Vergangenheit nachdenken kann. Der Gott-Vater in der Rede Jesu handelt geradezu würdelos. Er geht dem Heimgekehrten entgegen, fällt ihm um den Hals und küsst ihn: Und er arrangiert ein großes Fest der Freude und Dankbarkeit. Der „brave“ Sohn aber will nicht mitspielen. Schlimm genug, dass der Tunichtgut keine Strafe bekommt. Aber dass ihm zuliebe auch noch ein Freudenfest gefeiert wird, stellt die Ordnung der Welt auf den Kopf. Aber so ist Gott (vgl. Lk 10,11–32).

- Einprägsam und schockierend zugleich sind die Bildworte vom Kamel, das eher durch ein Nadelöhr geht als ein Wohlhabender ins Himmelreich (Mk 10,25), vom Auge, das man ausreißen soll, wenn es verführt (Mt 5,29), vom Splitter im Auge des Bruders und dem Balken im eigenen Auge (Mt 7,4), vom Fasten mit fröhlichem Gesicht (Mt 6,17).
- Im Gleichnis vom Pharisäer und Zöllner spricht Jesus von einem Gott, der andere Maßstäbe anlegt, als es Menschen zu tun pflegen und als es Menschen von Gott erwarten. Der Pharisäer ist tatsächlich ein frommer Mann. Wer hat schon solche Leistungen auf religiösem Gebiet aufzuweisen? Darf er nicht zu Recht von Gott eine Vorzugsbehandlung verlangen? Er hat durchaus ein Auge für die anderen; den Zöllner schließt er in sein Gebet mit ein. Freilich tut er das eher herablassend von der hohen Warte des religiösen Niveaus herab, das er erreicht zu haben meint. Der Gott, von dem Jesus spricht, erbarmt sich aber nicht des Pharisäers, sondern des Zöllners. Der kommt nämlich mit leeren Händen und ist bereit, sich von Gott beschenken zu lassen (vgl. Lk 18,9–14).

Auch in der besonderen Eigenart seines Auftretens mag Jesus seinen Zeitgenossen die Gewissheit vermittelt haben, dass Jahwe ein Gott der Güte und Liebe ist. Wenn Jesus Kinder gegen den Unwillen seiner eigenen „Jünger“ in Schutz nimmt, wenn er sie in die Arme schließt (Markus erwähnt das ausdrücklich: Mk 10,16), ihnen die Hände auflegt und den Segen über sie spricht, dann tut er das nicht etwa nur deshalb, weil große Herren sich gerne dazu herablassen, nett zu Kindern zu sein (zu den Erwachsenen sind sie es häufig nicht). Jesus ist gut zu ihnen, wie Gott gut war zu den Kindern des Volkes Israel: „Als Israel jung war, gewann ich es lieb ... Ich war es, der Israel die ersten Schritte gelehrt und es auf den Armen getragen hatte“ (Hos 11,1.3).

Sein Blick muss besonders eindruckvoll gewesen sein, denn die Evangelien erwähnen es häufig ausdrücklich, dass Jesus die Menschen „angeschaut“ habe. Er weckte Vertrauen, ermunterte zum Glauben. Kranke und Elende, Ausgestoßene und gesellschaftlich Geächtete fassten neuen Mut, wenn sie ihm begegneten. Die Berührung mit seiner Hand richtete Gebeugte und Gekrümmte auf. Wenn Kranke durch die Faszination der Gestalt Jesus gesund wurden und Blinde wieder sehen konnten, dann ruft sein Handeln jenen helfenden Gott in Erinnerung, ja dann erfahren Menschen die Gegenwart Jahwes, der „von aller Krankheit heilt“ (Ps 103,3) und „die Blinden sehend macht“ (Ps 146,8).

Es gilt heute auch für Kritiker als sicher, dass im Zusammenhang mit dem Auftreten Jesu staunenswerte Heilungen und merkwürdige Ereignisse geschehen sind. Vieles ist wohl auf den „Zauber“ seiner Persönlichkeit zurückzuführen. Weil Menschen daran glaubten, dass durch ihn Gott selbst handle und weil sie dadurch neuen Lebensmut schöpften, wichen körperliche oder seelische Leiden von ihnen, wurden sie von ihrer Depression und Resignation, von ihrer Isolation und Sprachlosigkeit befreit (vgl. Mk 9,23; 7,31–37; Mt 8,13). Weil sie in Jesus einem Menschen begegneten, der sie nicht ablehnte und auf Distanz zu ihnen ging, verschwanden ihre Ängste und Aggressionen (vgl. Lk 7,36–50; Joh 8,3–11). Weil Jesus es gut mit ihnen meinte und ihre Not mit ihnen teilte, begannen sie selber ihr Brot an ihre Mitmenschen zu verteilen (vgl. Mk 6,32–44; bes. V. 37).

War der Mann aus Nazaret ein raffinierter Demagoge, ein geschickt agierender Scharlatan, ein Größenwahnsinniger, ein Psychopath? Wir erleben es immer wieder, und die Zeitungen berichten häufig davon, wie auch heute, in unserem angeblich so aufgeklärten und skeptischen Zeitalter Menschen auf die Sirenentöne religiöser Verführer hereinfallen. Wie sie sich dazu verleiten lassen, Beruf und Besitz, Freund und Familie zu verlassen, um sich in die Gefolgschaft eines zweifelhaften Guru oder eines selbsternannten Heilbringers zu begeben. Warum sollte es damals anders gewesen sein?

Eine absolut sichere Antwort gibt es nicht. Es kann sein, dass sich die Menschen damals getäuscht haben. Und dass sie sich noch immer in ihm täuschen. Es kann sein. Aber ich frage mich: Wenn es einen (guten) Gott gibt (und das ist ja immerhin nicht völlig auszuschließen), kann es dann sein, dass dieser Gott Millionen und Abermillionen von Menschen grausam täuscht? Dass er Generationen von Menschen in die Irre gehen lässt? Und weiter: Kann es wirklich sein, dass ein Demagoge eine Bewegung auslöst, durch die über Jahrhunderte hinweg Menschen dazu motiviert wurden (und werden), in seiner Nachfolge selbstlose Solidarität mit Armen und Unterdrückten, grenzenlose Nächstenliebe zu Kranken und Leidenden, uneigennützige Aufbau- und Bildungsarbeit in unterentwickelten Gebieten dieser Erde zu üben, ihren Beruf und ihre Karriere, ihre Gesundheit und selbst ihr Leben für andere aufs Spiel zu setzen? Kann es sein, dass durch eine böse Tat (die ja dann das Wort und das Handeln Jesu wären) soviel Gutes in der Welt geschehen ist und noch immer geschieht? Kaum vorstellbar.

Die Bibel der Juden (für Christen das „Alte“ Testament) ist voll von der Überzeugung, dass Jahwe sich solidarisiert hat mit den Menschen, vor allem mit den Unterdrückten, mit den Unfreien, mit den Armen. Die Befreiung aus ägyptischer Knechtschaft war der Anfang einer langen Kette erlösender Taten. Aber Jahwe hat sich dabei nie unmittelbar gezeigt. Er blieb den Menschen nahe – als der verborgen Handelnde. Mit Jesus war, nach der festen Überzeugung seiner Anhänger, diese Annäherung Gottes an die Menschen zum Abschluss gekommen. Jesus hatte das solidarische Handeln Gottes mit den Menschen zur Vollendung geführt. Er hatte in seinem Wort und Werk gezeigt, dass Gott Heil und Befreiung will. Wenn Menschen sich zu diesem, für sie einzigartigen „Gottesereignis" Jesus von Nazaret bekennen, so bringen sie damit ihren Glauben zum Ausdruck, dass Mensch und Geschichte – trotz aller naturalen Einbettung in die Evolution, trotz aller widerlichen biologischen Bedingtheiten, trotz aller Unrechtsstrukturen der Geschichte – auf einen letzten und Sinn gebenden Zielpunkt hinlaufen. Gewiss, logisch zwingend ist diese Hoffnung nicht. Rational möglich wäre auch die gegenteilige Aussage, dass wir Menschen absolut zufällige Produkte der Evolution seien.

Jesus gleicht in seinem Wort und Handeln anderen großen Gestalten der Religionsgeschichte. Der Missionswissenschaftler Walbert Bühlmann berichtet von einem Hindu, der als Arzt in einem katholischen Missionskrankenhaus in Indien arbeitet und der seine Auffassung so umschreibt: „Meine persönliche Philosophie ist gegründet in der Universalität aller Religionen. Ich glaube, dass Christus, Krischna, Zoroaster, Buddha, Mohammed ein und dieselbe Person waren, die in verschiedenen Zeiten Fleisch angenommen und die ein und dieselbe Botschaft verkündet hat mit den Unterschieden, die von den verschiedenen Kulturen und Zeiten abhingen."[274]

Der indische Jesuit Sebastian Painadath sieht es ähnlich: „Christus ist eine universale Gestalt, eine universale Kraft des Göttlichen. Wir müssen in der Zukunft lernen, Christus aus dem engen Kirchendenken zu befreien. Gott offenbart sich in verschiedenen Formen, in verschiedenen Sprachen. Der eine Gott öffnet sich in verschiedenen Stufen, und in einer entscheidenden Stufe in Gottes Offenbarung ist Jesus Christus gekommen. Als Christ begegne ich Gott durch die historische Person Jesus von Nazaret, aber der Gott, der sich durch Jesus Christus geoffenbart hat, das ist der Gott, der mich auch durch die hinduistischen Schriften anspricht."[275]

Das Christentum erscheint in seiner evangelischen und/oder katholischen konfessionellen Ausprägung als ein (unter anderen) gangbarer und richtiger Weg, die Gottesfrage zu beantworten. In der jüdisch-christlichen Tradition und in der Gestalt des Mannes aus Nazaret offenbart sich eine Gottesvorstellung, die glaubwürdig und tragbar erscheint und die es mit den Vorstellungen anderer Religionen aufnehmen kann. Und nicht zuletzt können sich – trotz vielem, was gegen die jüdisch-christliche Religion einzuwenden ist und was an ihr menschlich-allzumenschlich erscheint – auch jene Menschen, die nicht an einen wie immer gearteten „Gott“ glauben können, an den humanitären Ideen und Praktiken der jüdisch-christlichen Glaubenstradition durchaus Maß nehmen und sich daran für ihr eigenen Denken und Handeln orientieren.

Das Wort „Gott“

Es ist bedenkenswert, dass das Wort „Gott“ (bzw. ein entsprechendes Äquivalent) in allen auf der Erde gesprochenen Sprachen vorkommt. Die „Sache“, um die es hier geht, scheint also alle Menschen ohne Ausnahme anzugehen. „Wenn aber das Wort ‚Gott‘ überhaupt einen Sinn haben soll, dann muss die Wirklichkeit, die es bezeichnet, unendlich mehr sein als der Mensch und nicht weniger. Göttlich kann nicht sein, was minderen Ranges ist als wir.“ So schreibt – etwas kühn – der Psychoanalytiker Albert Görres.[276]

Aber wie gehen Menschen mit diesem Wort um? Und welche Wirklichkeit wird damit bezeichnet?

Die eine Seite

- „Gott will es“, riefen die Kreuzfahrer und brachen mordend und brennend auf zur Eroberung der heiligen Stätten.
- „Im Namen des Vaters und des Sohnes und des Heiligen Geistes“ wurden die Indios von den spanischen Eroberern getauft oder niedergemacht, wenn sie sich nicht taufen lassen wollten.
- „Im Namen des Dreifaltigen Gottes“ wurden Ketzer hingerichtet, weil sie Gewissens- und Religionsfreiheit für sich beanspruchten.

- „Gott hat gesprochen“, so stellten die Inquisitoren nach einem geschickt ausgeklügelten „Gottesurteil“ fest und ließen unschuldige Frauen und Mädchen als Hexen verbrennen.
- „Gott mit uns“ wurde den Soldaten auf die Koppelschlösser geprägt, und so zogen sie ins Feld, in einen Krieg, der so sinnlos war, wie jeder Krieg sinnlos ist, und töteten den Feind, der mit dem gleichen Schlachtruf in den Kampf gezogen war.

Gott „ist das beladenste aller Menschenworte. Keines ist so groß besudelt, so zerfetzt worden … Die Geschlechter der Menschen haben die Last ihres geängstigten Lebens auf dieses Wort gewälzt und es zu Boden gedrückt; es liegt im Staub und trägt ihrer aller Last. Die Geschlechter der Menschen mit ihren Religionsparteiungen haben das Wort zerrissen; sie haben dafür getötet und sind dafür gestorben; es trägt ihrer aller Fingerspur und ihrer aller Blut … Wir können das Wort ‚Gott‘ nicht reinwaschen, und wir können es nicht ganz machen; aber wir können es, befleckt und zerfetzt wie es ist, vom Boden erheben und aufrichten über einer Stunde großer Sorge“ (Martin Buber).

Die andere Seite

In seinem „Grundkurs des Glaubens“ hat Karl Rahner, wenige Jahre vor seinem Tod, eine wundervolle Meditation über das Wort „Gott“ eingefügt, die im Folgenden in gekürzter Form wiedergegeben werden soll.[277]

> „*Es gibt dieses Wort*
>
> Das Einfachste und Unausweichliche in der Gottesfrage ist für den Menschen die Tatsache, dass in seinem geistigen Dasein das Wort ‚Gott‘ gegeben ist. Dass es dieses Wort gibt, das allein ist schon des Nachdenkens wert. Wenn wir auf diese Weise von Gott sprechen, meinen wir natürlich nicht nur das

deutsche Wort. Ob man ‚Gott' oder lateinisch ‚deus' oder semitisch ‚El' oder altmexikanisch ‚teotl' sagt, das ist hier gleichgültig, obwohl es an sich eine höchst dunkle und schwierige Frage wäre, wie man denn wissen könne, dass mit diesen verschiedenen Wörtern dasselbe oder derselbe gemeint sei, da ja in jedem dieser Fälle nicht einfach auf eine gemeinsame Erfahrung des Gemeinten, unabhängig vom Wort selbst, verwiesen werden kann.

Was sagt das Wort ‚Gott?'

Es gibt das Wort ‚Gott'. Das allein ist schon bedenkenswert. Jedoch über Gott sagt mindestens das deutsche Wort gar nichts oder nichts mehr aus. Ob das in der ältesten Geschichte des Wortes immer so war, ist eine andere Frage. Heute wirkt das Wort ‚Gott' jedenfalls wie ein Eigenname. Man muss anderswoher wissen, was oder wer damit gemeint ist. Das fällt uns meistens nicht auf; aber es ist so. Wenn wir – wie es durchaus in der Religionsgeschichte vorkommt – Gott z. B. den ‚Vater', den ‚Herrn' oder den ‚Himmlischen' oder ähnlich nennen würden, dann würde das Wort von sich aus, von seiner Herkunft aus unserer sonstigen Erfahrung und dem profanen Gebrauch heraus etwas über das Gemeinte aussagen. Hier aber sieht es zunächst so aus, als ob das Wort uns anblicke wie ein erblindetes Antlitz. Es sagt nichts über das Gemeinte. [...]
Dennoch ist diese schreckliche Konturlosigkeit dieses Wortes – bei dem die erste Frage wäre: Was soll denn dieses Wort überhaupt sagen? – doch offenbar dem Gemeinten angemessen, gleichgültig, ob das Wort ursprünglich schon so ‚antlitzlos' gewesen sein mag oder nicht. Ob seine Geschichte von einer anderen Gestalt des Wortes ausging, das mag also dahingestellt sein, jedenfalls spiegelt die jetzige Gestalt des Wortes das wider, was mit dem Wort gemeint ist: der ‚Unsagbare', der ‚Namenlose', [...] das ‚Schweigende', das immer da ist und doch immer übersehen, überhört und – weil es alles im Einen und Ganzen

sagt – als Sinnloses übergangen werden kann, das, was eigentlich kein Wort mehr hat, weil jedes Wort nur innerhalb eines Feldes von Wörtern Grenze, Eigenklang und so verständlichen Sinn bekommt. So ist das antlitzlos gewordene, d.h. das von sich selber her an keine bestimmte Einzelerfahrungen mehr appellierende Wort ‚Gott' doch gerade in der richtigen Verfassung, dass es uns von Gott reden kann, indem es das letzte Wort vor dem Verstummen ist, in welchem wir es durch das Verschwinden alles benennbaren einzelnen mit dem gründenden Ganzen als solchem zu tun haben.

Hat dieses Wort Zukunft?

Es gibt das Wort Gott. […] Selbst für den Atheisten, selbst für den, der erklärt, Gott ist tot, selbst für diesen gibt es, wie wir sahen, Gott wenigstens als den, den er für tot erklären und dessen Gespenst er verscheuchen muss, als den, dessen Wiederkehr er fürchtet. Erst wenn das Wort selbst nicht mehr wäre, d. h., wenn auch die Frage nach ihm gar nicht mehr gestellt werden müsste, dann hätte man vor ihm Ruhe. Aber es ist immer noch da, dieses Wort, es hat Gegenwart. Hat es auch Zukunft? […] Wie es auch mit der Frage nach der Zukunft des Wortes ‚Gott' bestellt sein mag, der Gläubige sieht einfach nur zwei Möglichkeiten und keine dritte: entweder wird das Wort spurlos und ohne Rückstand verschwinden, oder es wird bleiben, so oder so allen eine Frage.

Die Wirklichkeit ohne dieses Wort

Bedenken wir einmal diese zwei Möglichkeiten. Das Wort ‚Gott' soll verschwunden sein, spurlos und ohne Rest. […] Was ist dann, wenn man diese Zukunftshypothese ernst nimmt? Dann ist der Mensch nicht mehr vor das eine Ganze der Wirklichkeit als solcher und nicht mehr vor das eine Ganze seines Daseins als solchen gebracht. Denn ebendies tut das Wort ‚Gott', und nur es – wie immer es phonetisch oder in seiner Herkunft bestimmt sein mag. […]

Er würde nicht mehr merken, dass er nur ein einzelnes Seiendes, aber nicht das Sein überhaupt ist. Er würde nicht merken, dass er nur noch Fragen, aber nicht die Frage nach dem Fragen überhaupt bedenkt; [...]
Der Mensch hätte das Ganze und seinen Grund vergessen, und zugleich vergessen – wenn man das noch so sagen könnte –, dass er vergessen hat. Was wäre dann? Wir können nur sagen: Er würde aufhören, ein Mensch zu sein. Er hätte sich zurückgekreuzt zum findigen Tier. [...] Eigentlich existiert der Mensch nur als Mensch, wo er wenigstens als Frage, wenigstens als verneinende und verneinte Frage ‚Gott' sagt. Der absolute, selbst seine Vergangenheit tilgende Tod des Wortes ‚Gott' wäre das von niemandem mehr gehörte Signal, dass der Mensch selbst gestorben ist. [...]

Das Wort ‚Gott' bleibt

Die zweite Möglichkeit, die zu bedenken ist: Das Wort ‚Gott' bleibt. [...] Es gehört in besonderer, einmaliger Weise zu unserer Sprachwelt und somit zu unserer Welt, ist selbst eine Wirklichkeit, und zwar für uns eine unausweichliche. Diese Wirklichkeit mag deutlicher oder undeutlicher, leiser oder lauter redend gegeben sein, sie ist da. Mindestens als Frage.

Das uns aufgegebene ursprüngliche Wort

Es kommt in diesem Augenblick, in diesem Zusammenhang noch nicht darauf an, wie wir auf dieses Wortereignis reagieren, ob annehmend als Verweis auf Gott selbst, ob in verzweifeltem Ingrimm ablehnend, uns durch dieses Wort überanstrengen zu lassen, da es als Teil der Sprachwelt uns, ein Moment der Welt, zwingen will, vor das Ganze der Welt und unser selbst zu kommen, ohne dass wir das Ganze sein oder beherrschen könnten.
[...] Wir hören erleidend das Wort. ‚Gott' kommt auf uns in der Sprachgeschichte, in die wir, ob wir wollen oder nicht, eingefangen sind, die uns, den einzelnen, stellt und fragt, ohne selbst in unserer Verfügung zu sein. Diese uns zugeschickte Sprachgeschichte, in

der das uns fragende Wort ‚Gott' sich ereignet, ist so nochmals ein Bild und Gleichnis dessen, was sie vermeldet. Wir dürfen nicht meinen, weil der phonetische Klang des Wortes ‚Gott' je von uns einzelnen abhängt, darum sei das Wort ‚Gott' auch schon unsere Schöpfung. Es schafft eher uns, weil es uns zu Menschen macht. [...] Dieses Wort ist; es ist in unserer Geschichte und macht unsere Geschichte. Es ist ein Wort. Darum kann man es überhören, mit Ohren, die – wie die Schrift sagt – hören und nicht verstehen. Aber dadurch hört es nicht auf dazusein. [...] Es ist da. Es kommt aus jenen Ursprüngen, aus denen der Mensch selbst herkommt; man kann sein Ende nur mit dem Tod des Menschen als solchen zusammen denken – es kann noch eine Geschichte haben, deren Gestaltwandel wir uns nicht im voraus denken können, gerade weil es selbst die unverfügbare ungeplante Zukunft offenhält. Es ist die Öffnung in das unbegreifliche Geheimnis."

Erfahrungen

Ob es Menschen gibt, denen nie der Verdacht aufkommt, dass es „so etwas wie Gott" geben könnte? Die nie in ihrem ganzen Leben einer Ahnung von etwas Göttlichem begegnen? Vielleicht konnten sie Gott nur deshalb nicht erkennen, weil das Gottesbild, das man ihnen in der Kindheit vorgestellt und eingeprägt hatte, längst zerbrochen war. Zuviel Schindluder war mit diesem „Gott", genauer: mit dieser Einbildung von Gott, getrieben worden. Allzu oft hatten Menschen ihre eigenen Ideen und Vorstellungen als „Wort Gottes" ausgegeben, hatten sie auf Gott gezeigt und sich selbst gemeint. Allzu oft gaben sie vor, für die Erfüllung des göttlichen „Willens" und für Gottes Herrschaft einzutreten, und suchten doch nur ihre eigene Macht zu verteidigen oder zu festigen.

Viele Menschen konnten Gott auch dort nicht begegnen, wo man ihn offiziell anbot und noch heute anbietet:

- in den Gottesdiensten der verschiedenen Konfessionen, weil zuviel Eitelkeit und Pomp eher abstoßend wirkten;
- auf den Kanzeln der Kirchen, weil den Predigern das Wort „Gott“ und das Wort Gottes allzu leicht von den Lippen kam und sie zu gut über Gott Bescheid wussten;
- in den Häusern aus Stein, den „Gotteshäusern“, weil sie zu sehr aus diesem Leben und unserem Alltag hinaustrieben und davor abkapselten, anstatt in das Leben und in den Alltag hineinzuführen.

Andere haben Gott deswegen nicht erfahren können, weil sie behaupten, nur das akzeptieren zu können, was sich empirisch nachweisen lässt. Aber stimmt eigentlich diese Behauptung? Unterliegen jene, die so reden, nicht einer Selbsttäuschung? Weiß ich denn, ob der Ehepartner mich liebt? Weiß ich, ob meine Eltern mich gern haben? Kann ich das beweisen? Wie denn? Ich kann sagen: „Ich erfahre es, ich spüre es, ich fühle es, ich vertraue darauf, ich glaube es.“ Gut! Aber erfahren, spüren, fühlen, vertrauen, glauben – das kann täuschen. Wir können uns etwas vormachen, etwas einbilden. Glauben und Vertrauen sind immer mit dem Risiko der Täuschung verbunden. Je tiefer wir an den Kern der Person eines Menschen herantreten, desto weniger können wir etwas beweisen, desto mehr geraten wir in eine „Risikozone“ hinein. Die fünf Finger an der Hand kann ich beweisen. Auch den Schlag des Herzens und, schon etwas schwieriger, die elektrischen Ströme des Gehirns. Noch problematischer wird es, wenn ich die Intelligenz eines Menschen oder seine handwerklichen Fähigkeiten nachweisen will. Da muss ich schon allerlei Tricks und Tests anwenden. Und nicht selten komme ich zu einem falschen Ergebnis. Aber wie soll ich Liebe, Treue, Freundschaft, Hoffnung, Mut, Vertrauen, Hilfsbereitschaft nachweisen? Daran kann ich nur glauben. Glauben freilich, weil mir einige Hinweise durch Handlungen und Worte des anderen oder durch eigenes Beobachten und Nachdenken in die Hand gegeben sind. Aber wer garantiert mir, dass ich mich nicht dennoch täusche?

Ähnliches gilt für die Frage nach Gott. Das Dasein eines Steins kann ich leicht beweisen. Das Dasein von elektrischen Wellen auch noch. Selbst das Dasein von bestimmten Stoffen auf dem Mars. Aber die letzte und tiefste Wirklichkeit, die das alles trägt? Hier kann ich nur glauben. Glauben aufgrund von Erfahrungen, die über den Horizont unserer sichtbaren und messbaren Welt hinausgehen. Glauben aufgrund von Geschehnissen früher oder heute, die mir zeigen, dass es noch etwas mehr gibt als das, was ich am Horizont meiner beschränkten Erkenntnis ausmachen kann. Glauben, dass es jenseits von Reichtum, Besitz, Ansehen, Schönheit, Gesundheit, Macht mehr gibt im Leben.

Es gibt keine geschlossenen Erfahrungen in unserem Leben. Jede Erfahrung, die wir machen, ist offen. Sie ermöglicht uns einen Blick in eine andere Dimension, die hinter dem vordergründig Wahrgenommenen liegt. Wir müssen diesen Blick nur wagen. Wir müssen „ein Auge dafür" haben. Ein „drittes Auge", wie Hubertus Halbfas es ausdrückt.[278] Was zunächst alltäglich und banal erscheint, kann bei genauerem Hinsehen und bei tieferer Einsicht zu einer Begegnung mit jener anderen Wirklichkeit werden, die „Gott" genannt wird.

Wie kann ich Gott erfahren? Diese Frage stellen heute viele suchende Menschen – gläubige und ungläubige, verunsicherte und zweifelnde, ratlose und enttäuschte. Einige Erfahrungen, die sich (auch) als Gotteserfahrungen deuten lassen, sollen hier genannt werden.

Die Sehnsucht der Menschen

Der Mensch ist ein unfertiges, unvollkommenes „Mängelwesen" (Arnold Gehlen). Etwas fehlt ihm immer, immer braucht er etwas. Er ist eine „dunkle, leere Offenheit, die nach Erfüllung durch ein anderes verlangt, ein ergänzungsbedürftiges Bruchstück des Seins".[279] Und er ist sich dieses Mangels bewusst. Darum sehnt er sich immer nach etwas – zum Beispiel nach Heimat und nach dem Unendlichen.

Sehnsucht nach Heimat

Jeder Mensch sehnt sich nach einer dauerhaften Bleibe, nach vier Wänden, die ihm Schutz gegen alle Unbill der Natur geben. Nach einem Dach über dem Kopf, das ihn behütet und bewahrt vor Sturm und Regen. Nach einem Zuhause, das ihm eine Stätte der Zuflucht ist, wenn draußen die Wetter wüten. Und er richtet sich sein Zuhause so schön wie möglich ein. Denn er möchte sich darin wohl fühlen. Er möchte zu sich selbst kommen, nachdem er den ganzen Tag „draußen" war. Er möchte Ruhe finden, nachdem er tagsüber der vielfachen Hektik des Alltags ausgesetzt war.

Aber so schön und so heimelig sein Zuhause auch sein mag: bald treibt es ihn wieder hinaus. Da werden ihm seine vier Wände zu eng. Da kann er es unter seinem Dach nicht mehr aushalten. Da muss er einfach weg. Er sucht den sich ins Unendliche weitenden Horizont und fährt ans Meer. Er sehnt sich nach Bewegung und macht sich auf Wanderschaft. Er bricht die beängstigende Enge auf und steigt auf Berge und Höhen, dem Blau des Himmels entgegen – getrieben von einer Ahnung, dass über den Wolken die Freiheit wohl grenzenlos sei.

Doch es dauert nicht lange, da treibt es ihn wieder zurück. Da sucht er wieder die heimatliche Geborgenheit. Da sehnt er sich wieder nach dem bergenden Schutz seines Heims. Da ist er des Wanderns müde.

Und so schwankt er ein Leben lang hin und her zwischen Ankommen und Aufbrechen, zwischen Heimat und Fremde, zwischen Drinnen und Draußen. Immer auf der Suche, immer umhergetrieben, immer unterwegs. Auf rastloser Wanderschaft, ohne dauernde Ruhe, getrieben und gejagt. Die Hektik ist geradezu eine Volkskrankheit.

Steigt in der Sehnsucht des Menschen nach Heim und Heimat der heimliche Wunsch auf nach Rückkehr in diese andere, bessere, vollendete, heile Welt, die in seinem Unterbewussten noch lebendig ist? Bedeutet menschliches Sehnen den aus dumpfer Erinnerung sich erhebenden ahnungsvollen Vorgriff auf die endgültige und vollkommene Erfüllung allen Hoffens und Wünschens nach Geborgenheit? Ist die Unruhe des Menschen zitternder Ausdruck einer unausgesprochenen Gewissheit, dass es eine letzte und tiefste Ruhe geben wird? Dass der Mensch nur deswegen zu rastloser Wanderschaft getrieben wird, weil er um ein endgültiges Ziel weiß, ohne sich dessen explizit bewusst zu sein?

Heinrich Böll hat einmal gesagt, für ihn sei das Unbehaustsein des Menschen und seine innere Unruhe ein Gottesbeweis. Und er begründete das mit der „Tatsache, dass wir alle eigentlich wissen – auch wenn wir es nicht zugeben –, dass wir hier auf Erden nicht zuhause sind, nicht ganz zuhause sind, dass wir also woanders hingehören und von woanders herkommen“. Böll nennt das einen Traum, eine Sehnsucht, ein Empfinden, und er glaubt, „dass es sich hier keineswegs um ein bloßes Gefühl handelt, sondern vielleicht um eine uralte Erinnerung an etwas, das außerhalb unserer selbst existiert“.[280]

Religion als Erinnerung an ein verlorenes Zuhause? Gottesglaube als Ausdruck unseres Unbehaustseins? Die unstillbare Sehnsucht des Menschen nach einer letzten und tiefsten Geborgenheit als Gottesbeweis? Gott als die eigentliche und letzte Heimat des Menschen?

Augustinus, der Bischof von Hippo, hat Ähnliches erfahren und in seinen Bekenntnissen auf unnachahmlich schöne Weise ausgesprochen: „Gott, es will dich preisen der Mensch, ein Stäubchen nur von deiner Schöpfung, der Mensch, mit sich schleppend seine Sterblichkeit. Denn du hast uns auf dich hin geschaffen, und ruhelos ist unser Herz, bis es ruhet in dir.“[281]

Sehnsucht nach dem Unsagbaren

Die jüdische Dichterin Nelly Sachs hat einmal gesagt: „Alles beginnt mit der Sehnsucht.“ Und sie hat wohl Recht. Im Frühjahr, da arbeitet sich der Keimling durch die dunkle Erde hindurch empor ans Licht. Mit Macht strebt er den wärmenden Strahlen der Sonne entgegen. So weit er kann, streckt er seine Zweige aus, um sich dem Licht zuzuwenden. Im November, wenn das Sonnenlicht blasser wird, wenn dichte Wolken ihre dunklen Schatten ausbreiten, sinkt die Pflanze in sich zusammen. Sie lässt ihre Sonnenfühler hängen. Sie wirft die Blätter ab, weil die Sonnenstrahlen nicht mehr stark genug sind, um sie am Leben zu erhalten. Aber die Sehnsucht nach Licht bleibt auch in der Dunkelheit. Im nächsten Frühjahr wird sie die Pflanze wieder ans Licht treiben.

Und ähnlich ist es mit der Sehnsucht bei uns Menschen. Das Kind sehnt sich nach Geborgenheit. Es verlangt nach Wärme und Zuwendung. Der heranwachende Mensch sehnt sich danach, von den Älteren ernst genommen zu werden; er sehnt sich nach einem Beruf, der ihn erfüllt. Der erwachsene Mensch sehnt sich nach einem Du, das seine Einsamkeit aufhebt, das ihm Heim und Heimat schenkt, das seine Freuden und Leiden mit ihm teilt. Alle Menschen sehnen sich nach Anerkennung, nach Zärtlichkeit, nach Liebe.

Manchmal blitzt etwas auf von der Erfüllung dieser tiefen Sehnsucht – inmitten einer erhebenden Erfahrung von Glück und Freude, bei der Begegnung mit einem Menschen, von dem ich mich angenommen und ernst genommen fühle. Es gibt solche Momente – Sternstunden, Festzeiten, Hochgefühle –, die mir zum Bewusstsein bringen, dass das Leben durch und durch gut ist, so gut, dass ich zum Augenblick sagen möchte: „Verweile doch, du bist so schön!"

Aber nicht selten legt sich auf meine Hochstimmung bald ein Hauch von Melancholie. Denn ich muss schmerzlich erfahren, dass meine Sehnsucht nie endgültig gestillt wird. Dass mein Glück nie von Dauer ist. Immer bleibt ein unabgegoltener Rest. Alle Erfüllung lässt eine unausgeschöpfte und unausschöpfliche Leere zurück. Leidvoll wird mir bewusst, dass die Sehnsucht maßlos, grenzenlos, unendlich ist. Dass sie immer über alle Befriedigung hinausragt. Dass sie stets größer ist als ihre Erfüllung. Wie ein siamesischer Zwilling ist die Sehnsucht nach Vollkommenheit untrennbar mit der Erfahrung der Unvollkommenheit, des Ungenügens, des Mangels verbunden. Menschliches Sehnen geht über alles menschliche Vermögen zu seiner Befriedigung hinaus. Es verlangt nach mehr, nach immer mehr, nach unendlich mehr. Menschliche Sehnsucht ist unstillbar. Sie ist nie ganz zu löschen, nie vollkommen zu befriedigen. Sie weist ins Unendliche, ins Unausschöpfliche, ins Absolute.

Sehnsucht ist nicht etwas, was der Mensch aus sich heraus schafft. Sehnsucht ist in ihn hineingelegt. Sie ist die Hoffnung, dass die Endlichkeit des Endlichen nicht das Letzte sei. Sie ist der Traum von einer besseren, vollkommenen Welt. In den Träumen, das lehrt uns die Psychoanalyse, steigen Urerfahrungen der Menschheit auf. Urbilder, Archetypen werden lebendig. Ist unsere Sehnsucht eine verschwommene Erinnerung an unendlich lang zurückliegende Begegnungen mit dem Vollendeten, dem Vollkommenen, dem Erfüllenden? Ist sie gewachsen und geworden aus einer vielfältigen Erfahrung der Menschheit mit dem unbegreiflich Letzten und Tiefsten? Aus der Erinnerung einer uranfänglichen Geborgenheit im absolut Wahren, Schönen und Guten? Ist sie ein Traum der Menschenkinder, weil schon der Vater aller Menschen, ihr Schöpfer selbst, diesen Traum von einer heilen Welt geträumt hat?

Es mag sein, dass wir uns dieser Sehnsucht, die in uns lebt und uns umtreibt, nicht immer bewusst sind. Häufig schütten wir sie zu mit unseren mehr oder minder wichtigen Alltagsgeschäften, mit hektischer Betriebsamkeit, mit unaufschiebbaren Terminen, mit scheinbar unaufgebbaren Pflichten, mit vordergründig großen Plänen und Utopien.

Aber manchmal kommen wir doch zu uns selbst. Manchmal hören wir in uns hinein. Manchmal wird der Firnis unserer Selbstvergessenheit und Selbstgenügsamkeit aufgebrochen. Vielleicht geschieht das mitten in einer Erfahrung von Glück und Freude, auf die sich die heimliche, unausgesprochene Sehnsucht nach letzter vollkommener Erfüllung wie ein dunkler Schleier legt. Da keimt die Sehnsucht wieder auf und erinnert uns daran, dass all unser Glück und all unsere Freude nicht von Dauer sind, obwohl wir uns doch nach ewigem Glück und dauerhafter Freude sehnen. Gerade in Grenzsituationen, in Zeiten der Not und des Leids, erinnert uns die Sehnsucht daran, dass diese Welt nicht vollkommen, dass menschliches Leben bedroht und gefährdet ist, ausgesetzt einer Fülle von Mächten und Gewalten, die wir nicht in den Griff bekommen.

Dann ahnen wir, dass es im Leben noch mehr gibt als all die wichtigen Unwichtigkeiten, als all die rasenden Leerläufe, als all die banalen Bedeutsamkeiten. Wir erleben Momente, die aus dem trägen Fluss unseres Alltagslebens herausragen. Augenblicke, die eine gänzlich andere Dimension der Lebenstiefe aufbrechen lassen. Geschehnisse, die uns inmitten alles Verfügens und Machens das Unverfügbare und Geschenkhafte unseres Lebens erkennen lassen. Wir vergessen in ihnen Zeit und Raum. Wir spüren eine Unruhe, die unser Herz erfasst und es nicht mehr zur Ruhe kommen lässt. Wir hören leise, aber dringlich in unserem Inneren ein Wort, das uns in Ver-antwortung nimmt. Und manch einer vernimmt auch einen drängenden An-Ruf, dem er nicht widerstehen kann.

Was braucht der Mensch letztlich und endlich? Was kann seine unendliche Sehnsucht stillen? Es ist nicht mehr und nicht weniger als Alles. Was der Mensch zum vollendeten Glück braucht, ist nicht dieses oder jenes, sondern schlechthin Alles, das Ganze. Was er sehnlich erwünscht, kann er darum nur bekommen, wenn er sich irgendwie in den Besitz des unendlichen Seins und seiner Fülle, wenn er sich in den Besitz des Göttlichen setzen kann. Der römische Philosoph Boëthius formuliert es klar und prägnant: „Beatitudo est stabilis possessio summi et perfecti boni" (Glückseligkeit ist der dauerhafte Besitz des höchsten und vollendeten Guten bzw. Gutes).[282]

Die Sehnsucht der Menschen als Ausdruck einer Ahnung von Gott. Wie das heute konkret aussehen kann, schildert eine Ordensfrau und Ärztin:

> „Ich bin seit mehr als 25 Jahren Ordensfrau und Ärztin – von außen betrachtet müsste ich eigentlich zum Kreis jener Menschen gehören, die ziemlich genau wissen, wie das geht: mit Gott leben oder was Gott mir sagt. ... Heute ist sie wieder da, die Frage: Glaubst du wirklich, dass Gott da ist in dieser so zerrissenen Welt, in der großen politischen Welt wie in der kleinen eigenen Welt und im eigenen Herzen?

Glaubst du wirklich, dass sein Geist noch heute weht und ergreift und trägt?
Ich weiß nicht, ob ich jemals zu einem klaren, dauerhaften, felsenfesten Ja finden werde. Aber eines weiß ich: Diesen inneren Zweifel aushalten möchte ich mit meinen Geschwistern und Freunden – mitunter stellvertretend für sie, wo es nicht anders möglich ist, aber vor allem suchend mit ihnen, wo uns gegenseitiger Austausch geschenkt ist – und dankbar für die Sehnsucht, die wach bleibt. … Es ist eine Sehnsucht nach einem Gott, der immer größer ist als mein Schmerz über alles, was so unverständlich, so zerrissen, so zerschlagen ist. Vielleicht sagt mir ‚Gott', dass Er einer ist, den ich nie verstehen werde. Und dass Er einer ist, der mich immer wieder überrascht und mir Mut macht, unterwegs zu bleiben – mal mitgeschleppt durch Freunde, mal mittragend für einen Freund, eine Freundin."[283]

Die Natur

Vom emeritierten Innsbrucker Bischof Reinhold Stecher stammt der Satz: „Viele Wege führen zu Gott, einer geht über die Berge."

Grenzen

Viele Bergsteiger werden es schon erlebt haben: Mit einiger Mühe haben sie noch am Abend einen hohen Gipfel bestiegen, um den Sonnenuntergang zu erleben. Zu ihren Füßen ein geschlossenes Wolkenmeer. Nur ein winziger Schritt wäre es bis zu dem rot-golden glänzenden Teppich. Kein anderer Berg ist hoch genug, dass er aus ihm herausragen könnte. Irgendwo weit im Westen, am Ende des Meeres, die untergehende Sonne. In immer tieferes Blutrot färben ihre Strahlen das Weiß der geschlossenen Wolkendecke.

Stehen an der Grenze, am Ende des festen, felsigen Untergrundes und am Beginn der luftigen, scheinbar grenzenlosen Weite. Aber doch weiß ich, dass auch der ferne Horizont wieder eine Grenze kennt. Das scheinbar Grenzenlose ist begrenzt.

Was ist das eigentlich – eine Grenze? Wir leben in Grenzen. Jedes Ding hat seine Grenze. Aber auch jedes Tun, jeder Gedanke. Und das Begrenzte selbst hat in sich wieder Grenzen. Der Stein, auf dem ich stehe, grenzt sich von einem anderen ab. Alle zusammen bilden den breiten Felsgrat, auf dem die Hütte gebaut ist. Hinter der Hütte grenzt der Fels an den Schnee, vor der Hütte an die Wolken. Die Hütte grenzt unter sich an den Felsgrat, über sich an die alles umgebende Luft. Grenzen ringsum.

Aber auch „hinter" diesen wahrnehmbaren Grenzen liegen noch andere, viel schwerer auszumachende. Woher „wusste" der Stein, dass er hier Halt zu machen hatte, dass er hier an seine Grenze stieß? Wer „sagte" dem Schnee, dass er nicht weiter vordringen sollte? Wer kam auf die Idee, die Hütte hier und nicht weiter rechts oder weiter links zu errichten? Und wer teilte mir mit, dass ich mich hierhin und nicht dorthin stellen soll? Alles Zu-fall? Fels und Stein, Schnee und Hütte, Mensch und Welt leben ihr je eigenes Leben in Abgrenzung von dem, woher sie kommen und was ihren Bereich als solchen umschreibt.

Doch auch hinter diesen Fragen gibt es noch weitere „hinter-gründige" – nach der chemischen Zusammensetzung der Steine, nach ihrer Farbe, nach ihrem Gewicht, nach dem Material, aus dem die Hütte gebaut ist, nach ihren Erbauern, nach der Temperatur des Schnees usw. usw. ... Fragen scheinbar ohne Grenzen. Und doch ganz sicher irgendwann an eine Grenze stoßend, wenn tatsächlich alle Fragen gestellt sind.

Grenzerfahrungen in Hülle und Fülle. Aber „gibt" es das eigentlich – die Grenze? Es ist doch eigentümlich: Wer von Grenzen spricht, dem kommt immer zuerst etwas anderes in den Sinn als die Grenze selbst. Er redet von der angrenzenden Hütte, vom begrenzten Felsgrat, vom (scheinbar) grenzenlosen Wolkenmeer, aber nicht von der Grenze als solcher. Die Grenze selbst wird kaum angesprochen. Wir sagen zwar: „Da *verläuft* die Grenze; hier ist die Grenze *gezogen.*“ Aber damit meinen wir nur die Trennung von zwei Bereichen. Denn genau genommen „verläuft“ gar nichts und ist gar nichts „gezogen“. Grenze beschreibt vielmehr nur das Aufhören, das Nicht-mehr-sein des Bereichs Stein oder Schnee oder Haus oder Wolke.

Andererseits ist die Grenze aber nicht einfach gar nichts. Denn sie „tut“ ja etwas: Sie grenzt ab – den Felsgrat vom Schneefeld, das Hüttendach von der Lufthülle.

Ein Paradox also: Die Grenze scheint ein Nichts zu sein, das Etwas ist.

Doch nun kommt noch ein dritter Aspekt hinzu: Die Grenze, dieses „Nichts“ und „Etwas“, das zwei Bereiche voneinander trennt, ist zugleich auch das sie Verbindende und das den beiden geschiedenen Bereichen Gemeinsame. Dem „Verlauf“ der Grenze entlang liegen die Bereiche getrennt-aneinander. Sie sind als geschiedene miteinander verbunden. Sie kommen einander so nahe, dass „nichts“ mehr dazwischen liegt. Die Grenze hält zusammen, verknüpft, benachbart, was sie eigentlich trennt. Sie fügt das Unterschiedene und Abgegrenzte über alle Unterschiede und Abgrenzungen hinweg zu einer nirgends ganz zerreißenden Einheit des Geschiedenen zusammen. Das scheidende „Wesen“ schafft mit geheimnisvoller Notwendigkeit auch eine unverbrüchliche Verbindung. Nichts fällt in leere Vereinzelung auseinander. Alles bleibt „benachbart“. „Grenze ist so das Einssein von *allem* in der Scheidung von *allem. Die* Grenze, das als Grenze waltende Wesen, ist *alles* durchwaltend und überwaltend. Sie ist so *selber unbegrenzt.*“[284]

Der Mensch – ein begrenztes, auf seine physische Natur verwiesenes und in ihr verhaftetes Wesen. Aber ein Wesen, das über diese Schranken hinausdrängt, das durch sein Fragen nach einem alles umgreifenden Ganzen sowohl die Grenzen sinnlicher Erfahrung als auch die Gegenstände sinnlich vitaler Bedürfnisse überschreitet. Der Mensch ist ein Grenzgänger zwischen Endlichem und Unendlichem. Gewährt die Erfahrung der Grenze einen Fingerzeig auf das göttliche Geheimnis? Weist das „alles“ verbindende „Nichts“ und „Etwas“ auf die „Spur des

Ewigen“? Deutet das „*alles* Durchwaltende und Überwaltende“ auf den, der „über allem und durch alles und in allem“ ist (Eph 4,6)?

Faszination des Kosmos

Wer sich nur ein wenig über die Entdeckungen und Erkenntnisse der Naturwissenschaften informiert, erfährt immer wieder Faszinierendes und Erstaunliches. Da sind:

- der Makrokosmos mit seinen schwarzen Löchern und Gestirnen, mit seinen unvorstellbaren Entfernungen und den Bahnen der Planeten,
- die verschlungene und verwundene Geschichte der Evolution,
- die Größe und Erhabenheit des Hochgebirges, der Gletscher, des Ewigen Schnees,
- die Faszination und die Stille der Wüste,
- die Urgewalt und die Sanftheit der Ozeane,
- die Korallenriffe und die Farbenpracht der Fische im Roten Meer,
- die rätselhafte, unergründliche Welt der Kleinstlebewesen und Mikroben, der Viren und Bazillen,
- der staunenswerte Zug der Vögel im Herbst und im Frühjahr,
- das Geheimnis des Lebens, seines Werdens und Vergehens, die Wunder des menschlichen Organismus:
  - er besteht aus 80 Billionen (in Ziffern: 80 000 000 000 000) Zellen,
  - die Blutgefäße haben eine Gesamtlänge von 400 000 Kilometer (das entspricht dem zehnfachen Erdumfang),
  - das Herz schlägt pro Minute etwa 75 mal, das sind am Tag rund 100 000 Schläge; dabei werden in jeder Minute 5 Liter, in einer Stunde 300 Liter, an einem Tag 7500 Liter Blut befördert (in 24 Stunden würde das menschliche Herz 15 Badewannen mit Flüssigkeit voll pumpen und dabei einen Höhenunterschied von zwei Metern überwinden),

- ein Siebzigjähriger hat in seinem Leben etwa 350 000 Kubikmeter Luft verbraucht (das entspricht einem Würfel mit einer Kantenlänge von 70,5 Metern),
- das Großhirn enthält mehr als 40 Milliarden Nervenzellen, die aneinandergereiht eine Länge von 500 000 Kilometern ergeben würden (die mittlere Entfernung von der Erde zum Mond beträgt 384 000 Kilometer).

Je intensiver der Mensch die Natur erforscht und erkundet, desto mehr Unerforschtes und Unerkundetes tritt zutage. Je mehr Antworten auf die Rätsel des Kosmos gefunden werden, desto mehr neue Fragen tauchen auf. Das Anwachsen der gelösten und der ungelösten Probleme ist geradezu umgekehrt proportional – trotz des rasanten Forschritts der Naturwissenschaften.

Soll all das wirklich durch puren Zufall entstanden sein – und sei es auch in Millionen und Abermillionen von Jahren? Sind all diese höchst verwunderlichen und erstaunlichen Fakten nichts anderes als das Produkt einer blind laufenden Evolution? Schwer vorstellbar.

Ist es angesichts dieser zahllosen Wunder und Rätsel, dieser unendlich vielen für den Menschen kaum zu lösenden Fragen so gänzlich unvernünftig, an eine geheimnisvolle letzte und tiefste Kraft zu glauben, die hinter all den Wundern der Natur steht und die das All in irgendeiner Weise ins Dasein gerufen hat, die es trägt und erhält? Sollte tatsächlich all das Große und Erhabene im Makrokosmos, all das Staunens- und Verwundernswerte im Mikrokosmos nur dem blinden Zufall zu verdanken sein?

Der Naturwissenschaftler und Theologe Pierre Teilhard de Chardin berichtet, dass er schon in früher Jugend „eine Neigung verspürt (habe), das Göttliche zu suchen, nicht abseits von der physischen Welt, sondern durch die Materie hindurch und irgendwie in Vereinigung mit ihr“.[285] Für Teilhard erscheint die Welt nicht als ein undurchdringliches Dickicht, das keinen Durchblick auf das jenseits liegende „Eigentliche“ zulässt, sondern vielmehr als ein „durchsichtiges“, gelichtetes Ganzes. Er sieht durch die vordergründige Welt hindurch und erkennt „dahinter“ einen letzten und tiefsten Grund für alles Sein. So wird er zum Theologen: „Die einzige Wirklichkeit, die uns verlockt, ist jenseits der transparenten Dinge, durch die sie hindurchschimmert, und was alles an Hinfälligem zwischen uns und dieser Wirklichkeit vergeht, wird sie uns nur makelloser zeigen. Alles ist mir alles, und alles ist mir nichts; alles ist mir Gott, und alles ist mir Staub. Dies kann der Mensch mit derselben Berechtigung sagen, je nachdem der göttliche Strahl einfällt.“[286]

In seinem Buch „Das Herz der Materie“ erzählt Teilhard von einem Kindheitserlebnis: „Ich war sicher nicht älter als sechs oder sieben Jahre, als ich anfing, mich von der Materie angezogen zu fühlen – oder genauer gesagt – von etwas, das im Herzen der Materie leuchtete. In jenem Alter war ich liebevoll, artig – ja fromm. So liebte ich durch die sich übertragende Ausstrahlung meiner Mutter [...] den ‚kleinen Jesus‘ sehr. Aber in Wirklichkeit war mein wahres Ich woanders ...“ Teilhard zählt dann seine „Idole“ auf – Gegenstände aus Eisen, die er immer von neuem fasziniert heimlich betrachtete: einen sechseckigen Schraubenkopf und verschiedene Granatsplitter von einem nahe gelegenen Schießübungsplatz. Was ihm vor allem Bewunderung abnötigte, waren Stabilität und Verlässlichkeit, die diese Eisenteile ausstrahlten. „Ich kann mich eines Lächelns nicht enthalten“, heißt es dann, „wenn ich an diese Kindereien zurückdenke. Und doch fühle ich mich gezwungen, anzunehmen, dass sich in dieser instinktiven Geste, die mich ein Metallfragment geradezu anbeten ließ, bereits eine intensive Begabung und eine Reihe von Neigungen zusammenballten und ankündigten und dass mein ganzes weiteres spirituelles Leben nichts anderes als deren Entfaltung war. Das Bedürfnis, etwas Absolutes (!) ganz und gar zu besitzen, war seit meiner Kindheit die Achse meines ganzen Innenlebens ...“[287]

Für Teilhard de Chardin besitzt die Kreatur und das, was sie zu „offenbaren“ hat, den Vorrang gegenüber der Offenbarung, wie sie etwa in den Büchern der Heiligen Schriften ihren Niederschlag gefunden hat. Darum sind die profanen, weltlich-nüchternen Sprachen (etwa Naturwissenschaften) ebenso geeignet, religiöse Inhalte darzustellen wie sakrale Sprachen (etwa die der europäischen Standardtheologien). Und weil die sakralen Sprachen heute dem allgemeinen Bewusstsein der Zeitgenossen mehr und mehr fremd geworden sind, erscheint es für Teilhard geradezu zwingend notwendig, religiöse Inhalte in profanen, weltlichen Sprachen vorzustellen, wenn der Gottesglaube nicht in der Sprachlosigkeit der tradierten religiösen Floskeln und theologischen Leerformeln verloren gehen soll. Die Evolution ist mit dem Auftreten des Menschen keineswegs abgeschlossen. Sie geht weiter in der Ausbildung transpersonaler Systeme, die sich letztlich im „göttlichen Milieu", wie Teilhard das Reich Gottes nennt, zusammenschließen. Dann wird die Schöpfung mit Gott vereinigt. Die Schöpfung wird in Gott aufgehoben.[288]

Begegnungen mit Menschen

Auch Begegnungen mit Menschen und Erlebnisse aus dem menschlichen Alltag können zu einer Erfahrung der Wirklichkeit „Gott" werden:

- wenn ihm in der dunklen Nacht seiner Einsamkeit und seines Unverstandenseins ein Licht aufgeht,
- wenn jemand, der nicht mehr aus noch ein weiß, plötzlich einen Weg sich öffnen sieht, unvermutet wie ein Geschenk,
- wenn jemand, der sich ganz und gar ausgestoßen vorkommt, der von der Gesellschaft als Nichtsnutz oder Tunichtgut gebrandmarkt ist, die Zuwendung eines Menschen erfährt und dabei erkennt, dass er doch keine Null ist, dass man ihn nicht vergessen hat, ja dass man seiner bedarf,
- wenn ein Kind sich angenommen und ernst genommen weiß, weil es trotz aller kindlichen Unart und Garstigkeit liebevolle Zuwendung bekommt,
- wenn einem Menschen im Erlebnis eines glücküberströmten Augenblicks oder in den stillen kleinen Freuden des Alltags die Vorboten einer unvergänglichen Freude und eines ewigen Glücks zuteil werden.

So ließe sich fortfahren, Erfahrungen im menschlichen Alltag zu benennen, die im Letzten und Tiefsten Gotteserfahrungen sind. So ließen sich Begegnungen mit Menschen und der Menschen miteinander aufzählen, die eigentlich Gottesbegegnungen sind. Situationen, in denen sich Gott ereignet. Oder, um in biblischer Sprache zu sprechen: in denen Er, Jahwe, da ist. Der Mensch wird zum Ort der Gottesbegegnung. Der Alltag, der gewöhnliche und banale Alltag, wird transparent auf das Geheimnis „Gott“ hin.

So sieht es auch der Theologe Gotthold Hasenhüttl: „Wo ein Mensch sich den anderen erschließt, wo er offen ist für neue Möglichkeiten und den anderen in seiner Annahme aufatmen lässt, da wird Gott gegenwärtig, weil Liebe geschieht. Im Ereignis der Liebe wird die letzte Wirklichkeit sichtbar. So kann man beinahe sagen, dass Gott in den ‚Banalitäten‘ des Lebens zur Sprache, zum Vollzug kommen kann. Im Schluck Wasser, im Krankenbesuch, im Dienst am Nächsten, in menschlicher Zuneigung, in der Hingabe des Lebens – überall kann Gott Ereignis werden. Gott ist den Menschen unendlich nahe, wenn der eine dem anderen hilft. In diesem Ereignis, das erfahrbar ist, kann Gott geschehen, wird Gott in unserer Mitte gegenwärtig.“[289]

Mutter Teresa, die Heilige in den Slums von Kalkutta, hat es erfahren:

> „In Kalkutta kam eines Tages ein Mann mit einem Rezept zu mir und sagte: ‚Mein einziges Kind liegt im Sterben. Und diese Medizin kann nur aus dem Ausland nach Indien gebracht werden.‘
> Gerade in diesem Moment, während wir noch redeten, kam ein Mann mit einem Korb voll von Medizin. Ganz oben in dem Korb lag diese Medizin.
> Wenn ich nicht im Haus gewesen wäre, hätte ich das nicht gesehen. Wenn er eher gekommen wäre, hätte ich es nicht sehen können. Aber gerade in diesem Moment – bei all den Millionen und Millionen von Kindern in der Welt – war Gott in seiner Zärtlichkeit bemüht um dieses kleine Kind aus den Slums von

> Kalkutta – gerade in diesem Moment bemüht, die richtige Medizin zu senden, um das Kind zu retten. Ich preise die Zärtlichkeit und Liebe Gottes, weil jedes kleine Kind, aus einer armen Familie oder aus einer reichen Familie, ein Kind Gottes ist, geschaffen vom Schöpfer aller Dinge."[290]

Mitten in der Zweideutigkeit und Ungesichertheit menschlichen Lebens kann die Erfahrung letzter Sinnhaftigkeit gemacht werden. Es bleibt allerdings die Frage: Und was geschieht mit den Tausenden von Kindern, die täglich elend zu Grunde gehen, die verhungern oder verdürsten, die von grausamen Krankheiten dahingerafft werden? Wo ist Gott da? Warum greift er hier nicht ein? Albert Camus hat in seinen Werken immer wieder vehement diese Frage gestellt. In seinem 1947 erschienenen Roman „Die Pest" schildert er den aussichtslosen und vergeblichen Kampf des Arztes Rieux gegen die Seuche. Als ein kleines Kind trotz aller Bemühungen qualvoll vor seinen Augen stirbt und der herbeigerufene Seelsorger, Pater Paneloux, „die Gebärde des Segnens" über der kleinen Leiche macht, kommt es zu einer heftigen Auseinandersetzung zwischen den beiden:

> „Rieux wandte sich Paneloux zu: ‚[…] Es gibt Zeiten in dieser Stadt, da ich nur mehr meine Empörung spüre.'
> ‚Ich verstehe', murmelte Paneloux. ‚Es ist empörend, weil es unser Maß übersteigt. Aber vielleicht sollen wir lieben, was wir nicht begreifen können.'
> Rieux richtete sich mit einem Schlag auf. Mit der ganzen Kraft und Leidenschaft, deren er fähig war, schaute er Paneloux an und schüttelte den Kopf.
> ‚Nein, Pater', sagte er. ‚Ich habe eine andere Vorstellung von der Liebe. Und ich werde mich bis in den Tod hinein weigern, die Schöpfung zu lieben, in der Kinder gemartert werden.'
> Ein bestürzter Schatten huschte über Paneloux' Gesicht.

‚Ach, Herr Doktor', sagte er traurig, ‚eben habe ich erkannt, was man Gnade heißt.'
Aber Rieux war von neuem auf seiner Bank zusammengesunken. Seine Müdigkeit war zurückgekehrt und ließ ihn sanfter antworten.
‚Die habe ich nicht, ich weiß. Aber ich will nicht mit Ihnen darüber streiten. Wir arbeiten miteinander für etwas, das uns jenseits von Lästerung und Gebet vereint. Das allein ist wichtig.'
Paneloux setzte sich neben Rieux. Er schien bewegt.
‚Ja', sagte er, ‚ja, auch Sie arbeiten für das Heil der Menschen.'
Rieux versuchte zu lächeln.
‚Das Heil der Menschen ist ein zu großes Wort für mich. Ich gehe nicht so weit. Mich geht ihre Gesundheit an, zuallererst ihre Gesundheit.'
Paneloux zögerte.
‚Herr Doktor', sagte er.
Aber er hielt inne. Auch auf seiner Stirn fing der Schweiß an zu perlen. Er murmelte: ‚Auf Wiedersehen', und seine Augen glänzten, als er sich erhob. Er war am Weggehen, als Rieux, der nachdachte, ebenfalls aufstand und einen Schritt auf ihn zuging.
‚Noch einmal, verzeihen Sie mir', sagte er. ‚Ein solcher Ausbruch wird sich nicht wiederholen.'
Paneloux streckte die Hand aus und sagte traurig:
‚Und doch habe ich Sie nicht überzeugt!'
‚Was tut das schon?' fragte Rieux. ‚Was ich hasse, ist der Tod und das Böse, das wissen Sie ja. Und ob Sie es wollen oder nicht, wir stehen zusammen, um beides zu erleiden und zu bekämpfen.'
Rieux hielt Paneloux' Hand fest.
‚Sehen Sie', sagte er und vermied es, ihn anzuschauen, ‚jetzt kann Gott selber uns nicht scheiden.'"[291]

Angesichts des millionenfachen Leids Unschuldiger ist das Bild von einem allmächtigen Gott, der „alles so herrlich regieret", zum Scheitern verurteilt. Jede Antwort, die sich der herkömmlichen theologischen Vokabeln bedient, greift ins Leere und wirkt ärgerlich. Es bleibt wohl nur, sich der Hoffnung „wider alle Hoffnung“ (Röm 4,18) anzuvertrauen, den Kampf gegen die schrecklichen Absurditäten des Lebens, gegen Tod und Leid, auf sich zu nehmen – an Gott glaubend oder an ihm (ver-)zweifelnd.

Vielleicht könnte sich schon manches ändern, wenn wir an die Stelle des abgenutzten und verbrauchten Namens „Gott“ einen anderen setzten. Wenn wir nicht mehr von „Gott“ sprächen, sondern von dem tiefsten Grund und Sinn unseres Daseins, vom Absoluten, vom Ursprung und Ziel unseres Lebens, vom Uranfang und vom letzten Ende allen Geschehens, von der Mitte alles Seins, vom tragenden Geheimnis unseres Ich, von dem, was uns letztlich in Verantwortung ruft, von dem, was mich unbedingt angeht …

Wenn wir so denken könnten wie ein Leser der Zeitschrift „Christ in der Gegenwart“: „Ich sehe Gott überall an unserer Seite, wenn wir Unrecht beim Namen nennen und uns über Gewalt empören. Ich sehe ihn handeln, wenn wir uns dagegen auflehnen und für gequälte Menschen einstehen. Ich sehe Gott am Krankenbett, wenn einer nur die Hand hält oder ein gutes Wort sagt. Ich sehe ihn handeln, wenn Ärzte heilen und Forscher Krankheiten bekämpfen. Ich sehe Gott, wenn Menschen sich ein Lächeln schenken und einander Kraft geben in schweren Zeiten, wenn wir uns vom Leid berühren lassen, weinen und trösten zur rechten Zeit, wenn wir aushaken und aufbegehren. Ich sehe Gott in jedem Gesicht, das sucht und hofft, und in jeder Antwort, die Hoffnung gibt und Geborgenheit schenkt. Ich sehe Gott in jedem Funken Liebe, der in dieser Welt flackert. Und sollte einmal der letzte dieser Funken in eisiger Nacht verlöschen, sehe ich Gott in seiner Schöpfung brennen, um erneut Licht und Liebe zu entzünden für eine Welt, die sich nichts sehnlicher wünscht als Vertrauen in einen guten Sinn, den ihr niemand streitig machen kann.“[292]

Mystik

Viel wird heute von Mystik gesprochen und geschrieben. Aber kaum jemand kann sich konkret etwas darunter vorstellen. Das Wort „Mystik" ist abgeleitet aus dem griechischen „mýein" (= die Augen / den Mund schließen, sich schließen, aufhören). Das Wort wird vor allem im sachlichen Zusammenhang mit den griechischen Mysterienkulten verwendet und bedeutet dann „einweihen in die Mysterien", bezüglich ihrer verborgenen Geheimnisse vor profanen Ohren den Mund verschließen. Wer sich dem Geheimnis nähern will, muss ins Schweigen eintreten und die Augen verschließen, um das Eigentliche wahrnehmen zu können. „Bestimmt man das religiöse Bedürfnis gegenüber anderen qualitativen, geistigen Bedürfnissen (das Bedürfnis nach persönlicher Beziehung, das Bedürfnis nach sozialer Anerkennung) als Sinnbedürfnis oder als Beantwortung der Frage, woher der Mensch kommt und wohin er geht (M. Scheler), dann ist ‚Mystik' eine Art, diesen Sinn als Erfahrung Gestalt werden zu lassen bzw. ihm auf eine greifbare Art nahe zu sein." So versucht Dietmar Mieth den Begriff zu umschreiben.[293] Im Hinblick auf Meister Eckhart glaubt er allerdings, „Mystik" eher auf „mysterion" (Geheimnis der Wirklichkeit) beziehen zu können, insofern „nicht der gesamte Objektbereich der Theologie das Ziel ist, sondern ihre Tiefendimension von Glauben und Verstehen", weil Eckhart „stets am Letzten und nicht am Vorletzten interessiert ist und dieses Interesse mit einer ‚Radikalität' verfolgt, die im Sinne dieses Wortes stets an die Wurzel unseres Daseins geht".[294]

Kennzeichen der Mystik ist die Intensität des religiösen Bedürfnisses, das sich im Denken, Fühlen und Erleben, aber auch im gesamten Lebensstil ausdrückt. Als Erster hat wohl Pseudo-Dionysios Areopagita (um 500) mit seiner Schrift „Mystikè theologia" das Wort und die Sache in die christliche Theologie eingebracht. Mittelalterliche Mystiker wie Meister Eckhart, Johannes Tauler, Jan van Ruysbroec oder Johannes vom Kreuz fußen auf diesem Werk. Charakteristisch für mystische Erfahrung ist – nach Dionysios – ein „Spüren", dass im Leben „mehr" anwesend ist als das mit den fünf Sinnen Wahrnehmbare. Der Mensch fühlt sich über sich selbst hinaus gerissen.

Man tut der Mystik Unrecht, wenn man in ihr nur eine Art von Innerlichkeit, verbunden mit Weltflucht sieht. Ganz im Gegenteil: Die großen Mystiker und vor allem die Mystikerinnen (u. a. Mechthild von Hackethal, Hildegard von Bingen, Mechthild von Magdeburg und Gertrud die Große aus dem Zisterzienserinnenkloster Helfta bei Eisleben) waren Menschen, die als Seelsorger(innen), als Ärztinnen, als Reformer(innen) eine weit reichende Tätigkeit entfalteten. Dietmar Mieth nennt daher die Mystik Meister Eckharts eine „Tatmystik".[295] Die Vita contemplativa und die Vita activa bilden einen Einheit. Man solle sich um die Seele kümmern und zugleich sein „Brot nicht müßig essen", mahnt Meister Eckhart.[296] Diakonische Lebens-Praxis ist Voraussetzung mystischer Erfahrung. Nicht das Außerordentliche und Esoterische sind Kennzeichen der Mystik, sondern die Änderung des praktischen Lebens. Der 1962 bei einem Flugzeugabsturz ums Leben gekommene damalige Generalsekretär der Vereinten Nationen, Dag Hammarskjöld, schrieb Ende 1955 in sein Tagebuch: „Das ‚mystische Erlebnis': Jederzeit: hier und jetzt in Freiheit, die Distanz ist, in Schweigen, das aus Stille kommt. Jedoch – diese Freiheit ist eine Freiheit unter Tätigen, die Stille eine Stille zwischen Menschen. Das Mysterium ist ständig Wirklichkeit, bei dem, der inmitten der Welt frei von sich selber ist; Wirklichkeit in ruhiger Reife unter des Bejahens hinnehmender Aufmerksamkeit. Der Weg zur Heilung geht in unserer Zeit notwendig über das Handeln"[297] – und nicht über bloßes Erleben oder „Fühlen", so müsste man ergänzen.

Freilich: „Es gibt kaum eine christliche Mystik, der man nicht auch Schattenseiten nachweisen kann."[298] Das Bedürfnis, die letzten religiösen Geheimnisse nicht nur im Glauben zu ahnen, sondern auch in unmittelbarer Erfahrung zu „schauen", führte zur Gefahr, eine elitäre Glaubensdimension anzustreben und in ein dualistisches Denken zu verfallen. Darüber hinaus ließ sich religiöse Mystik nicht selten funktional zur Erreichung (macht-)politischer Ziele missbrauchen – „als nützliche Domestizierung einer religiösen Innerlichkeit, die den Bürger in den Schranken der Obrigkeit hielt; und als intensive Entfaltung reduktiver Elemente des christlichen Glaubens zu einer Religiosität, die emphatisch als Begeisterung, sei es für Ideen des Fortschritts, sei es für Ideen der Revolution, eingesetzt werden konnten".[299]

Wenn heute nach mystischer Erfahrung und nach dem Einbringen mystischer Elemente in den konkreten Glaubensvollzug gerufen wird, so ist also Vorsicht geboten. Dennoch scheint dieses Verlangen sehr deutlich auf eine Schwachstelle in der christentümlichen Gesellschaft hinzuweisen. So gesteht der Theologe Jörg Zink, „dass ‚Gott' als das große Du mir bis zum heutigen Tag nur das eine von zwei Bildern von Gott ist, die nicht auszugleichen und zu verbinden sind, die aber beide ihre Zeit und Stunde haben, in der sie ihre Wahrheit zeigen. Gott, so meinte ich auch damals schon, sei nicht nur mir gegenüber, sondern vor allem um mich her, und ich lebte in ihm wie der Fisch im Meer oder der Vogel in der Luft. Ich wusste mich schon als Kind auf eine kaum beschreibbare Weise von ihm umgeben wie von allen Dingen und Elementen dieser Welt. Ich war mir sicher: Ich brauchte nicht zu ihm zu reden. Er war um mich, und er war in mir, und wie jedes Blatt sein Ort war, so war auch jeder Gedanke in mir Ort seiner Gegenwart. [...] Alles, was ich schaue an Bildern dieser Welt, ist Spiegel und Gleichnis von Gottes Gegenwart. Was wahr ist, ist die Wahrheit Gottes. Was lebt, ist das Leben Gottes. Was schön ist, ist seine Schönheit. Was leidet, in dem leidet Gott. Was stirbt, stirbt in ihn zurück. Gott ist das Meer alles dessen, was ist. Auch das Meer in mir selbst, das ich nicht ergründe. Denke ich Gott, so tauche ich ein in ein Meer unendlicher Gegenwart, und von keinem Wesen, auch keinem Werk eines Menschen ist vorstellbar, dass es anderswo wäre als in ihm. Glauben könnte ich also beschreiben als eine Art von ozeanischem Bewusstsein."[300]

Dieses Bewusstsein meint wohl der Psychotherapeut Tilman Moser, wenn er von der „Andacht" als dem „wichtigsten Fundament von Religion" spricht. Er versteht darunter „Zustände, bei denen seelisches und leibliches Erleben eng verschlungen sind. Eine entfaltete Andacht ohne körperliche Signale scheint mir undenkbar: Man spricht von Schauer, Überrieseltwerden, von einem herausgehobenen Gefühl, das Ganzheit erzeugt."[301]

Diese Art von „Andacht" lässt sich auch bei einem der großen Mystiker des Mittelalters beobachten.

Meister Eckhart

Der bedeutendste unter den mittelalterlichen deutschen Mystikern, die heute wieder „neu" entdeckt werden, ist sicher Meister Eckhart (ca. 1260–1328). An seiner „Naturmystik" lässt sich studieren, was mit dem „ozeanischen Bewusstsein" – hier in Bezug auf die Dinge der Welt – oder der „Andacht" gemeint ist. Eckharts Spiritualität ist eine „Spiritualität des Denkens. [...] Ohne Denken keine Wahrheit, aber auch ohne entsprechende Lebenspraxis kein Denken der Wahrheit. [...] Das Denken reinigt die Erfahrung Gottes von den Vorstellungen, wie wir ihn gern für uns hätten, macht ihn also größer als unsere Erfahrung oder unsere Liebe, die von ihm nur das Gute will."[302]

Die Hinwendung zur Kreatur ist für Eckhart weder ein Abweg noch ein Irrweg, sondern vielmehr ein Weg zu Gott. Das Sein der Dinge entspringt, davon ist Eckhart überzeugt, ganz und gar aus Gott. „Jegliche Kreatur ist Gottes voll. [...] Wenn sich Gott einen Augenblick von allen Kreaturen abkehrte, so würden sie zunichte."[303] Das Leben Gottes selber entfaltet sich in den Dingen. Wer die Geschöpfe kennt, braucht keine Predigt, denn jedes Geschöpf ist ein von Gott beschriebenes Buch.[304] Die Dinge „schmecken" nach Gott. „Alle Dinge" sind für Eckhart „reiner Gott".[305] Es liegt nur am Menschen, dieses Geheimnis der Dinge zu entdecken und ihm gemäß zu leben.

In unserer immer vollständiger rationalisierten, technisierten und rational verwalteten Welt erscheint es freilich geradezu absurd, in den Dingen der Welt etwas Göttliches erkennen zu wollen. So wird zunächst das Sich-Freimachen von Vorstellungen und Bildern, wie Eckhart es in Bezug auf das Gottesbild verlangt, auch für die Wahrnehmung der Dinge zur Voraussetzung. Erst dann kann es zum Staunen und Verwundern kommen – dass überhaupt etwas ist und nicht nichts, dass gerade dies so und nicht anders geworden ist: dieser Stein, diese Blume, dieser Berg, dieser Mensch. In einer solchen staunenden Verwunderung werden die Dinge selber wunderbar, unendlich wunderbar, weil sie mit keiner Summe endlicher Antworten auszuschöpfen sind. Jede Antwort wirft immer wieder neue Fragen auf. Und je mehr Antworten wir finden, desto größer wird die Zahl der Fragen. Die unendliche Zahl der Fragen lässt sich durch eine endliche Zahl von Antworten nicht lösen. Die Dinge sind aber nicht wunderbar von einem äußerlich außer ihnen liegenden Anderen her, sondern vielmehr aus ihnen selbst. Aber dieses Eigentliche der Dinge ist auch unendlich verschieden von ihrem bloßen äußeren Bestand und Dasein. Für den, der eine solche Erfahrung machen kann, leuchtet etwas Göttliches aus den Dingen. Etwas Göttliches als das unendlich Wunderbare, das uns in seiner Nähe fasziniert und das uns gleichzeitig in seiner unfasslichen Distanz erschreckt – ein „Mysterium fascinosum und tremendum".

Auch hier dürfen allerdings die Erfahrungen des Grauens und Schreckens in der Natur nicht ausgeblendet werden – das Fressen und Gefressenwerden, das Verhungern und Verdursten, die Katastrophen zu Wasser und zu Lande. Oder auch nur der unscheinbare Tod einer Katze.

> „20. August 1965 […] Incipit lamentatio:
> Muzi, unsere Muzi ist gestorben. Samstag, fünf Minuten vor Mitternacht. Schweratmend seit Tagen, ein wenig erleichtert für kurze Stunden durch Digitalisspritzen, Crataeguttropfen, immer enger ihren Lebensraum begrenzend, ein paar Schritte von einem Plätzchen zum anderen, aus der Sonne in den Schatten, fast immer in meiner Nähe – so sah ich sie leiden, sah es kommen. Ohnmächtig wie alle, alle Liebe, alle Zärtlichkeiten, ihr vielleicht noch ein wenig süß, mir, uns allen, bitter – die letzten. Aber immer noch schön, blinkend und anblickend, wenn sie das Köpfchen hob, ihre herrlichen Bernsteinaugen.
> […]

Ich sah es, sahst DU es auch? Hast DU es je gesehen – das Elend deiner Kreaturen? Als Schöpfer lässt DU dich glauben und besingen: laudate dominum omnes bestiae, DU! Wär' ich der Schöpfer, ich rechnete es mir zur Schmach.
Incipit lamentatio:
Oder bist DU selbst ein Ohnmächtiger, selber in deinen Geschöpfen ein Leidender, ihr Elend in deinem Herzen – hast DU ein Herz, hast DU Augen, Ohren? Erbarmender – dass ich nicht lache! Bist DU in Not? Wirst DU über einen Gegenwirker nicht Herr? Ist dir etwas schief geraten?
Still! Hörst du die Sterbende klagen? Ach, mein Herr und mein Gott! Im Leiden und Sterben meiner Katze begegne ich dir. Es ist etwas in mir, das sich weigert, dich aus der Haftung für das Weh der Kreatur zu entlassen, dich in erhabenen Begriffen in eine unendliche Ferne des Andersseins hinauszudenken. Nein, nein, Herr, ich glaube nicht, dass du mich mit der banalen Auskunft abwimmelst, das sei eben die Ordnung (manche sagen: die autonome Mechanik) der Natur – ja, aber wessen ist diese Ordnung, wenn du der Schöpfer bist? Ich frage dich, DICH frage ich. Schau her! Siehst du das? Und es sind seit Anbeginn und es werden bis zum Ende Millionen sein …
Incipit lamentatio:
Sie stirbt. Ihr letzter Nachmittag. Ein paar Stündlein Sonnenschein, Wärme auf der wollenen Decke, die ihre und meine Schlafdecke nachts und nachmittags war, seit Jahren. Schlief ich länger, weckte sie mich mit sanfter Pfote, meinen Arm, meine Hand berührend."[306]

Es bedarf einer besonderen Wahrnehmungsfähigkeit für die Tiefendimension dessen, was in dieser Welt ist. Wer diese Erfahrung machen will, „muss nur lernen, die Dinge zu durchbrechen und seinen Gott darin zu ergreifen und den kraftvoll in einer wesenhaften Weise in sich einbilden zu können".[307] Man muss sie gründlich (= von Grund auf!) wahrnehmen. Dann lässt sich in ihnen etwas

Göttliches ahnen. Dann sind die Dinge nichts anderes als das Leuchten des geheimnisvollen, zugleich faszinierenden und Furcht erregenden Gottes. „Wer Gott so in seinem Sein hat, der nimmt Gott göttlich und dem leuchtet er aus allen Dingen. Denn alle Dinge schmecken ihm göttlich, und Gott erbildet sich ihm aus allen Dingen."[308]

Das Absolute adäquat zu denken versuchen

Hans Küng hat in seinem Werk „Christentum und Weltreligionen" nach einer ausführlichen Darstellung östlicher und westlicher Versuche die Frage gestellt, wie das Absolute adäquat zu denken sei. Gegen Ende des Buches fasst er seine Überlegungen zusammen: „Mehr Respekt vor dem Unsagbaren, mehr fromme Scheu vor dem Geheimnis, kurz, mehr Ehrfurcht vor dem Absoluten, das Christen, Juden und Muslime den einen wahren Gott nennen. [...] Gott als das Absolute ist und bleibt der Unbegreifliche, [...] das Geheimnis der Wirklichkeit schlechthin. Auch vom *Sein* her lässt sich sein Wesen nicht voll erschließen: Gott ist nichts von dem, was ist. [...] Gott ist, aber er ist kein Seiendes; er ist vielmehr das verborgene Geheimnis des Seins: kein Über-Sein, sondern das geheimnisvoll Einigende *in* allem Sein, das Sein-Selbst als Grund, Mitte und Ziel alles Seienden und allen Seins: allem immanent und transzendent zugleich. Das bedeutet für unser Reden von Gott, dass gerade negative Aussagen (‚Gott ist nicht endlich') eminent Positives besagen können: ‚Gott ist unendlich.'

Wie also das Absolute adäquat zu denken versuchen? So jedenfalls, dass es Welt und Mensch zugleich übersteigt und durchdringt; unendlich fern und uns doch näher als wir uns selbst; nicht greifbar auch bei erfahrener Anwesenheit; anwesend selbst bei erfahrener Abwesenheit; affirmativ durch alle Negationen hindurch. Ein Absolutes, das der Welt innewohnt und doch nicht in ihr aufgeht; das sie umgreift und doch nicht mit ihr identisch ist: Transzendenz in Immanenz! Jede Gottesaussage hätte demnach die Dialektik von Negation und Affirmation zu durchschreiten. Jede Gotteserfahrung hätte die Ambivalenz von

Nichtsein und Sein, dunkler Nacht und hellem Tag durchzustehen.

Dass von Gott oder dem Absoluten nur in übertragenen Begriffen, Bildern, Vorstellungen, in Metaphern, Chiffren und Symbolen geredet werden kann, christliche Tradition hat dies nie bestritten. Auch das, was mit dem Begriff der ‚Transpersonalität' Gottes angezielt ist, übersteigt alle Vorstellungen. Und doch gilt es, sich der damit gemeinten Sache zu stellen. Denn das Absolute ist nach Auffassung auch vieler Buddhisten nicht etwas, was indifferent wäre oder den Menschen indifferent ließe, sondern was Menschen in befreiender und beanspruchender Weise unbedingt angeht. Die Religionen prophetischen Ursprungs jedoch gehen an diesem Punkt einen entscheidenden Schritt weiter. Denn ‚Transpersonalität' des Absoluten besagt jüdisch-christlich-islamischen Zeugnissen zufolge [...], dass Gott kein Neutrum ist, kein anonymes Es, sondern *Geist in schöpferischer Freiheit*: das Ineinanderfallen aller Gegensätze, die Uridentität von Gerechtigkeit und Liebe und so ein Gegenüber, das alle *zwischenmenschliche Personalität* umgreifend begründet. Das meint die Bibel: ein echtes Gegenüber, das keine transzendente Krücke für den unsicheren Menschen ist, das den Menschen nicht ständig kontrolliert und gängelt (eine von Buddhisten zu Recht kritisierte Verengung christlicher Gottesvorstellung), sondern das auf befreiende Weise menschenfreundlich, ja unbedingt verlässlich ist. Gott zugleich Ursprung, Halt und Vollendung des Menschen.

Konkret: wo andere nur unendliches Schweigen vernahmen, da berichten die jüdisch-christlich-islamischen Schriften vom Angesprochensein und der Inanspruchnahme des Volkes durch seinen Gott. Wo andere den echolosen Raum und die Leere erfuhren, durfte dieses Volk für sich und andere entdecken, dass das absolute hörbar und anredbar ist, ein geheimnisvoll ansprechendes und ansprechbares *Du*. Dieser Gedanke, ja, diese Verheißung ist seither in allen Religionen semitischen Ursprungs unausrottbar, wenngleich sie im säkularen Westen oft vergessen und verraten wurde. Im Angesprochensein durch dieses Du vermag der Mensch seinerseits sein eigenes *Ich* in einer Würde zu erfahren, wie es im Osten kaum je gesehen wird, wie es aber auch kein westlicher säkularer Humanismus, keine fortschrittliche Technologie und auch keine kosmische Religiosität zu garantieren vermag."[309]

Anders von und zu Gott reden

> „Meinen ‚Kindheitsgott' und meinen ‚Theologengott' habe ich bei meiner Arbeit als Gefängnis-Seelsorger verloren. Aber mein Blick wurde weiter, und ich erkannte meine eigene Gefangenschaft in meinem Denkgebäude. Und dann, unerwartet, auf unbekannten Wegen, hinter Gittern, Gespräche ohne Geländer: ohne ein Wort von Gott, ohne Gebet, ohne Bibel, ohne fromme Worte, ohne Sakrament.
> Aber: aussprechen können, was noch nie über die Lippen kam, ohne Angst vor Verachtung, angenommen mit Schuld und Versagen.
> Und dann leuchtet es manchmal auf wie umarmendes Licht: Menschsein, auch als verurteilter Verbrecher. Die Zeit steht still, aber nur kurz. Die harte Wirklichkeit ruft zurück in die Zelle, noch ein Händedruck, Auge in Auge, Worte zum Abschied: ‚Pfarrer, hat mir gut getan.' Sonst nichts – nur die Zellentür. Noch ist sie offen, ich muss sie verschließen. Hart fällt der Riegel ins Schloss. Und der Mensch ist wieder allein in der Zelle. Oder ist er doch nicht mehr allein? Ich gehe fort mit dem Schlüssel. Seit fast zwanzig Jahren hinter Gittern: Gespräche ohne Geländer. Weit in der Ferne – manchmal auch nah – wird Gott spürbar, eine Ahnung von Jahwe, dem ‚Ich-bin-da-Gott' der Bibel."[310]

„Wie wirkt Gott wenn er in der autonom ablaufenden Welt *nicht* ‚wirkt'? Das ist die eigentliche Not, weshalb Menschen heute nicht mehr an einen tatkräftigen personalen Gott, ja überhaupt nicht mehr an einen Gott glauben können. Das ist der Stein des Anstoßes für religiöse

Erfahrung."[311] So beschreibt ein Journalist und Theologe die Glaubenssituation, wie sie sich für viele glaubende Menschen heute darstellt.

Und man muss weiter fragen: Wie hat er früher wahrnehmbar und erfahrbar gewirkt? Hat er überhaupt je gewirkt in einer Welt, die doch wohl nicht erst seit dem Aufblühen der neuzeitlichen Naturwissenschaften ohne sein Wirken abläuft? Hat er nur deshalb angeblich „gewirkt", weil den an Gott Glaubenden früherer Zeiten das moderne Weltverstehen noch nicht zur Verfügung stand und weil sie deswegen ganz selbstverständlich einen personalen Schöpfergott annahmen? Dass sie ihn annehmen mussten, um überhaupt irgendeine „Erklärung" für die vielen Rätsel und Geheimnisse dieser Welt zu haben?

Wie soll der glaubende bzw. glauben wollende Mensch in der Praxis mit dem Gedanken fertig werden, dass hinter all seinen Hoffnungen und Wünschen, hinter seinen Gebeten und religiösen Handlungen keine personale, metaphysische Wirklichkeit steht, die ihn sieht und hört und anspricht? Dass all seine Bemühungen, Gott zu denken oder sich vorzustellen, nur Chiffren und Symbole sind, um sich an das heranzutasten, was das wahre und eigentliche, das letzte und tiefste, das unnennbare und im Grunde auch undenkbare, absolute Geheimnis des Kosmos ist?

Dem Brief eines promovierten Theologen entnehme ich Folgendes:

> „Erkenntnistheoretisch ist für mich die Sache klar: Mein Gott ist die Hypothese, die ich brauche, um Sinn im Leben zu finden. Der Sinn geht nur auf, wenn dieser Gott so ist, wie ich ihn mir denke. – Ich weiß natürlich, dass das sehr subjektiv ist, dass das, was mir sinnvoll erscheint, mit meiner Erziehung, vor allem mit dem, was ich als Kind an Geborgenheitsgefühl vermittelt bekam, zusammenhängt; wahrscheinlich auch mit dem, was in meinen Hirnwindungen und Nervenzellen an Geborgenheitserfahrung überhaupt aufnehmbar ist. Aber so ist es nun mal. Mehr ist nicht möglich – doch, ein bisschen mehr schon: Ich kann mein Gottesbild teilen, ‚kommunizieren'

> mit andern Menschen. Mit manchen über den Austausch von Gedanken im Gespräch oder im Brief, mit anderen über die Erfahrung von Musik, mit anderen über religiöse Formeln, mit anderen über Liturgie. Und ich habe im Laufe meines Lebens den Eindruck gewonnen, je mehr Zeit und Muße ich habe für solche Kommunikation, desto mehr gelingt sie."

Für Menschen, die eine religiöse, eine religionsgemeinschaftliche Sozialisation hinter sich haben und diese gründlich verinnerlichten, mag ein religiöser Paradigmenwechsel besonders schwer sein. Nicht selten schießen sie übers Ziel hinaus, werfen alle ihre bisherigen Glaubensvorstellungen und -praktiken weg und werden (praktisch) Atheisten. Oder aber sie durchschauen schmerzlich ihre Dilemma-Situation und akzeptieren für ihr Leben die „chiffrierte" religiöse Existenz und vollziehen sie weiter im klaren Wissen um die Symbolik und Metaphorik ihrer religiösen Praktiken und Vorstellungen. Sie leben versöhnt in einer „zweiten Naivität" (Paul Ricœur).

Klaus Berger hat in seinem Buch „Ist Gott Person?" diese Situation als „Dreischritt" beschrieben:

> „Es gibt eine naive Frömmigkeit, die personhaft ausgerichtet ist. Man spricht vom Kinderglauben und auch davon, dass Seelsorge-Helfer und anderes Personal alles tun, dass der Kinderglaube nie aufgegeben wird.
> Darauf folgt die Phase der selbstkritischen Frömmigkeit. Wenn es gut geht, dann bedeutet diese Phase Kritik an den eigenen frühen Formen des Glaubens. Es entsteht die Frage der Angemessenheit aller Formen des Frommseins gegenüber Gott. Die Antworten von gestern gelten nicht mehr. Dazu kommen die Erfahrungen des Dunkels und des Verstummens vor Gott. Gott ist nicht mehr Person, sondern scheint weit weg zu sein. Es wird fraglich, ob er die wichtigere Hälfte der Wirklichkeit ist. Die negative oder apophatische Theologie scheint angemessen. [...] Diese Tendenzen sind keineswegs immer mit Abfall

> vom Christentum zu verbinden, sondern öfter auch Ausdruck vertiefter Frömmigkeit – im Gegensatz zur sinnenfrohen Volksfrömmigkeit. [...]
> Die dritte Phase ist theologisch die interessanteste: Sie bedeutet eine neue Naivität, in der man aber weiß, was man tut und doch Gott wieder als Gegenüber wahrnimmt. Diese dritte Stufe ist tendenziell mit entsprechender Bescheidenheit verbunden: Man weiß, dass alle Formen der Annäherung brüchig sind."[312]

Hierzu passen auch die Gedanken des vorhin erwähnten Theologen in seinem Brief: „Das Symbolische ist für mich der Schlüssel, aber in einem ganz radikalen Sinn: Nicht etwa nur, dass Kunstwerke oder Musik oder Rituale oder Liturgie symbolische Annäherungen an Gott sind, sondern auch: die Dogmen und Glaubensbekenntnisse und Rechtsnormen und meine ganz eigene Glaubenserkenntnis. Mehr sind sie nicht – aber auch nicht weniger. Wenn es einen Gott gibt, dann ist das, was ich – auf dem Hintergrund einer großen Symboltradition – dazu denke, nicht so klein und unbedeutend. Auch einem Menschen, selbst meiner eigenen Frau und meinen Kindern, kann ich mich nur symbolisch annähern. Sie bleiben ihr eigenes Geheimnis – leider und Gottseidank. Ja sogar zwischen mir und meiner Katze gibt es nur symbolische Annäherungen, niemals Unmittelbarkeit zwischen Geheimnis und Geheimnis. Und doch ist diese symbolische Annäherung nicht nichts. Im Gegenteil: sie ist die einzig adäquate Begegnungsart von zwei Geheimnissen miteinander ... Warum sollte es bei Gott, wenn es einen gibt, so viel anders sein? Demokratisches, auf gleicher Augenhöhe sein usw. ist mir ein hoher Wert. Warum sollte das bei Gott anders sein; warum sollte die Distanz von Geheimnis zu Geheimnis, zwischen Gott und mir so viel anders sein als zwischen mir und meiner Frau?"

Es ist erfreulich und befreiend, wie offen hier ein Theologe seine Probleme und die Lösung, die er gefunden hat, anspricht. Ein anderer, Gotthold Hasenhüttl, hat das schon vor Jahren gewagt:

„Es war leicht zu beten, als ich in der Einfalt meines Herzens noch niederknien konnte und einen Herrn im Himmel wusste, der mich ansah. Ich konnte meine Nöte und Freuden vor Gott ausbreiten und wusste um seine Erhörung, auch wenn sie nicht immer erfahrbar war. Heute kann ich Gott nicht mehr als Herrn verstehen und mich nicht mehr als sein Diener fühlen. Ein anbetendes Niedersinken mit Tränen in den Augen vor Glück oder Leid ist sinnlos geworden. Kein göttliches Du, sondern nur das menschliche Du in aller Zweideutigkeit begegnet mir. Partner bin ich den Menschen in der Gemeinschaft, aber Gott ist nicht mein Partner. Trotzdem hoffe ich für die Gegenwart. Nicht so, dass ich ein reines Licht in meinen Händen hielte – wohl aber so, dass in meinem menschlichen, zweideutigen Schicksal immer wieder ein Licht, eine Tiefe durchscheint, die größer ist als ich, die das Gute dominieren lässt und mich überwältigt. So weiß ich, bar aller Vorstellung, auch heute, dass ich bejaht bin, dass es in der Absurdität des Lebens Sinn gibt, Sinn, der glücklich macht. Ich bin bejaht, wenn ich Liebe schenke, wenn mich menschliche Beziehung froh macht, wenn ich an der stets vorläufigen Gesellschaft der Zukunft mitarbeite. So kann ich auch heute ausrufen, wie vor Jahrtausenden der Psalmist: Ja, Er ist; ich bin bejaht; es ist Gott!
Und wenn Du nun auf das Wort Gott verzichten willst, dann tu es, aber lass die Stelle nicht leer, sondern halte sie offen, denn die Wirklichkeit kommt auf Dich zu, drängt Dich zu entscheiden, und in der Liebe wirst Du erkennen und ausrufen müssen. Ja siehe, es ist Gott in den Menschen, wenn sie einander lieben, wenn personale Gemeinschaft real wird.
So können wir heute oft nicht mehr Gott anrufen, weil er nicht der mächtige Herr ist, so können wir heute oft nicht mehr nach einer paradiesischen Zukunft ausschauen, weil sie nur eine Idee der Menschen ist, aber wir können danken und beten, indem wir bei aller Gebrochenheit wissen: Das Heute gibt uns Hoffnung für die Zukunft, im Heute glauben wir

an neue Möglichkeiten, heute wollen und dürfen wir lieben, denn nur heute können wir Gott erfahren, da er nur heute uns nahe ist."[313]

Derartige Schritte sind nicht leicht zu gehen. Für viele wird es einer größeren Anstrengung bedürfen, um nicht auf halbem Wege stehen zu bleiben beim bequemen und scheinbar bewährten Alten. Es gibt innerhalb der etablierten Kirchen nicht wenige Menschen, die ähnliche Probleme haben und die dafür Lösungen für sich und ihren Glaubensvollzug gefunden haben. Sicher auch unter Pfarrern und Bischöfen. Aber sie haben oft nicht den Mut, das offen auszusprechen. Vielleicht sind sie auch zu angepasst und zu karrierebewusst, um diesen Schritt zu riskieren. Es dürfte für viele „schlichte" Gläubige in der Kirche, die sich mit ihren Glaubenszweifeln herumplagen, eine große Erleichterung bedeuten, wenn sie innerhalb ihrer Gemeinschaft Menschen finden, mit denen sie offen und ehrlich, ohne Scheu über ihre Zweifel reden können. Wenn sie vielleicht auch einmal von einem Bischof oder auch „nur" von ihrem Pfarrer zu hören bekommen, dass auch ihr Glaube angefochten ist. Wenn sie erfahren können, welche Lösungen gefunden wurden, um mit den Schwierigkeiten fertig zu werden. Ich wünschte mir in der katholischen Kirche einmal einen „Hirtenbrief", in dem der Bischof nicht nur von seinem „unerschütterlichen Glauben" spricht und ihn von den Gläubigen entsprechend einfordert, sondern in dem er offenlegt, wie er den oben skizzierten „Dreischritt" vollzogen hat. (Hoffentlich hat er das; hoffentlich lebt er nicht noch in der „Ersten Naivität"!)

Es ist ein bedenkliches Zeichen für die Aufrichtigkeit und auch für die Reife des Glaubens, dass hier meist Schweigen herrscht. Dass es kaum jemand wagt, offen und ungeschützt seine höchst persönlichen Probleme in der Gottesfrage zur Sprache zu bringen. Ohne diese Ehrlichkeit wird es jedoch kaum möglich sein, die verbreiteten Schwierigkeiten im Glauben an „Gott" auch nur annähernd zu überwinden.

„Es wäre gut, einmal ausführlich zu bedenken, wie sehr die Sprache der Kirche in ihren fest gefügten Texten, in Liedern und Gebeten, ein Menschenbild und ein Gottesbild transportiert, das von vorvorgestern ist. Es kommt aus einer Zeit, die sehr obrigkeitshörig war, aus einer Gesellschaft, die aus Untertanen bestand und die Obrigkeit pries und lobte, anflehte und mehr Bitten aussprach als Dank. Das schlägt sich alles in Gebeten und Liedern nieder, die heute in völlig anderen Zeiten der gesellschaftlichen und politischen Mitwirkung nur noch museal wirken können. Wenn nur um der teuren Tradition willen diese überholte Sprache beibehalten wird, wird es schwer, Menschen von heute anzusprechen" (R. Will[314]).

Den Namenlosen benennen

Etwas zu benennen heißt nach antiker Vorstellung: Macht über das Benannte gewinnen. Durch Anrufung des Namens kann eine Person herbeigerufen oder vergegenwärtigt werden. Bei überirdischen Wesen und bei Göttern geschieht das durch Zaubersprüche, Beschwörungen oder Bannungen, durch Fluch oder Segen.

Namenlosigkeit bedeutet, dass das Wesen der Gottheit nicht begreifbar und damit auch nicht greifbar ist. So gab es daher in der christlichen Antike Versuche, Gott einerseits ohne Namen zu belassen, ihn aber andererseits als „Namenlosen" dennoch zu benennen und anzurufen. Ein Beispiel dafür liefert der Hymnus des Gregor von Nyssa:

Der Jenseits-von-Allen

O Du, der Jenseits-von-Allen!
Welch anderen Namen können wir Dir geben?
Mit welchem Hymnus kann man Dich feiern?
Kein Wort drückt Dich aus.
Welcher Geist kann Dich verstehen?
Kein Verstand kann Dich begreifen.
Nur Du bist der Unsagbare:

Ja, Du, der Du alle sprechenden Wesen zeugst.
Alle Wesen ehren Dich –
die denkenden und die nicht denkenden.
Die Anliegen aller, die Seufzer aller
wenden sich an Dich: Alles, was lebt, fleht Dich an.
Dir stimmen alle Wesen,
die das Universum lesen können,
einen Hymnus des Schweigens an.
Dank Dir bleibt alles bestehen,
auf Dich läuft alles zu.
Aller Wesen bist Du das Ziel:
Der Einzige und Alles und Niemand.
Du bist weder allein noch in allem:
O Du, der Du alle Namen besitzt,
wie werde ich Dich nennen können,
Dich, der Du der Unsagbare bist?
Welcher himmlische Verstand
wird die Schleier jenseits der Wolken durchdringen?
Sei gnädig, o Du, der Jenseits-von-Allem!
Denn wie könnten wir Dich anders nennen?[315]

Wie heutige Bemühungen aussehen, den Namenlosen zu benennen, zeigen die folgenden Beispiele. Auf die Frage „An welchen Gott glauben Sie?“ antwortete die Publizistin Amelie Fried:

„Nicht an einen personalen Gott, das habe ich nie gekonnt. Ich empfinde das Göttliche eher in der Schöpfung, in extremen Landschaften wie am Meer. Oder wenn die Liebe über den Krieg siegt oder wenn Menschen etwas Unglaubliches tun. So wie Sophie Scholl. Da habe ich das Gefühl, dass es etwas gibt, das über das Menschliche hinausweist. Als unsere beiden Kinder noch ganz klein waren, habe ich abends mit ihnen gebetet. Der ‚liebe Gott‘ ist für mich das Spirituelle, von dem ich glaube, dass Kinder es brauchen. Es stirbt ein Haustier oder ein Freund zieht weg – Kinder können viele Dinge nur verkraften, wenn sie das Gefühl haben, da ist irgendwo ein göttliches Prinzip, das mich schützt und das dafür sorgt, dass ich gut

> aufgehoben bin in der Welt. Wenn sie später gefragt haben: ‚Mama, gibt es den lieben Gott und wo ist der eigentlich?‘ – habe ich immer gesagt: ‚Den lieben Gott gibt es, wenn du an ihn glaubst.‘ Meine Überzeugung ist eben: Jeder Gläubige erschafft Gott durch seinen Glauben. Das war wie mit dem Christkind: Wenn du daran glaubst, dann gibt es das. Sie haben das akzeptiert. Ich habe auch die Erfahrung gemacht, dass wir so stark in unserer christlichen Kultur eingebettet sind, dass es gar keinen Sinn hätte, sie verleugnen zu wollen. Die Werte, nach denen wir unsere Kinder erziehen, sind ohnehin christliche Werte, wie Nächstenliebe, Bescheidenheit, Treue und Ehrlichkeit.“[316]

Schon Jahre zuvor hat der jüdische Psychologe und Philosoph Erich Fromm darauf hingewiesen, dass Gott „ein Symbol für alles“ sein kann, „was im Menschen liegt und was dennoch der Mensch nicht ist; ein Symbol einer geistig-seelischen Realität, die in uns zu verwirklichen wir streben können und die wir dennoch niemals beschreiben oder definieren können. Gott gleicht dem Horizont, der unserem Blick Grenzen setzt. Dem naiven Gemüt erscheint dieser als etwas Greifbares, und doch erweist er sich als Fata Morgana, wenn wir ihn fassen wollen. Wenn wir uns fortbewegen, bewegt sich auch der Horizont. Sobald wir auch nur einen kleinen Hügel erklimmen, weitet sich unser Horizont, aber er bleibt eine Begrenzung und wird niemals zu einem Ding, das man zu greifen vermag. […] Es bedarf keines Streites mit denen, die am Symbol ‚Gott‘ festhalten wollen, wenngleich es fraglich ist, ob es nicht einen erzwungenen Versuch bedeutet, an einem Symbol festzuhalten, dessen Bedeutung wesentlich geschichtlich bedingt ist.“[317]

Doch auch für jene, die das Symbol „Gott“ – aus welchen Gründen auch immer – nicht aufgeben möchten, stellt sich die dringende Frage nach einer Neuformulierung der Gottesvorstellungen. Die Zeitschrift „Christ in der Gegenwart“ lud vor einiger Zeit ihre Leserinnen und Leser dazu ein, ihre Gedanken zu der Frage „Was sagt mir

Gott?“ aufzuschreiben und der Redaktion zur Veröffentlichung mitzuteilen. Es sollten damit Ideen und Visionen zur Sprache gebracht werden, die – nach den Erwartungen der Redaktion – „kritisch-aufbauend einer modernen christlichen Spiritualität dienen und Zukunft eröffnen für den persönlichen Glaubenshorizont wie fürs Gemeindeleben“.[318]

In diesem Zusammenhang schreibt ein Leser:

> „Ich möchte kurz von zwei Einsichten berichten, die wie Worte der Erleuchtung in meiner Seele aufblitzten. Zum ersten verfolgt mich die in der Kosmologie gestellte philosophische Frage, wie Gott, ein räum- und zeitloser Geist, als Schöpfer und Lenker der Welt in Erscheinung treten kann. Mit anderen Worten: Wie vertragen sich der so genannte Gott der Philosophie und der Gott der jüdisch-christlichen Offenbarung? Meine Antwort: Durch die Inkarnation Gottes im Menschensohn Jesus Christus, durch den die Welt geworden ist und erlöst wurde. Für mein Gottvertrauen ist die Einsicht noch wichtiger, die mir letztlich bei der Beschäftigung mit dem Buch ‚Gott und die Wissenschaft‘ von Jean Guitton, Grichka und Igor Bogdanov aufgegangen ist. Es wird in der Quantentheorie behauptet, dass die einfachsten Elemente der Materie nur durch ein Bewusstsein aus dem virtuellen ins reale Sein übertragen werden können. Die letzte Schlussfolgerung dieser Gedankenkette würde besagen, dass nur ein allumfassendes Bewusstsein die Welt in jedem Augenblick erhalten kann. Somit ist unser Leben nicht nur in Gottes Hand, sondern wir sind alle Gedanken Gottes. Und Gott, der Herr, hegt uns gegenüber gute Gedanken!“[319]

Ein anderer Leser beantwortet die Frage so:

> „‚Ich sehe Dich in tausend Bildern‘, dichtete Novalis über Maria. Gott aber sehe ich in zigtausend Bildern, Gegebenheiten, Dingen. All dieses zeigt mir etwas an, aber es ist nicht alles. Gott ist und bleibt für mich un-

endlich, unfassbar, unaussprechlich. Kein Bild reicht für ihn aus: Sternenhimmel, Tiere des Himmels, des Landes, zu Meer, Pflanzen, Landschaften, Menschen. Auch Schwarze Löcher, Erdbeben, Flutkatastrophen, Vulkanausbrüche, Tragödien … Wir können nur ahnen, ‚den Blick hinter die Dinge' versuchen durch Forschung, Wissenschaft, Technik, Musik, Kunst. Wir können sagen ‚Gott ist wie …'. Aber wie ist er wirklich? Was sagt er mir? Er ist in jedem Geschöpf, auch im Menschen, wird gesagt, was allerdings manchmal schwer zu glauben ist angesichts der vielen Menschheitsdramen. Viele Forscher, Wissenschaftler, Techniker und Künstler sehen in ihrem Arbeiten ‚die letzte aller Fragen offen'. Leben lässt uns nur der Glaube, die Hoffnung und die Liebe. ‚Jetzt sehen wir durch einen Spiegel, dann aber von Angesicht zu Angesicht', sagt Paulus."[320]

Eine Leserin erwähnt, dass sie das Wort „Gott" immer in Großbuchstaben schreibe. Denn:

> „GOTT ist ein sinnliches Wort, ich schreibe es ausschließlich in großen Buchstaben. Da ist zuerst der Kreis ‚O', das Symbol für Vollkommenheit und Bewegung. Dann die ‚TT', wie starre Stelen, unbewegt, unverrückbar, statisch. Und dann noch das ‚G', das ich in drei schwungvollen Strichen schreibe. GOTT ist ein Wort voller Sehnsucht und Liebe für mich. Es ist mein geschriebenes Wort für ein Innen, das ich gefunden habe und hüten will. Und es ist mein Wort für ein Außen, in dem ich lebe, mich bewege und das ich ertragen kann durch das Wissen über dieses INNEN."[321]

In welchem Zusammenhang sich vor allem für Männer die Frage nach Gott stellt, versucht ein Forschungsprojekt der Zentralstelle für Männerarbeit in der EKD herauszufinden. Sinnvoll empfinden Männer Ereignisse, die ihnen einfach „widerfahren", meist glückliche: die Liebe zu einer Frau, die Gesundung nach schwerer Krankheit, der Lottogewinn. Es sind positiv gedeutete Ereignisse, die im Übrigen selten mit dem Beruf in Verbindung gebracht werden. Und auch nicht mit Gott. Die Studie kommt zu dem Ergebnis: „Die Männer nehmen – froh, staunend und zum Teil erkennbar dankend – positive unerwartete und unerklärliche Ereignisse in ihrem Leben hin, deuten sie aber – mit Ausnahme von zwei Gesprächspartnern – nie als Zeichen einer ‚Führung' oder eines wie auch immer erkennbaren ‚Plans'." Einen Zugang zum „irgendwie Göttlichen" finden Männer – wenn überhaupt – am ehesten in der Natur, einer von ihnen sehr geliebten „Gegenwelt". Es sind die so genannten „Wanderer" (zwischen den Welten), die für eine erfahrungsgeprägte Spiritualität über die Grenzen der Konfessionen und religiösen Traditionen hinweg offen sind. Sie wählen ihre Religiosität selbstbestimmt aus und gehen dabei davon aus, dass Gott auf vielen Wegen gefunden werden kann. So ist nachvollziehbar, dass Martin Rosowski, einer der Initiatoren der Studie, dafür plädiert, in der kirchlichen Männerarbeit stärker auf „Pilgerwege in der Natur" zu setzen. Doch gleichzeitig bleibt die Frage völlig offen, ob und wie Männern ein persönlicher Gott vermittelt werden kann, der nach kirchlicher Lehre Mensch geworden ist und in dieses Leben eingreift.

Gott oder das Göttliche erscheint – so erleben es die meisten Männer – dem eigenen Männerleben gegenüber indifferent. „Die Vorstellung eines Gottes, der in das individuelle Leben schützend und führend eingreift, wird im ganzen Materialpool nur von zwei Personen vertreten", heißt es in der Studie. Fast alle Männer sind von einem Lebensgefühl getragen, das eben doch dem „einsamen Reiter" nahe kommt: Man(n) ist in dieser Welt, in dieser Gesellschaft, in diesem Leben letztlich auf sich selbst verwiesen. In dieser Welt muss „gekämpft" und „durchgehalten" werden. Widerstände sind dazu da, als Herausforderung angenommen zu werden. Über Niederlagen wird nicht gesprochen. Zwar sind Beziehungen für Männer – trotz allem – ebenfalls wichtig, doch zeigen sie sich hier vielfach ambivalent. Klar kommen die meisten Männer mit ihrem Leben, wenn sie kreativ sein, lernend vorwärts kommen und Abenteuer erleben können.

Das Fazit der Wissenschaftler lautet: „Das Bild, das sich auf Grund unseres Materials ergibt, ist nicht das einer von Kirche entfremdeten, religiös säkularisierten und kenntnisarmen Männerwelt. Es ist das Bild einer sich religiös pluralisierenden Welt, in der sich weltanschaulich kompetent fühlende Männer [...] den Ansprüchen einer Institution entziehen, der sie nicht oder nur noch in Gestalt einzelner charismatischer Vertreter vertrauen." Hoffnung schöpft Martin Rosowski aus der Tatsache, dass viele Männer nicht grundsätzlich gegen religiöse Fragestellungen eingestellt seien.[322]

Der bekannte Fernsehmoderator und Theologe Jürgen Fliege bekennt in einem Interview, es sei „eine letzte Erfahrungsschicht, die man als gealterter, sehr erfahrener Mensch sicherlich durchwandern muss: dass man alle Gottesvorstellungen, die man hatte – woher man sie auch immer bezogen hat –, ablegen muss. Gott ist anders. Er ist ein ganz Anderer. Wenn Sie durch die heilige Zeit der Stille wandern, dann kommen Sie der Gottheit näher. Oder dem, was Gottheit am Ende sein könnte. Sie kommen dem Nichts näher. Und Sie müssen langsam eine Lebensbilanz ziehen: Wem habe ich in meinem Leben Gottes Stelle angeboten? Und jetzt sehen Sie vielleicht, dass Sie der falschen Karriere hinterhergelaufen sind, dass Sie den Falschen hinterher gerannt sind. Und sie müssen Gottheit um Gottheit ablegen, damit sie am Ende sagen können: Gott hat keinen Namen, keine Bilder. Das Einzige, was ich von ihm gesammelt habe, ist: Er hat mich offenbar durch mein Leben geführt. Irgendetwas hat mich durch mein Leben geführt. Er war überall da."[323]

Beten

Ein Vorwurf, der einer nicht mehr am Personbegriff orientierten Rede von Gott gemacht wird, lautet: Zu einem solchen Gott kann man ja nicht mehr beten!

Hier sollte zuerst einmal geklärt werden, was Beten eigentlich bedeutet.

- Die einen sagen, es sei eine Art von Selbstbetrug. Man versuche damit, eigene Probleme und Situationen, mit denen man nicht fertig wird und denen man sich ohnmächtig ausgesetzt sieht, dadurch zu bewältigen, dass man sie gleichsam aus sich herauslässt und sie einer übernatürlichen Macht übergibt, von der man sich Hilfe erwartet. Gebet wäre dann eine Art von Selbstgespräch, ein vorgetäuschtes „Reden" zwischen dem Ich und einem Gegenüber, das es gar nicht gibt.
- Andere vertreten die Meinung, Gebet sei eine (letztlich untaugliche) Krücke für Unselbstständigkeit, mangelndes Selbstvertrauen und Ich-Schwäche. Weil der Mensch nicht in der Lage sei, von seiner Freiheit Gebrauch zu machen und selbst Verantwortung zu übernehmen, oder weil er ganz einfach Angst davor habe, wende er sich an ein „höheres Wesen" und entlaste sich damit.
- Und schließlich gibt es den wohl ernstesten und gravierendsten Einwand, der alle Argumente zugunsten des Gebets von vornherein aus der Hand zu schlagen scheint: „Kann man nach Auschwitz überhaupt noch beten?" Kann man sich Hilfe suchend an einen Gott wenden, der dieses furchtbare Sterben nicht verhindern konnte oder gar nicht verhindern wollte? Kann man einen Gott loben, der das zuließ?

In der heutigen Theologie und Spiritualität wird Beten zunächst einmal gesehen als ein Er-Innern seiner selbst, als ein Wahrnehmen der Stimme des eigenen Ich. „Gerade wir Menschen in diesen hochkomplizierten Gesellschaften stehen in der Gefahr, unser Gesicht zu verlieren, unsere Träume und unsere Phantasie, angepasst zu werden und sozusagen immer mehr und unbemerkt zurückgezüchtet zu werden [...] auf anpassungsschlaue Tiere, auf sanft funktionierende Maschinen."[324] So Johann Baptist Metz.

Beten darf sich aber nicht auf das Erinnern seiner selbst beschränken. Es ist auch Erinnern der Welt. Die Thematik des Betens ist so breit wie die Thematik menschlicher Existenz. Das Gebet „wird geboren aus der aufmerksamen Betrachtung von Dingen, Menschen und Ereignissen, durch die man hindurchzuschauen gelernt hat, betroffen, staunend, dankbar. Oder auch klagend und bittend. Beten heißt somit durch die Oberfläche des Lebens hindurchdringen, wo sie durchsichtig geworden ist auf Gott hin."[325]

Nach Metz ist das Gebet ist „ein Ort des Widerstands, der ‚Unterbrechung'"[326],

- „weil es ein Wagnis bedeutet, aus den scheinbar unhinterfragbaren Plausibilitäten der uns umgebenden Welt herauszutreten. Beten ist gekoppelt mit einer gewissen Verrücktheit – mit der Verrücktheit, sich zu weigern, sich einfachhin dem Zwang der so genannten ‚schlüssigen Argumentationen' zu unterwerfen, dem Diktat des ‚gesunden Menschenverstandes', der unhinterfragbaren Autorität der ‚Sachgesetze'. Gerade diese Weigerung bedeutet, dass der Blick betender Menschen frei wird. Weil sie sich ihren Blick nicht mehr durch Scheinzusammenhänge vernebeln lassen, werden sie frei, zu sehen ‚was ist' – und damit frei, die unwiederbringliche Zumutung und Chance der konkreten Stunde wahrzunehmen […];
- weil es den Ausbruch aus dem tödlichen Kreislauf wechselseitiger Selbstbehauptung mit sich bringt. […] Beten redet nicht über den anderen, es drückt ihn nicht zum Gegenstand, zum Objekt herab. Sondern Beten, das ist zuinnerst eine Bewegung von – zu, von mir weg – auf den anderen hin. Gegen alles Sich-selbst-genügen und Seiner-selbst-sicher-sein ist es das unkalkulierbare Wagnis des Beters, seine bodenlose Du-Bedürftigkeit zuzulassen, […] sich vom Wahn der eigenen Unverwundbarkeit zu verabschieden, sich verletzlich zu machen […];
- weil die Beter und Beterinnen gar nicht anders können, als gegen eine Welt aufzubegehren, in der die Wenigen auf Kosten der Vielen leben – in der die Privilegierten zynisch mit dem Zugrundegehen der ‚Überflüssigen' rechnen, mit dem Elend und dem Tod derer, die für keinen Markt interessant sind. ‚Mystik und Politik', ‚Kampf und Kontemplation' sind die Pole, zwischen die betende Menschen unausweichlich gespannt sind."[327]

Beten, so gesehen, ist etwas ganz anderes, als man es sich gemeinhin vorstellt und als es in den Kirchen propagiert wird. Gebet ist ein Echo-Lot menschlichen Lebens, ein Lot, das durch die Oberfläche hindurch auf den eigenen Grund, auf die Tiefe des Selbst zielt. Es durchdringt alle Funktionalisierungen und Verzweckungen, allen Firnis und alle kunstvollen Übermalungen. Es ist eine Preisgabe, ein Loslassen seiner selbst, ein Fallenlassen aller Masken. Im Beten darf ungeschützt zu Wort kommen, was das Herz erfüllt oder bedrängt, was zutiefst in ihm verborgen ist. Gebet – als Erinnern seiner selbst, als Erinnern der Welt und als „Unterbrechung" – muss nicht in der Form eines direkten Ansprechens des (personal gedachten) Gottes geschehen. Gültiges und authentisches Beten kann – in dieser Form und aus dieser Perspektive – auch geschehen als schweigendes Stehen vor dem Namenlosen, als Sichversenken in das absolute Geheimnis, als ehrfürchtiges Hineintauchen in die Abgründe des Universums.

Gott – nicht Person, aber Du

Beten zu Gott ist dankbares Wahrnehmen und Ansprechen dessen,
was mich ur-sprünglich schafft, trägt, nährt, belebt.
Du gibst Leben, Atem, Nahrung, Energie, Geborgenheit,
Getragensein, Hoffnung, Licht.
Insofern bist Du Ursprung, Leben, Geist, Feuer, Licht.
Insofern bist Du Erzeuger, Vater und Mutter.
Bist Du auch Klagemauer, Sehnsuchts-Horizont.
Bist Ur-Wort, Grund-Ton, All-Gesang, Kosmische Sinfonie.
Bist Du angesichtig in allem, was mich trägt.
Ich kann einstimmen, zustimmen, antworten, staunen, danken.
Ich kann empfangen, Kraft tanken, Bergung spüren.
Ob Du aber antwortest, ob Du da und dort hilfst,
weiß ich nicht …

Einen gelungenen Versuch, das zentrale Gebet des Christentums, das Vaterunser, auch ohne die tradierte und geheiligte Form zu beten – in anderer sprachlicher Fassung, aber inhaltlich der biblischen Vorgabe durchaus adäquat –, zeigt das folgende Beispiel:

> Geistkraft des Alls, Quelle des Lebens, namenloser Atem –
> Du nimmst Raum in mir und erfüllst mein Wesen,
> inspirierst mein Mit-Sein,
> leitest mich zum Guten,
> nährst mir Leib und Seele, verwandelst den Mangel in Fülle
> und hilfst mir zum Frieden mit allem.
> Du bewahrst mich im Schwanken und Scheitern
> und befreiest mich von allem Bösen.

Ähnlich, wenn auch nicht ganz so radikal, lautet eine Umformung des nizänischen Glaubensbekenntnisses:

> Ich bin belebt durch die Urkraft des Geistes,
> die allgegenwärtig waltet, schafft und neu macht.
> Es ist Gottes Atem.
>
> Und ich bin berührt durch die Urkraft des Geistes,
> die in Jesus Christus lebendig ist.
> Er lehrt mich trauen, hoffen, lieben.
> Er bleibt im Geist lebendig für alle Zeit.
> Sein Wort und Leben stiften Gemeinschaft,
> die sein Wirken erzählend, nachfolgend und feiernd weiterträgt.
> Sein Leben geht durch Todesverlassenheit hinüber
> in neu gewirktes befreiendes Dasein
> in der Mitte aller, die sich ihm öffnen.
>
> Von seinem Geist bewegt,
> hoffe ich, getrost hinüberzugehen
> in die selige Einheit mit Gott.[328]

Dass der Glaube an Gott und das Bekenntnis zu ihm nicht aus der Welt hinausführt, sondern ganz im Gegenteil mitten in sie hinein, zeigt ein Bekenntnis, das der Schweizer Franziskanerpater Anton Rotzetter formuliert hat:

> „Gott ist nicht ‚an und für sich' zu haben, jenseits der Wolken, sondern immer nur in seiner Verbundenheit mit der Welt, dem Menschen, der Not der Armen und Kleinen. Er ist nicht ‚absolut', losgelöst von der irdischen Geschichte, sondern immer nur in seinen Beziehungen zu uns erfahrbar. Er ist zwar etwas anderes als die Welt, er ist von ihr zu unterscheiden. Aber man darf ihn nicht von ihr trennen. Der Aussätzige, der Bettler, die Opfer der Geschichte, die Unterdrückten und die Sklaven, der Wurm in der Straße, das weggeworfene Brot, der kaputtgemachte Wald – das alles ist ein Sakrament, ein Zeichen, das auf die Geschichte Gottes mit uns hinweist und das diesen Gott hier und jetzt gegenwärtig setzt. Gottes Geheimnis lichtet sich in seiner Menschwerdung, in seiner totalen Verausgabung für die Menschen – bis hin zum gewaltsamen Tod am Kreuz. Gottes Geheimnis zeigt sich in der alltäglichen Banalität von Brot und Wein, die – wie die Aussätzigen und die Armen und Verachteten – bei den Menschen oft verachtet und beiseite geschoben sind. Für Gott aber gilt eine andere Wertordnung, für ihn sind sie die eigentliche Wirklichkeit, da will er sein, immer und ewig. Diesem Gott muss man in Kontemplation und Aktion, in Besinnung und im Handeln zugewandt leben.
> Natürlich habe ich jetzt schon immer in meinen Worten gesagt, was Franziskus von Gott glaubte. Vielleicht sollte ich das für mich persönlich noch einmal tun, bekenntnishaft, öffentlich:
> Ich glaube, dass Gott lebendige Beziehung ist: ein sorgender Vater, eine herzliche Mutter, ein Freund, der alles und jedes in die Arme nimmt, besonders aber alles, was der Aufmerksamkeit des Menschen entgeht: den Stein, den wir achtlos beiseite schieben,

den Wurm, den wir zertreten, den Fremden, den wir abschieben, den Menschen, den wir opfern …

und ich glaube, dass Gott sich zeigt, wo Güte ist und Liebe, Beziehung und Hingabe, Zärtlichkeit und Sorge, Aufmerksamkeit und Zuwendung …

Ich glaube, dass Gott Mensch ist unter Menschen: ein Obdachloser, der an die Türe klopft, ein Flüchtling, der nichts hat als das Hemd auf dem Leib, ein Fremder, der nichts hat, worauf er seinen Kopf betten könnte, ein Verfolgter und Gefolterter, dem alle Würde genommen wird, ein ehrlos Gehängter, mit dem man nichts zu tun haben will – Jesus, der spricht wie einer, dem alles gehört

und ich glaube, dass ich gemeint bin, herausgefordert, beim Namen gerufen, zur Tat ermächtigt, zur Gemeinschaft mit allen Benachteiligten berufen, und dass ich wie Gott sein soll: ein Mensch unter Menschen.

Ich glaube, dass Gott Engagement und Dynamik ist, Kraft in vielen, die Jesus folgen, Leben, das allen Tod überwindet, Geist, der das Aussehen der Welt verändert, Energie, die sich verausgabt für Frieden und Gerechtigkeit, für die Kleinen und Armen, für die universale Verschwisterung der Menschen untereinander und für die Geschwisterlichkeit zwischen den Geschöpfen

und ich glaube, dass diese Kraft in mir ist und in allen, die sich einsetzen und verausgaben.

Und, dass es keinen Tod gibt der die lebendige Kraft Gottes hindern könnte.“[329]

VII. Zwanzig Thesen als Zusammenfassung

Gibt es Gott? Gibt es eine Gottheit? Gibt es eine transzendente, alles übersteigende Macht, einen Schöpfer des Alls? Oder bilden wir uns das alles nur ein?

Wir wissen es nicht. Es kann ja sein. Vielleicht. Es kann möglicherweise auch nicht sein. Jedenfalls, das war das erklärte Ziel der vorangegangenen Ausführungen, ist es sinnvollerweise nicht kategorisch auszuschließen, dass es „so etwas wie Gott“ gibt. Denn:

1. Die Gottesfrage ist grundsätzlich offen. Weder die Existenz noch die Nicht-Existenz Gottes lassen sich beweisen. Für jede der beiden Positionen können stichhaltige Argumente benannt werden. Beide Einstellungen sind zu achten und zu respektieren.
2. Seit eh und je ist die Frage nach Gott ein Kristallisationspunkt aller unlösbaren Rätsel des irdischen Daseins. Ausgangspunkt ist die Frage nach dem Woher und Wohin und das Verwundern: Warum ist eigentlich etwas und nicht nichts?
3. Nicht wenige von jenen, die sich als Atheisten bezeichnen, tun dies nur deswegen, weil ihnen das von Kirchen oder religiösen Institutionen vorgelegte, normierte Gottesbild nichts mehr sagt, weil sie sich mit ihren eigenen Erfahrungen darin nicht wiederfinden können und weil ihnen die tradierte „Gotteslehre“ zu abstrakt und begriffsorientiert erscheint.
4. Keine der Weltreligionen kann für sich in Anspruch nehmen, im Unterschied zu anderen Religionen über eine exklusive, alles menschliche Erkenntnisvermögen prinzipiell überschreitende, allein „wahre“ Gotteserkenntnis und Gotteskenntnis zu verfügen.
5. Nach wie vor erfüllt viele Menschen die Größe und Erhabenheit des „gestirnten Himmels“ und die kleinen Wunder des Mikrokosmos mit Staunen und Ehrfurcht.

Das lässt in ihnen die Frage aufkommen, ob alles nur aus Zufall geworden sei oder ob nicht „hinter“ allem eine schöpferische und ordnende, geheimnisvolle Kraft stehe.

6. Viele sehen trotz der manchmal völlig chaotisch verlaufenden Geschichte der Evolution bis hin zum Aufkommen des Menschen letztlich doch eine zielorientierte und Sinn stiftende Macht am Werk.
7. Der Mensch erscheint als ein „Mängelwesen“, als „ergänzungsbedürftiges Bruchstück des Seins“ (Alexander Gehlen). Die immer wieder aufbrechende „Sehnsucht nach dem ganz Anderen“ (Max Horkheimer) und die unausgesprochene Vermutung, dass es im Leben noch mehr geben muss als „Alles“, offenbaren die merkwürdige Ahnung von einem letzten, tragenden Grund jenseits aller irdischen Wirklichkeiten
8. Merkwürdig ist die Tatsache, dass seit den Anfängen der Menschheit Zeugnisse für den Glauben an ein Welt-jenseitiges „höheres Wesen“ belegt sind. Dieser Glaube hat sich immer wieder in persönlichen und kollektiven Krisen bewährt.
9. Die Sehnsucht des Menschen nach einem Zuhause und einer Heimat könnte die rätselhafte Urahnung von einer letzten und endgültigen Geborgenheit offenbaren, aus der die Menschen kommen und zu der hin sie unterwegs sind.
10. Zahlreiche Wissenschaftler vertreten die Ansicht, dass die Biologie des Gehirns offen ist für eine transzendente Wirklichkeit und das Göttliche und dass die Religion eine biologische Grundlage hat. Religiöses Erleben lässt sich nicht auf bestimmte neurologische Vorgänge reduzieren.
11. Angesichts der täglich leidvoll erlebten, aber unumgehbaren Ausgesetztheit und des Überfordertseins ahnt offenbar der Mensch, dass es Mächte gibt, die stärker sind als er, denen er sich oft hilflos ausgeliefert fühlt. Er spürt, dass er auf mehr und auf anderes als nur auf sich selbst verwiesen ist. Seit Urzeiten scheint das Göttliche als integrierender Teil zum System des Lebens zu gehören.

12. Allein die Tatsache, dass es das Wort „Gott“ gibt, obwohl es etwas bezeichnet, was im Erfahrungshorizont der Menschen gar nicht vorkommt, ist merkwürdig und erscheint des Nachdenkens wert.
13. Vor dem Hintergrund vielfacher Erfahrungen hat sich im Verlauf der Geschichte Israels die Überzeugung verdichtet, dass JAHWE, der Gott Israels, ein namenloser, verborgener Gott ist, der in besonders transparenten Situationen plötzlich und unerwartet „da ist“ und der sich nicht auf eine feste Gestalt oder ein exakt fixiertes Bild festlegen lässt. Diese Überzeugung weist einen Weg, wie Gott auch heute gedacht werden könnte. Gott „ist“ nicht, sondern er „wird“. Gott „ereignet“ sich in der Situation – hier oder dort, vielleicht auch ganz anders und ganz woanders.
14. Für Milliarden von Menschen ist Jesus von Nazaret zu *dem* „Gottesereignis“ schlechthin geworden.
15. Alltägliche Sinnerfahrungen unbedingter Freiheit, grenzenloser Liebe, vorbehaltloser personaler Zuwendung, erlebter Treue und Redlichkeit, unverhoffter Verzeihung und Feindesliebe bieten Anlass zu dem Vertrauen, dass allem Geschehen letztendlich ein wohlwollendes Ordnungsgesetz zugrunde liegt.
16. Die Bezeichnung Gottes als „Person“ mag in der Antike aufgrund eines anderen Begriffsverständnisses angebracht gewesen sein: „Person“ wurde als das verstanden, was „hinter“ allem vordergründig Wahrgenommenen steht. Das heute Personverständnis – Person als selbstständiges Individuum – führt unweigerlich zu gefährlichen Missverständnissen – zumal in der christlichen Rede von dem „einen Gott in drei Personen“.
17. Das Wort „Gott“ erscheint heute weithin abgegriffen und vieldeutig. Aufgrund einer unterschiedlichen Sozialisation, einer oft recht divergierenden Auslegung und einer stark belasteten Geschichte verbinden sich damit sehr verschiedenartige Vorstellungen, die nicht selten geradezu widersprüchlich sind („Gott mit uns“ – „Gott will es“ als Schlachtruf). Es empfiehlt sich daher, das Wort „Gott“ nur sehr be-

hutsam, demütig und eher selten im Munde zu führen.

18. Umschreibende Begriffe sind besser geeignet, das mit „Gott" Gemeinte zum Ausdruck zu bringen: Absolutes Geheimnis, tragender Grund, Urkraft des Seins, Urbeginn von allem, das was mich unbedingt angeht, verborgenes Geheimnis des Seins, Grund, Mitte und Ziel alles Seienden und allen Seins, geheimnisvoll ansprechendes und ansprechbares *Du*.
19. Wer vorgibt, über Gott, sein „innergöttliches Leben" und seine „Eigenschaften" genau Bescheid zu wissen und sichere Aussagen darüber machen zu können, offenbart damit nur, dass er vom Geheimnis „Gott" nicht erfasst ist. Er beschreibt das von ihm selbst geschaffene Bild. Denn „wenn du ihn begriffen hast, kann es nicht Gott gewesen sein" (Augustinus).
20. Zeitgemäße, glaubwürdige Rede von Gott darf nicht geprägt sein vom Grundton scheinbar unerschütterlicher Sicherheit und von einem begrifflichen „Wissen" um das Geheimnis „Gott". Sie muss vielmehr Ausdruck sein eines ahnungsvollen, vorsichtigen Tastens im Ungewissen, im Unbeschreiblichen, im Unfassbaren und vom Mut, das Undenkbare zu denken. Die „Umgangsformen" mit Gott sollten scheuer und verhaltener sein.

Zum Schluss

Das „Gerücht von Gott“ verstummt nicht – trotz aller Vermutungen vom „Tod Gottes“, trotz allen Triumphgeschreis: „Gott ist tot! Wir haben ihn getötet.“ Die Ahnung von einem „Etwas“, das größer ist als alles Gewordene, lässt sich nicht vertreiben. Und irgendwie versuchen Menschen, in bestimmten Symbolsystemen immer wieder (oder auch: immer noch) diesem Gerücht und dieser ihrer Ahnung, diesem ihrem suchenden und tastenden „Glauben“ Ausdruck zu geben. Sie versuchen sogar, dem Anspruch, dem sie sich ausgesetzt fühlen, zu ent-sprechen – sei es in ihrem ver-Antwortungs-vollen Handeln, sei es in liturgischen Riten, im Gebet, in mystischer Versenkung. Sie geben ihrem sprachlosen Sich-Angesprochen-fühlen eine Antwort, die sie sprachlich zu formulieren suchen, dass auch andere sich darin wieder finden können. Oder sie verharren in staunendem Schweigen, in sprachloser Bewunderung, in wortloser Betrachtung. Vielleicht kann das vorliegende Buch dazu hinführen.

Anmerkungen

1 A. Huxley, Ich sehe den zukünftigen Menschen; zit. nach: A. Görres, Die Gottestäuschung: Zu Tilmann Mosers Buch „Gottesvergiftung“; in: Ders., Kennt die Psychologie den Menschen?, München [2]1986, 206–221; hier 215 (dort ohne weitere bibliographische Angaben).
2 L. Wittgenstein, Tractatus logico-philosophicus. ed. Suhrkamp 12, Frankfurt 1978, 115.
3 F.-X. Kaufmann, Die Differenz von Religions- und Gottesfrage in der Gegenwart, in: Ders., Religion und Modernität, Tübingen 1989, 196–208; hier: 196 f.
4 Ebd., 197.
5 Kahlil Gibran, Das Auge,; in: Der Narr. Lebensweisheit in Parabeln, Freiburg i. Br. 1981, 74.
6 M. Bense, in: Club Voltaire I. Jahrbuch für kritische Aufklärung (Hg. G. Szczesny), München [2]1964, 6
7 Vgl. P. Rosien, Wo warst du, Gott?, in: Publik-Forum 1/2005, 8.
8 So die Antwort im „Katholischen Katechismus der Bistümer Deutschlands“, Freiburg i. Br. 1955, 25, als Antwort auf die „Frage“: „Warum sagen wir: Gott ist allmächtig?“
9 J. Ratzinger, Wahrheit und Zeugnis. Aktuelle Themen der Gegenwart in theologischer Sicht, Düsseldorf 1964, 96.
10 Ebd., 96.
11 Ebd., 96.
12 Zweites Vatikanisches Konzil, Pastoralkonstitution „Die Kirche in der Welt von heute“ (Gaudium et spes), Art. 19.
13 J. Ratzinger, Wahrheit und Zeugnis..., 97.
14 Ebd., 97.
15 J. Röser, Einstein hat Folgen; in: Christ in der Gegenwart 2005, 36.
16 Atheismus oder verborgene Religiosität? Ein Gespräch mit Prof. Bernhard Welte; in: HerKorr 1976, 192–200; hier: 193.
17 F.-X. Kaufmann, Religion und Modernität, Tübingen 1989, 66.
18 K.-H. Weger, Der Atheismus und die Gottesfrage. Argumente der Religionskritik; in: W. Kern (Hg.), Aufklärung und Gottesglaube, Düsseldorf 1981, 67–87, hier: 82–86.
19 B. Welte, Der Atheismus: Rätsel – Schmerz – Ärgernis, Freiburg i. Br. 1978, 4.

20 Name und Adresse sind der Redaktion bekannt; aus: Christ in der Gegenwart 2006, 11.

21 Thérèse vom Kinde Jesu, Selbstbiographische Schriften. Authentischer Text, Einsiedeln [14]1998, 219–223.

22 S. Weil, Schwerkraft und Gnade, München 1954, 94.

23 H. Jonas, Gottesbegriff nach 1945, Frankfurt 1994, 44.

24 „Kabbala" (hebr. = Tradition) steht ursprünglich für jede Art von Überlieferung, die nicht zum Pentateuch, zu den Fünf Büchern Mose, gehört. „Die Kabbala versucht, Gott zu einer lebendigen, greifbaren Erfahrung werden zu lassen, und geht dabei von den spezifischen Elementen der jüdischen Religion – Schöpfung, Offenbarung, Erlösung – aus, stößt aber trotz der Bemühungen, im Rahmen der Tradition zu bleiben, an ihre Grenzen" (K. Davidovicz, Art. „Kabbala"; in: LThK 5, Freiburg i. Br. [3]1996, 1119).

25 J. Ratzinger, Einführung in das Christentum, München 1968 u. ö., 24 (Hervorhebungen von J. F ,

26 Der Zellbiologe Peter Sitte bei einem Vortrag; in: zur debatte. Themen der Katholischen Akademie in Bayern 5/2005, 38.

27 Reflexionen zur Metaphysik Nr. 4996, in: Kants handschriftlicher Nachlass Bd. V (Berlin/Leipzig 1928), 55 (= Kants gesammelte Schriften, hrsg. von der Preußischen Akademie der Wissenschaften, Bd. XVIII).

28 C. Seelig, Albert Einstein. Eine dokumentarische Biographie, Zürich 1954, 163, zit. nach: A. Benk, Physik unterwegs zur Metaphysik? Theologische und philosophische Aspekte der modernen Physik, in: StdZt 1995, 667.

29 C. F. v. Weizsäcker, Zum Weltbild der Physik, Stuttgart [13]1990, 3.

30 H. Lesch, Die Rätsel des Anfangs. Wie, um Himmels willen, hat das Universum begonnen?, in: zur debatte. Themen der Katholischen Akademie in Bayern 8/2005, 18–20; hier: 18.

31 Zit. nach: H.-J. Rennkamp, Was ist Anfang, was ist Ende?; in: Christ in der Gegenwart 2006, 13 f.; hier: 14.

32 Ebd., 14.

33 H. Lesch, Was hat das Universum mit mir zu tun?; in: zur debatte. Themen der Katholischen Akademie in Bayern 1/2004, 32–34. Die folgenden Zitate sind diesem Beitrag entnommen.

34 H. Jonas, Materie, Geist und Schöpfung. Kosmologischer Befund und kosmogonische Vermutung, Frankfurt 1988, 17. Vgl. dazu: Th. Schieder, Weltabenteuer Gottes. Die Gottesfrage bei Hans Jonas, Paderborn/München/Wien/Zürich [2]1998.

35 Vgl. H. Jonas, Materie, Geist und Schöpfung. Kosmologischer Befund und kosmogonische Vermutung, Frankfurt 1988, 21.

36 H. Jonas, Das Prinzip Verantwortung. Versuch einer Ethik für die technologische Zivilisation, Frankfurt 1979, 143.
37 Ebd., 144.
38 H. Jonas, Materie, Geist und Schöpfung ..., 14.
39 Ebd., 63 f.
40 Ich orientiere mich hier an: A. Benk, Physik unterwegs zur Metaphysik? Theologische und philosophische Aspekte der modernen Physik, in: StdZt 1995, 663–676; hier: 666–668.
41 O. Neurath, Gesammelte philosophische und. methodologische Schriften. Bd. L, Wien 1981, 307; zit. nach: A. Benk, Physik unterwegs zur Metaphysik? ..., 667.
42 P. Frank, Einstein. Sein Leben u. seine Zeit, Braunschweig 1979, 418; zit. nach: A. Benk, Physik unterwegs zur Metaphysik? ..., 667.
43 F. J. Tipler, Die Physik der Unsterblichkeit. Moderne Kosmologie, Gott und die Auferstehung der Toten, München [1 u. 2]1994.
44 R. J. Russell u. a. (Hg.), Physics, Philosophy and Theology, Vatikanstadt 1988.
45 E. Lüscher, Moderne Physik, München 1987, 10; zit. nach: A. Benk, Physik unterwegs zur Metaphysik? ..., 673.
46 H. Blumenberg, Kant und die Frage nach dem „gnädigen Gott". StGen 7/1954, 554–570; hier: 555.
47 Vgl. H. Blumenberg, Die kopernikanische Wende, Frankfurt 1965.
48 M. Planck, Religion und Naturwissenschaft, in: Vorträge und Erinnerungen, Darmstadt 1981, 318–333; zitiert nach: H. P. Dürr (Hg.), Physik und Transzendenz. Die großen Physiker unseres Jahrhunderts über ihre Begegnung mit dem Wunderbaren (Bern/München/Wien [9]1996).
49 Vgl. zu diesem Abschnitt: H. Müther / U. Baumann, Physik, Theologie und Transzendenz, in: U. Baumann (Hg.), Gott im Haus der Wissenschaften. Ein interdisziplinäres Gespräch, Frankfurt 2004, 21–55; hier: 39 f.
50 Ebd., 12–13.
51 Ebd., 15.
52 W. Kick, Max Planck und die Religion, in: Licht und Weg. Blätter für freie Religion, Humanität und Lebensführung 5 (1953), N 6, 103–106; hier zit. nach: C. Liesenfeld, Gotteserfahrung in der Physik?, in: L. Wenzler (Hg.), Die Stimme in den Stimmen. Zum Wesen der Gotteserfahrung, Düsseldorf 1992, 94–115; hier: 98.
53 Max Planck in seinen Akademie-Ansprachen. Erinnerungsschrift der Deutschen Akademie der Wissenschaften zu Berlin, Berlin 1948, 43; zit nach: C. Liesenfeld, Gotteserfahrung in

der Physik?, in: L. Wenzler (Hg.), Die Stimme in den Stimmen ..., 94–115; hier: 101 f.
54 M. Planck, Vorträge und Erinnerungen, Darmstadt 1983, darin: Religion und Naturwissenschaft, hier 329 f.; zit nach: C. Liesenfeld, Gotteserfahrung in der Physik?, in: L. Wenzler (Hg.), Die Stimme in den Stimmen ..., 94–115; hier: 101 f.
55 W. Heisenberg, Gesammelte Werke/Collected Works III, hg. v. W. Blum / H. P. Dürr / H. Rechenberg, München 1984–1989, 292 f.; zit. nach: C. Liesenfeld, Gotteserfahrung in der Physik?, in: L. Wenzler (Hg.), Die Stimme in den Stimmen ..., 94–115; hier: 113.
56 E. Heisenberg, Das politische Lehen eines Unpolitischen. Erinnerungen an Werner Heisenberg, München ^{3}1983, 188; zit. nach: C. Liesenfeld, Gotteserfahrung in der Physik?, in: L. Wenzler (Hg.), Die Stimme in den Stimmen ..., 94–115; hier: 114.
57 Zitiert nach: H. Dukas / B. Hoffmann (Hg.), Albert Einstein The human side. New glimpses from his archives, Princeton 1979, 127; zit. nach: C. Liesenfeld, Gotteserfahrung in der Physik?, in: L. Wenzler (Hg.), Die Stimme in den Stimmen ..., 94–115; hier: 110.
58 A. Einstein, Religion und Wissenschaft; in: Berliner Tagblatt (11. 11. 1930); zit. in: Ders., Mein Weltbild (hg. v. C. Selig), Berlin 1955, 17.
59 A. Einstein, Mein Weltbild (hg. v. C. Selig), Berlin 1955, 10.
60 Mitgeteilt in: B. Hoffmann / H. Dukas, Albert Einstein. Schöpfer und Rebell, Dietikon/Zürich 1974, 114.
61 A. Einstein, Mein Weltbild, 16 f.
62 W. Thirring, Begegnungen mit Albert Einstein. Reflexionen über seine Gedankenwelt anlässlich des 50. Todestages; in: zur debatte. Themen der Katholischen Akademie in Bayern 2/2005, 22. Thirring sagt, er habe sich dieses „recht schön formulierte“ Wort „herausgeschrieben“.
63 S. W. Hawking, Eine kurze Geschichte der Zeit. Die Suche nach der Urkraft des Universums, Hamburg 1991, 212. 217 f.
64 J. Lutzenberger, Bevor die Sonne zum weißen Zwerg wird; zit. nach: Der Sinn des Lebens. 40 persönliche Antworten. Publik-Forum Extra, Oberursel 2001, 24 f.
65 A. Benk, Physik unterwegs zur Metaphysik? Theologische und philosophische Aspekte der modernen Physik, in: StdZt 1995, 674.
66 Joseph Kardinal Ratzinger bei einem Gespräch mit Jürgen Habermas am 19.1.2004; zit. nach: zur debatte. Themen der Katholischen Akademie in Bayern 1/2004, 6.

67 F. Cramer, Ursprungsmythos, Zeit und Evolution; in: W. Gräb (Hr.), Urknall oder Schöpfung? Zum Dialog von Naturwissenschaft und Theologie, Gütersloh 1995, 75–87; hier: 85 f.

68 P. Sitte; in: zur debatte. Themen der Katholischen Akademie in Bayern 5/2005, 39.

69 G. Coyne, Leiter der vatikanischen Sternwarte; zit. nach: J. Röser, Einstein hat Folgen; in: Christ in der Gegenwart 2005, 36.

70 Der Weg der Physik. 2500 Jahre physikalischen Denkens, Texte von Anaximander bis Pauli. Ausgewählt und eingeleitet von Sh. Sambursky, Zürich/München 1975, 48.

71 Ich folge hier einem Referat von P. Erbrich, Zufall in Biologie und Physik, in: zur debatte. Mitteilungen der katholischen Akademie Bayern 6/1989, 7 f.

72 H.-D. Mutschler, Gibt es Finalität in der Natur?, in: zur debatte. Themen der Katholischen Akademie in Bayern 8/2005, 28–30; hier. 29.

73 Zit. nach: H-J. Rennkamp, Lebensfülle aus Sternenasche; in: Christ in der Gegenwart 2005, 277 (dort ohne Quellenangabe).

74 Zitiert nach: Christ in der Gegenwart 2005, 292.

75 S. Jones, Gott pfuscht auch; in: DIE ZEIT (11.8.2005), 31.

76 J. Reich, Was uns der Wurm sagt; in: DIE ZEIT Nr. 2 (5.1.2006), 31.

77 Dazu: R. Breuer, Das anthropische Prinzip. Der Mensch im Fadenkreuz der Naturgesetze, Wien/München 1981. Zum Ganzen: H. Kessler, Gott, der kosmische Prozess und die Freiheit, in: G. Fuchs / H. Kessler (Hg.), Gott, der Kosmos und die Freiheit. Biologie, Philosophie und Theologie im Gespräch, Würzburg 1996, 189–232.

78 Vgl. R. Breuer, Das anthropische Prinzip.

79 S. Conway Morris, Life's Solution,

80 E. Laszlo, Kleines Element im großen Drama. Ich kann im Strom der Evolution schwimmen; zit. nach: Der Sinn des Lebens. 40 persönliche Antworten. Publik-Forum Extra, Oberursel 2001, 4 f.

81 Ich folge hier den Ausführungen von A. Keller, Das Bild des Menschen, in: zur debatte. Mitteilungen der kath. Akademie in Bayern 4/1986, 25 f.

82 C. Bresch, Evolution – der Mensch, wie er ist, als Zwischenstufe?, in: Herder-Korrespondenz 1978, 286–293; hier: 290.

83 U. Lüke, Mensch – Natur – Gott. Naturwissenschaftliche Beiträge und theologische Erträge, Münster/Hamburg/London 2002, 125.

84 A. Hardy, Der Mensch – das betende Tier. Religiosität als Faktor der Evolution, Stuttgart 1979, 9. Hardys Überlegungen haben allerdings weder in der Evolutionären Erkenntnistheorie noch in der Soziobiologie einen erwähnenswerten Niederschlag gefunden.
85 U. Lüke, Mensch – Natur – Gott. Naturwissenschaftliche Beiträge und theologische Erträge, Münster/Hamburg/London 2002, 59. Lüke beruft sich hier auf I. Eibl-Eibesfeldt, Die Biologie des menschlichen Verhaltens. Grundriss der Humanethologie. München/Zürich 1984, 105 ff., 324 ff., 332 ff., u. a. m.
86 E. O. Wilson; Biologie als Schicksal. Die soziobiologischen Grundlagen menschlichen Verhaltens, Frankfurt/Berlin/Wien 1980, 167; zit. nach: U. Lüke, Mensch – Natur – Gott ..., 59.
87 Ebd., 160 (bzw. Lüke, 59).
88 E. Durkheim, Die elementaren Formen des religiösen Lebens, Frankfurt [3]1984, 47.
89 Vgl. B. Rensch, Das universale Weltbild. Evolution und Naturphilosophie, Darmstadt 1991, 156.
90 B. Rensch, Biologie der Erkenntnis. Die stammesgeschichtlichen Grundlagen der Vernunft. Berlin/Hamburg [2]1980, 159.
91 J. Ries, Ursprung der Religionen, Augburg 1993, 33.
92 O. Jakobi, Zur biologischen Deutung der Religion, in: Materialdienst der Evangelischen Zentralstelle für Weltanschauungsfragen 49 (1986), 102–105; zit. nach: H. Stieve, Über biologische Wurzeln religiösen Verhaltens aus der Sicht eines Biologen, in: U. Baumann (Hg.), Gott im Haus der Wissenschaften, Frankfurt 2004, 98–117; hier:109.
93 E. O. Wilson; Biologie als Schicksal. Die soziobiologischen Grundlagen menschlichen Verhaltens, Frankfurt/Berlin/Wien 1980, 177; zit. nach: U. Lüke, Mensch – Natur – Gott. Naturwissenschaftliche Beiträge und theologische Erträge, Münster/Hamburg/London 2002, 60.
94 Vgl. W. Wickler, Die Biologie der Zehn Gebote, München [3]1972; zit. nach: H. Stieve, Über biologische Wurzeln religiösen Verhaltens aus der Sicht eines Biologen, in: U. Baumann (Hg.), Gott im Haus der Wissenschaften, 98–117; hier:10.
95 Vgl. W. Köhler, Intelligenzprüfungen an Menschenaffen, Berlin [2]1921, Neudruck 1963; zit. nach: H. Stieve, Über biologische Wurzeln religiösen Verhaltens aus der Sicht eines Biologen, in: U. Baumann (Hg.), Gott im Haus der Wissenschaften, 98–117; hier:10
96 Vgl. A. Kortlandt, Schimpansen, in: Grzimeks Tierleben. Bd. 11, Säugetiere 2, Zürich 1969; zit. nach: H. Stieve, Über biologische Wurzeln religiösen Verhaltens aus der Sicht eines

Biologen, in: U. Baumann (Hg.), Gott im Haus der Wissenschaften, 98–117; hier:10

97 Vom Nutzen der Frommen; in: DIE ZEIT Nr. 52 (21.12.2005), 33. Gespräch zwischen D.S. Wilson und U. Schnabel.

98 Zweites Vatikanisches Konzil, Erklärung über das Verhältnis der Kirche zu den nichtchristlichen Religionen „Nostra aetate“, Art. 1.

99 Frankfurter Allgemeine Zeitung v. 9. 1. 2006.

100 E. Fromm, Die Kunst des Liebens (dtv 36102), München [10]2002, 105.

101 Ebd., 105 f.

102 Ebd., 106.

103 A. Hardy, Der Mensch – das betende Tier. Religiosität als Faktor der Evolution, Stuttgart 1979, 150.

104 M. A. Persinger, Neuropsychological Bases of God Beliefs, New York 1999; zit. nach U. Eibach, Gott ein Hirngespinst?; in: U. Baumann (Hg.), Gott im Haus der Wissenschaften, 117–153; hier: 132 f.

105 A. Newberg / E. D'Aquili / V. Rause, Der gedachte Gott. Wie Glaube im Gehirn entsteht, München 2003; zit. nach U. Eibach, Gott ein Hirngespinst?; in: U. Baumann (Hg.), Gott im Haus der Wissenschaften, 117–153; hier: 128 f.

106 V. Ramachandran / S. Blakeslee, Die blinde Frau,d ie sehen kann. Rätselhafte Phänomene des Bewusstseins, Reinbek 2001; zit. nach U. Eibach, Gott ein Hirngespinst?; in: U. Baumann (Hg.), Gott im Haus der Wissenschaften, 117–153; hier: 133 f.

107 Vgl. T. Bastian, Tollkühne Hirnforscher und ihre Denkfehler, in: Publik-Forum 10/2006, 8–9; hier: 9.

108 U. Eibach, Gott ein Hirngespinst?; in: U. Baumann (Hg.), Gott im Haus der Wissenschaften, 117–153; hier: 151.

109 Ebd., 152 f.

110 L. Feuerbach, Vorlesungen über das Wesen der Religion (1851), 82. Vorlesung, in: Ders., Sämtl. Werke, hrg. von Wilhelm Bolin u. Friedrich Jodl, Bd. 8, Stuttgart-Bad Cannstatt [2]1960, 250.

111 L. Feuerbach, Vorlesung über das Wesen der Religion, 25. Vorlesung, ebd. 293.

112 L. Feuerbach, Das Wesen des Christentums (1841), in: Ders., Sämtliche Schriften, Bd. 6, [2]1960, 400.

113 S. Freud, Zur Psychopathologie des Alltagslebens, GW IV, 287.

114 S. Freud, Zwangshandlungen und Religionsübungen, GW VII, 138 f.

115 S. Freud, Eine Kindheitserinnerung des Leonardo da Vinci, GW VIII, 195.
116 S. Freud, Die Zukunft einer Illusion, GW XIV, 370 f.
117 S. Freud, Der Mann Moses und die monotheistische Religion, Abschnitt „Analogien", GW XVI, 241.
118 S. Freud, Die Zukunft einer Illusion, GW XIV, 346.
119 S. Freud, Die Frage der Laienanalyse, GW XIV, 222.
120 S. Freud, Neue Folge der Vorlesungen zur Einführung in die Psychoanalyse, GW XV, 4 (Vorwort).
121 S. Freud, Die Zukunft einer Illusion, GW XIV, 332.
122 Ebd., 349.
123 Ebd., 370.
124 Ebd., 370.
125 Im Original kursiv.
126 S. Freud, Der Mann Moses ... GW XVI, 226.
127 S. Freud, Traum und Okkultismus, GW XV, 34 f.
128 S. Freud, Die Zukunft einer Illusion, GW XIV, 373.
129 S. Freud, Der Mann Moses ..., GW XVI, 219 f.
130 Ebd., 220.
131 Ebd., 221.
132 S. Freud, Aus der Geschichte einer infantilen Neurose, GW XII, 150.
133 S. Freud, Der Mann Moses ... GW XVI, 354.
134 Ebd., 236; vgl. Totem und Tabu (GW IX, 122).
135 S. Freud, Die Zukunft einer Illusion, GW XIV, 365.
136 L. Feuerbach, Vorlesungen über das Wesen der Religion, Leipzig 1851 (Sämtliche WW, III, Stuttgart 1960), 184.
137 S. Freud, Totem und Tabu, GW IX, 111.
138 U. Sonnemann, Negative Anthropologie. Vorstudien zur Sabotage des Schicksals, Hamburg 1969, 62.
139 P. Ricœur, Der Atheismus der Psychoanalyse Freuds; in: Concilium 1966, 430–435; hier 435.
140 E. Fromm, Die Kunst des Liebens (dtv 36102), München [10]2002, 114 f.
141 Ebd., 130.
142 Ebd., 130 f.
143 E. Fromm, Psychoanalyse und Religion, München [5]1993, 100
144 A. N. Whitehead, Wie entsteht Religion? Frankfurt 1985, 16 f. Ich orientiere mich hier an einem Beitrag von U. Lüke, Wie entsteht Religion? Kritische Sichtung der Position North Whiteheads; in: Ders., Mensch – Natur – Gott. Naturwissenschaftliche Beiträge und theologische Erträge, Münster/Hamburg/London 2002, 66–74.

145 Ebd., 18 f.
146 Ebd., 20.
147 Ebd., 26.
148 Ebd., 54; vgl. auch 105 ff.
149 Ebd., 72.
150 Ebd., 75.
151 Ebd., 76.
152 Ebd., 80.
153 Ebd., 115.
154 Ebd., 115.
155 Ebd., 116.
156 Ebd., 117.
157 Zit. nach: H.-J. Rennkamp, Lebensfülle aus Sternenasche; in: Christ in der Gegenwart 2005, 278 (dort ohne Quellenangabe).
158 A. N. Whitehead, Prozeß und Realität. Entwurf einer Kosmologie, Frankfurt 1987, 613 f.
159 M. Hauskeller, Alfred North Whitehead zur Einführung, Hamburg 1994, 102 f.
160 E. Fromm, Ihr werdet sein wie Gott, 1966, 94.
161 Ebd., 94 f.
162 Ebd., 219.
163 E. Fromm, Psychoanalyse und Religion, München ^{5}1993, 50 f.
164 E. Drewermann, Der 6. Tag. Die Herkunft des Menschen und die Frage nach Gott, Zürich/Düsseldorf 1998, 55.
165 Ebd., 279.
166 Ebd., 269.
167 Ebd., 305.
168 Vgl. H. Zirker, Art. „Religion. I. Begriff"; in: LThK 8, Freiburg i. Br. ^{3}1999, 1034 f.
169 Thomas von Aquin, S.th. II-II, 81,1.
170 F. M. Müller, Einleitung in die Vergleichende Religions-Wissenschaft, Straßburg 1874, 15.
171 B. K. Malinowski, Magic, Science and Religion, London 1925, 39.
172 R. Otto, Das Heilige. Über das Irrationale in der Idee des Göttlichen und sein Verhältnis zum Rationalen, Breslau 1917, München 1991.
173 Zweites Vatikanisches Konzil, Erklärung über das Verhältnis der Kirche zu den nichtchristlichen Religionen „Nostra aetate", Art. 1 und 2.
174 H. Küng, in: Ders. / J. van Ess / H. von Stietencron / H. Bechert, Christentum und Weltreligionen, München 1984, 19. 255.

175 B. Welte, Vom Wesen und Unwesen der Religion, Frankfurt 1952; Wiederabdruck in: Ders., Auf der Spur des Ewigen, Freiburg/Basel/Wien 1965, 279–296. Die folgenden Zitate nach den Seitenzahlen dieser Ausgabe.
176 Ebd., 288.
177 Ebd., 289.
178 Ebd., 290.
179 Ebd., 291.
180 Ebd. 292 f.
181 Ebd., 281.
182 Ebd., 281; Hervorhebung im Original.
183 B. Welte, Die Glaubenssituation der Gegenwart. Ein Vortrag, Freiburg i. Br. 1949; Wiederabdruck in: Ders., Auf der Spur des Ewigen,17–46; hier 18.
184 Ebd., 18 f.
185 Ebd., 20.
186 Ebd., 22. 28.
187 H. Waldenfels, Religionsverständnis, in: Neues Handbuch theologischer Grundbegriffe. Bd. 4, München 1985, 67–76; hier: 73 f.
188 F.-X. Kaufmann, Die Differenz von Religions- und Gottesfrage in der Gegenwart; in: Ders., Religion und Modernität, Tübingen 1989, 196–208; hier: 197 f.
189 S. Weil, Attente de Dieu, Paris 1950, 19; zit. nach: F. Raurell, Der Mythos vom männlichen Gott, Freiburg/Basel/Wien 1989, 37.
190 V. Rose, Fragmente, Leipzig 1886, Fr. 11.
191 H. Küng, Existiert Gott?, München/Zürich 1978, 589.
192 Thomas von Aquin, Summa theologiae I, qu. 2, ad 3.
193 H. Küng, Existiert Gott?, 603.
194 A. Görres, Psychoanalytische Glaubensprüfung; in: Ders., Kennt die Psychologie den Menschen?, München ²1986, 104–124; hier. 116.
195 K. Jaspers, Der philosophische Glaube angesichts der Offenbarung, München/Zürich ¹1962, ³1984, 414.
196 Ebd., 416.
197 Ebd., 416.
198 Ebd., 417.
199 Vgl. unten S. 154 (Meister Eckhart, Deutsche Predigten und Traktate. Hg. u. übersetzt von J. Quint, München o. J., 30).
200 K. Jaspers, Der philosophische Glaube angesichts der Offenbarung, München/Zürich ¹1962, ³1984, 418.
201 Ebd., 419.

202 Ebd., 420; Curtius-Zitat aus: L. Curtius, Torso, Stuttgart 1957, 287.
203 B. Welte, Die Philosophische Gotteserkenntnis und die Möglichkeit des Atheismus, in: Concilium 6/1966, 399–406; hier: 399–403.
204 H. Jonas, Materie, Geist und Schöpfung. Kosmologischer Befund und kosmogonische Vermutung, Frankfurt 1988, 35–41. Vgl. dazu: Th. Schieder, Weltabenteuer Gottes. Die Gottesfrage bei Hans Jonas, Paderborn/München/Wien/Zürich [2]1998, v. a. 222–242.
205 H. Jonas, Materie, Geist und Schöpfung …, 49.
206 Ebd., 56 (kursiv von H. Jonas).
207 Ebd., 58.
208 Ebd., 59.
209 W. Ch. Zimmerli, Philosophie in einer Gott-verlassenen Welt; in: D. Böhler (Hg.), Ethik für die Zukunft. Im Diskurs mit Hans Jonas, München 1994, 151–162; hier: 159.
210 Th. Schieder, Weltabenteuer Gottes …, 242.
211 Vgl. J. Splett, Gotteserfahrungen im Denken. Zur philosophischen Rechtfertigung des Redens von Gott, Freiburg/München 1973, 52–60.
212 Ebd., 58 f.
213 G. Hasenhüttl, Einführung in die Gotteslehre, Darmstadt 1980, 49.
214 H. Küng, Christ sein, München 1974, 62 f.
215 M. Buber, Werke III, München/Heidelberg 1963, 348.
216 J. Röser, Einstein hat Folgen; in: Christ in der Gegenwart 2005, 35 f.
217 Publik-Forum 6 /2005, 77.
218 E. Fromm, Die Kunst des Liebens (dtv 36102), München [10]2002, 108.
219 Ebd., 110.
220 Ebd., 111.
221 Ebd., 111.
222 E. Fromm, Ihr werdet sein wie Gott, München 1966, 97.
223 E. Fromm, Die Kunst des Liebens, 112.
224 Ebd., 112.
225 Ebd., 112 f.
226 Ebd., 113.
227 Ebd., 114.
228 Vgl. H. F. Fuhs, Art. „Angesicht, I. Biblisch“; in: LThK 1, Freiburg i. Br. [3]1963, 657.
229 L. Wenzler, Art. „Angesicht, II. Philosophisch“; in: LThK 1, Freiburg i. Br. [3]1963, 658.

230 S. Mowinckel, Religion und Kultus, Göttingen 1953, 54.
231 Vgl. A. G. Wildfeuer, Art. „Person, Personalität, 1. Philosophisch"; in: LThK 8, Freiburg i. Br. [3]1999, 42–46; hier. 43.
232 Contra Eutychen et Nestorium, III.
233 Vgl. A. G. Wildfeuer, Art. „Person, Personalität, 1. Philosophisch"; in: LThK 8, Freiburg i. Br. [3]1999, 42–46; hier: 43
234 B. J. Hilberath, Der Personbegriff der Trinitätstheologie, Innsbruck/Wien 1986, 230 f.
235 M. Buber, Das dialogische Prinzip, Heidelberg 1962, 22.
236 Ebd., 65.
237 Ebd., 76.
238 Ebd., 134.
239 Ebd., 135.
240 F. Ebner, Das Wort und die geistigen Realitäten. München 1980, 29.
241 H. Mühlen, Una mystica persona. Die Kirche als das Mysterium der Identität des Heiligen Geistes in Christus und den Christen. Eine Person in vielen Personen, Paderborn 1964, 313.
242 Vgl. zum Ganzen: N. Scholl, Das Geheimnis der Drei. Kleine Kulturgeschichte der Trinität, Darmstadt 2006.
243 P. Hünermann, Art. „Hypostase, hypostatische Union", in: LThK 5, Freiburg i. Br. [3]1996, 371–377; hier. 371.
244 K. Jaspers, Der philosophische Glaube angesichts der Offenbarung, München/Zürich 1962 ([3]1984), 236.
245 P. Teilhard de Chardin, Mon Univers, Paris 1924, 9.
246 K. Berger, Ist Gott Person? Ein Weg zum Verstehen des christlichen Gottesbildes, Gütersloh 2004, 35 u. ö.
247 K. Rahner, Der dreifaltige Gott als transzendenter Urgrund der Heilsgeschichte, in: MySal, II, 385.
248 K. Berger, Ist Gott Person?, 82.
249 Ebd., 58.
250 H. Küng, Existiert Gott?, München/Zürich 1978, 692.
251 S. Weil, Briefe an einen Ordensmann, Paris 1951, 36 f.
252 A. Lindemann, in: Christ in der Gegenwart 2005, 227.
253 Vgl. Atheismus oder verborgene Religiosität? Ein Gespräch mit Prof. Bernhard Welte; in: HerKorr 1976, 192–200; hier: 194.
254 Chr. Schuler, Ist Gott verschwunden?; in: Christ in der Gegenwart 2004, 353 f
255 P. Lapide; in: P. Lapide / J. Moltmann, Christliche Trinitätslehre. Ein Gespräch, München 1979, 14. Das hier verwendete Verb „hajáh" heißt nicht einfach „sein" – wie es die deutschen Einheitsübersetzung sieht –, sondern „werden, geschehen, sich ereignen, dasein für (etwas, jemand)".

256 A. Deißler, Die Grundbotschaft des Alten Testaments, Freiburg/Basel/Wien 1972, 51.
257 E. Zenger, Der Gott der Bibel, Stuttgart 1979, 108.
258 P. Lapide; in: P. Lapide / J. Moltmann, Christliche Trinitätslehre, 14.
259 E. Fromm, Die Kunst des Liebens (dtv 36102), München [10]2002, 113.
260 E. Fromm, Psychoanalyse und Religion, München [5]1993, 102
261 E. A. Knauf, Midian. Untersuchungen zur Geschichte Palästinas und Nordarabiens am Ende des 2. Jahrtausends v. Chr., Wiesbaden 1988, 43–46.
262 Vgl. M. Görg, Monotheismus in Israel, in:. MThZ 1986, 103.
263 W. Zimmerli, Erwägungen zur Gestalt einer alttestamentlichen Theologie, in: Ders., Studien zur alttestamentlichen Theologie und Prophetie, München 1974, 31
264 L. Köhler, Theologie des Alten Testaments, Tübingen [4]1966, 77.
265 M. Buber, Der Glaube der Propheten, Zürich 1950, 49.
266 E. Zenger, Die Mitte der alttestamentlichen Glaubensgeschichte, in: KBl 1976, 3–16; hier: 7.
267 R. Safranski, Schillers Religion?, in: zur debatte. Themen der Katholischen Akademie in Bayern 4/2005, 21 f. Ich orientiere mich im Folgenden an diesem Beitrag.
268 Ebd., 21.
269 Ebd., 21.
270 Ebd., 21.
271 J. Werbick, Bilder sind Wege. Eine Gotteslehre, München 1992.
272 Meister Eckhart, Deutsche Predigten und Traktate. Hg. u. übersetzt von J. Quint, München o. J., 30; dort auch Angabe der Fundstellen bei Eckhart.
273 Vgl. B. Welte, Auf der Spur des Ewigen. Philosophische Abhandlungen über verschiedene Gegenstände der Religion und der Theologie, Freiburg/Basel/Wien 1965.
274 W. Bühlmann, Jesus, Buddha, Krischna – und der eine Gott, in: Publik-Forum 24/1991, 16.
275 Zit. nach: Chr. Modehn, Karriere nach unten, in: imprimatur 1994, 100–105; hier: 105 (ohne Quellenangabe).
276 A. Görres, Die Gottestäuschung: Zu Tilmann Mosers Buch „Gottesvergiftung“; in: Ders., Kennt die Psychologie den Menschen?, München [2]1986, 206–221; hier: 209.
277 K. Rahner, Meditation über das Wort „Gott“, in: Ders., Grundkurs des Glaubens. Einführung in den Begriff des Christentums, Freiburg/Basel/Wien 1976, 54–61.

278 Vgl. H. Halbfas, Das dritte Auge, Düsseldorf 1982.
279 A. Görres, Psychoanalyse, klassische und christliche Anthropologie; in: Ders., Kennt die Psychologie den Menschen?, 243–260; hier. 249.
280 Zit. nach: Publik-Forum 17/1983, 18 f.
281 Augustinus, Confessiones I,1.
282 Boëthius, De consolatione philosophiae, III, 2.
283 Martina Selmaier, in: Christ in der Gegenwart 2005, 219.
284 Ich habe mich hier orientiert an: B. Welte, Die Grenze als göttliches Geheimnis, in: Ders., Auf der Spur des Ewigen, Freiburg/Basel/Wien 1965, 62–73. Zitat: 68 (Hervorhebungen im Original).
285 P. Teilhard de Chardin, Mon Univers, Paris 1924, 9, zit. nach: N. Luyten, Materie – Bewußtsein – Geist. In: Teilhard de Chardin (Studien und Berichte der katholischen Akademie in Bayern, Bd. 39, ^{2}1967, 53–87; hier: 58 (Hervorhebung von mir).
286 P. Teilhard de Chardin, Der göttliche Bereich, Olten/Freiburg 1962, 138.
287 P. Teilhard de Chardin, Le Cœur de la Matière, Paris 1950, 19–23.
288 Vgl. R. Lay, Liebe … und das Universum. Das Gottesbild der Evolution – Das Gottesbild des Teilhard de Chardin; in: Gottesbilder. Publik-Forum Extra, Oberursel ^{4}1993, 14.
289 G. Hasenhüttl, Glaube ohne Mythos. Bd. 1, Offenbarung: Jesus Christus, Gott (Schriften der Internationalen Paulusgesellschaft), Mainz 2001, ^{2}2001, 703.
290 Mutter Teresa, Öffne dein Herz wie ein Kind. Ein Meditationsbuch für den Alltag, hrg. v. A. Stern, Freiburg/Basel/Wien 1999, 135.
291 A. Camus, Die Pest (rororo Tb. 15), Hamburg 1951, 124 f.
292 Klaus Kühlwein, Leserbrief in: Christ in der Gegenwart 2005, 115.
293 D. Mieth, Art. „Mystik“; in: Neues Handbuch theol. Grundbegriffe. Bd. 3, München 1985, 151–163; hier: 151.
294 D. Mieth, Meister Eckhart, Olten/Freiburg 1979, 67.
295 Ebd., 54.
296 Meister Eckhart, Die deutschen Werke II (hrg. v. J. Quint), Stuttgart 1971, Predigt 32, 147.
297 D. Hammarskjöld, Zeichen am Wege, München 2001, 102.
298 D. Mieth, Art. „Mystik“; in: Neues Handbuch theol. Grundbegriffe. Bd. 3, München 1985, 151–163; hier: 155.
299 Ebd.: 156.

300 Jörg Zink im Gespräch mit Meinold Krauss, Stuttgart 1995, 119–132; zit. nach: Mystik – Die Glut Gottes erfahren. Publik-Forum Extra, Oberursel 1999, 15.
301 T. Moser, Von der Gottesvergiftung zu einem erträglichen Gott, Stuttgart 2003. Vgl. Versunken im Blick der Mutter. Tilman Moser im Gespräch mit Klaus Hofmeister; in: Gepflanzt am Wasser des Lebens – Kinder brauchen Religion. Publik-Forum Extra, Oberursel 2004, 3 f.
302 D. Mieth, Meister Eckhart, Olten 1979, 39 f.
303 Meister Eckhart, Die deutschen Werke I (hg. v. J. Quint), Stuttgart 1958, Tr. 11, 70.
304 Vgl. Meister Eckhart, Die deutschen Werke I (hg. v. J. Quint), Stuttgart 1958, Pr. 1, 156.
305 Meister Eckhart, Die deutschen Werke V (hg. v. J. Quint), Stuttgart 1963, 201, 11 f.
306 F. Stier, Vielleicht ist irgendwo Tag. Aufzeichnungen. Freiburg/Heidelberg [2]1981, 8 f. Lateinische Texte: „Incipit lamentatio" = Die Klage beginnt; „Laudate dominum omnes bestiae" = Lobt den Herrn alle Tiere.
307 Meister Eckhart, Die deutschen Werke V (hg. v. J. Quint), Stuttgart 1963, 205, 2l.
308 Ebd., l8 f.
309 H. Küng, in: Ders. / J. van Ess / H. von Stietencron / H. Bechert, Christentum und Weltreligionen, München 1984, 557–559 (kursiv im Original).
310 Gefängnispfarrer K. Esser; in: Christ in der Gegenwart 2005, 227.
311 J. Röser, Zeitgänge: Berlin ist München ist Hamburg ...; in: Christ in der Gegenwart 2004, 364.
312 K. Berger, Ist Gott Person? Ein Weg zum Verstehen des christlichen Gottesbildes, Gütersloh 2004, 92 f.
313 G. Hasenhüttl, Glaube ohne Mythos, Bd. 1: Offenbarung: Jesus Christus, Gott (Schriften der Internationalen Paulusgesellschaft), Mainz 2001, [2]2001, 719.
314 R. Will, in: Christ in der Gegenwart 2005, 246.
315 Gregor von Nyssa (ca. 338–394), PG 37, 507–508; zit. nach: R. Raurell, Der Mythos vom männlichen Gott, Freiburg/Basel/Wien 1989, 43 f. Die Verfasserschaft Gregors ist umstritten.
316 A. Fried auf die Frage von Dirk von Nayhauß; in: Chrismon. Das evangelische Magazin 06/2005, 35. Vgl. Dirk von Nayhauß, Sieben Fragen an das Leben. 40 Interviews, Hardcover, Edition Braus 2005.
317 E. Fromm, Psychoanalyse und Religion, München [5]1993, 86 f.

318 Christ in der Gegenwart 2005, 107.
319 Josef Appeltauer; in: Christ in der Gegenwart 2005, 195.
320 Franz Xaver Martin Neufischer; in: Christ in der Gegenwart 2005, 187.
321 Ursula Gersmann, in: Christ in der Gegenwart 2005, 131.
322 Vgl. H. Meesmann, Der Glaubenshorror des deutschen Mannes, in: Publik-Forum 11/2005, 56 f. Der Abschlussbericht zum Forschungsprojekt „Die unsichtbare Religion kirchenferner Männer“ ist zu beziehen über den Verlag Männerarbeit, Kassel, Garde-du-Corps-Str. 7, 34117 Kassel.
323 M. Morgenroth, Und jetzt kommt das „Buch Jürgen“. Das eigene Leben muss in die Bibel – und das Dogma muss raus aus der Theologie. Fragen an einen aufständischen Jürgen Fliege, in: Publik-Forum 11/2005, 51.
324 J. B. Metz, Woran Beten erinnert, in: Christ in der Gegenwart 1975, 28.
325 A. Exeler, Beten – eine Weise geistlichen Lebens, in: KatBl 1981, 840–846; hier: 840.
326 J. B. Metz, Woran Beten erinnert, 28.
327 M. Zechmeister, „Das also ist die fröhliche Stadt ...!“, in: Orientierung 2002, 1–3; hier: 2 (in der Wortfolge z. T. leicht verändert).
328 Die drei Texte stammen von Erwin Seifried, der mir gerne die Erlaubnis zum Veröffentlichen gab.
329 A. Rotzetter, „Sorgender Vater, herzliche Mutter, Freund ...“. Der Gott des heiligen Franz von Assisi; in: Gottesbilder. Publik-Forum Extra, Oberursel ^{4}1993, 21.

NORBERT SCHOLL

Johannes schreibt sein Evangelium

Eine Erzählung

192 Seiten, broschiert
ISBN-13: 978-3-7228-0598-6
ISBN-10: 3-7228-0598-8

Johannes war kein Augenzeuge des Jesusgeschehens, aber ein davon Betroffener und Begeisterter. Er war eingebunden in eine Christengemeinde, die sich mit mancherlei Fragen und Problemen herumzuschlagen hatte und in der bestimmte Ängste und Hoffnungen, Sympathien und Antipathien, Lieblingsvorstellungen und Feindbilder herrschten. Zudem hatte auch Johannes seine eigenen Vorlieben und Interessen: Er bevorzugte eine bestimmte Deutung der geheimnisvollen Gestalt Jesu und blendete dafür andere Aspekte aus. Das alles spiegelt sich in seinem Evangelium, und von all dem handelt das vorliegende Buch. Es ist der spannende und geglückte Versuch, die Entstehungsgeschichte dieses Evangeliums gleichsam „von unten her“ zu betrachten und sie den Leserinnen und Lesern in Form einer Erzählung möglichst wirklichkeitsnah vorzustellen.

Paulusverlag Freiburg Schweiz

NORBERT SCHOLL

Mit anderen Augen schauen

Glaubenserfahrungen in den Alpen

144 Seiten, broschiert
ISBN-13: 978-7228-0535-1
ISBN-10: 3-7228-0535-X

In den Religionen gelten die Berge schon immer als bevorzugte Stätten der Begegnung mit dem Heiligen. Wo Erde und Himmel sich berühren, ist vielen Menschen das Göttliche nahe. Für Norbert Scholl sind es die Alpen, die ihm in besonderer Weise den Glauben vermitteln. Das zeigt er in den vorliegenden lebensnahen und anschaulichen Meditationen. Sie sind entstanden bei seinen Bergtouren und Wanderungen. In ihnen nimmt er sensibel die Dinge am Weg wahr: zum Beispiel Gipfel, Hütten, Bäume, Wasserfälle oder auch die Stille der Landschaft. Und er schaut ihre innere Botschaft, entdeckt sie als Zeichen der Nähe Gottes. In ihnen wird auch der Leser entdecken, wie sehr die Alpen und die Berge überhaupt auf Horizonte jenseits aller irdischen Grenzen verweisen und in welchem Maße sie Kraft und Heilung, Lebensmut und Zuversicht spenden können.

Paulusverlag Freiburg Schweiz